金陵全書

甲編·方志類·通志

康熙江南通志

（二）

（清）于成龍 王新命 等修

（清）張九徵 陳焯 等纂

南京出版社

南京出版傳媒集團

圖書在版編目（CIP）數據

康熙江南通志 /（清）于成龍等修；（清）張九徵等纂. -- 南京：南京出版社，2017.7
（金陵全書）
ISBN 978-7-5533-2005-2

Ⅰ. ①康… Ⅱ. ①于… ②張… Ⅲ. ①江南（歷史地名）- 地方志 - 清代 Ⅳ. ①K928.649

中國版本圖書館CIP數據核字（2017）第272969號

書　　名　【金陵全書】（甲編·方志類·通志）
　　　　　康熙江南通志
編 著 者　（清）于成龍　王新命等　修　（清）張九徵　陳焯等　纂
出版發行　南京出版傳媒集團
　　　　　南 京 出 版 社
　　　　　社址：南京市太平門街53號　　郵編：210016
　　　　　網址：http://www.njcbs.cn　　電子信箱：njcbs1988@163.com
　　　　　天猫1店：https://njcbcmjtts.tmall.com/　　天猫2店：https://nanjingchubanshets.tmall.com/
　　　　　聯系電話：025-83283893、83283864（營銷）　025-83112257（編務）

出 版 人　朱同芳
出 品 人　盧海鳴
責任編輯　崔龍龍　楊傳兵　王松景　凌　霄
裝幀設計　楊曉崗
責任印制　楊福彬

製　　版　南京新華豐製版有限公司
印　　刷　南京凱德印刷有限公司
開　　本　889毫米×1194毫米　1/16
印　　張　407.5
版　　次　2017年7月第1版
印　　次　2017年7月第1次印刷
書　　號　ISBN 978-7-5533-2005-2
定　　價　10400.00元（全八册）

天猫1店　　天猫2店

江南通志卷之第十一

兵制

放馬華山韜戈虎葦功成治定安用言兵然儲戎器以備不虞固隆平之時所弗怠也江南西躡湘漢東控海疆北跨中原瓜連數省夙稱雄鎮歷代經略之遺蹟與戍守之要區猶斑斑可考焉今者桴航萬里鯨浪無驚而材官蹶張壁壘碁布緣先後擁旄者之毖飭有加也詩不云乎赳赳武夫公侯干城又曰文武吉甫萬邦爲憲則鎖鑰之寄實惟其人焉志兵制

春秋吳兵制　古之天子寄軍政於六卿居則以田警則以戰所謂入使治之出使長之之義也其職在國則以比長閭胥族師黨正州長卿大夫爲稱在軍則以卒伍司馬將軍爲號所以異軍國之名諸侯之制大國三軍次國二軍小國一軍其將亦命卿也三代以前江南屬吳未入版圖至春秋哀公七年始與中國會盟故兵制載自吳始

行人　闔廬元年舉伍員爲行人與謀國事將兵伐楚習戰射常以報越爲志二年將精兵以伐越敗之夫椒

太宰　夫差元年以大夫伯嚭爲太宰

將軍　孫子武以兵法見吳王闔廬闔廬曰子之十三篇吾盡觀之矣以爲將軍西破强楚入郢北威齊晉顯名諸侯

秦兵制　秦漢以後所設將士非防禦江南者皆不載

將軍　始皇二十五年大興兵使王翦爲將軍定荆江南地降越君置守尉

會稽守

尉

監軍

漢兵制

漢大將軍驃騎將軍位次丞相車騎將軍衛將軍左右前後將軍皆金印紫綬位次上卿其制備矣然皆高帝即位後設立至十三年封兄仲之子濞於吳共三郡五十三城置諸侯王相守尉未設將軍等官故不載今按高帝起兵沛豐項梁起兵會稽皆屬江南境內故載自沛公始以西楚附焉

沛公 楚縣宰爲公陳涉爲楚王漢高帝起應涉故從楚制稱公祠黃帝祭蚩尤於沛庭而釁鼓旗幟皆赤收沛子弟三千人攻胡陵方與

碭郡長 沛公爲武安侯將碭郡兵

左司馬

太尉 秦官掌兵者漢因之孝景三年吳楚反周亞夫以中尉爲太尉平之

會稽將 已下西楚

裨將

楚王上柱國 項梁以八千人渡江而西

上將軍 宋義爲之

次將 項羽爲之

末將 范增爲之

三國吳兵制

上大將軍　車騎將軍　驃騎將軍　衛將軍

威北將軍　左大司馬　右大司馬　太常潘濬率衆五萬討武靈　中郎將　都亭侯　都尉　校尉　執金吾　會稽太守　吳郡太守　丹陽太守　廣陵太守漢制太守俱領軍事　監軍使者

晉兵制武帝重兵官故軍校多選朝廷清重之士其分鎮郡縣者令載之

彭城內史大典元年周撫以彭城亂詔劉遐領彭城內史討撫　兗州刺史太寧二年石季龍寇兗州刺史劉遐自彭城退保泗口　奮武將軍咸和二年庚冰為吳國內史加奮武將軍將兵備蘇峻　經略太元四年兗州刺史謝元破符堅於淮淝復率衆屯次彭城經略中州　沛郡太守太元四年以戴遂領沛郡太守將卒數千戍彭城　龍驤

將軍太元十四年妖賊劉黎司馬嶽作亂龍驤將軍劉牢之討平之建武將軍隆安初王恭反命王廞爲吳國內史加建武將軍起兵討之會稽太守都督五郡軍事謝琰爲之督三吳諸郡軍事虞潭爲之都督吳郡諸軍事隆安三年劉牢之爲之討孫恩本國督護　前鋒都護　撫軍長史　司馬　軍司　監軍　參軍　行參軍

諮議參軍　錄事參軍　記室參軍　中兵參軍

從事中郎　軍府主簿

宋兵制

晉宋以來以領軍護軍左右二衛驍騎游擊將軍謂之六軍其分鎮郡縣者今載之

南徐兗州刺史劉義康檀道濟爲之監南徐兗二州揚州之晉陵諸軍元嘉三年劉義恭持節鎮京口持節都督徐兗青幽冀

五州諸軍事元嘉七年劉義宣任征北將軍加劉義宣持節如故南徐州刺史加都督王懸謨任加驃騎大將軍揚州牧昇明二年蕭道成任監軍　長史　司馬　從事中郎　叅軍事

軍府主簿

齊兵制

後將軍建元二年永明二年兩使後將軍蕭晃持節都督諸軍事征北將軍建元四年永明元年使征北將軍蕭長懋蕭子良持節都督南兗徐青冀五州軍事吳郡太守

前軍司馬　輔國將軍永明元年王敬則反帝以張瓌爲吳郡太守置兵佐密防之瓌敗走敬則隨十餘萬衆至晉陵前軍司馬左興盛輔國將軍劉山陽於丹陽禦之敬則敗斬首傳建康建威將軍　領軍將軍　左將軍永明二年

蕭諶爲蘭陵太守加建威將軍建武元年加領軍將軍左將軍**驍騎將軍**永明六年蕭昺由嗣部尚書驍騎將軍出爲南徐州刺史**車騎將軍**隆昌元年蕭昭秀爲車騎將軍南徐州刺史**都督諸州軍事**治京口不帶本州刺史職銜**長史　司馬**

諮議參軍　典籤親王出刺則設之彈刺諸王操生殺之柄

〈梁〉兵制

梁置一百二十五號將軍其分鎮郡縣者今載之

持節散騎常侍　都督南徐州諸軍事　征北將軍大寶三年置**侍中大都督中外諸軍　車騎將軍**

鎮北將軍紹泰元年置**湖州刺史**太清三年侯景攻臺城湘州刺史河東王譽於清草湖**記室**

〈陳〉兵制

鎮北大將軍　軍師將軍大建十二年置　南徐州軍事

〈隋〉兵制

行軍元帥開皇二十年熙州李英反遣行軍元帥擊破之　總管郭衍初從晉王廣鎮揚州繼命爲總管屯京口　江都丞大業九年劉元進朱燮管崇等據吳郡稱天子署置百官隋將吐萬緒斬崇帝令江都丞王世充發淮南兵擊元進燮敗之

翊衛　驍騎衛

武衛　屯衛　御衛　侯衛各分左右皆置將軍以分統諸府之兵

郎將　副將　防主　團主以相統治

〈唐〉兵制武德初以秦王功殊今古自昔位號不足以爲稱乃特置天策上將軍以拜焉其後定制有左右衛左右驍左右威左右領軍左右金吾左右監門左右千牛凡十六衛左右羽林左右龍武左右神武六軍大將軍各一人其驃騎輔國鎮軍冠軍四大將軍及雲麾勇武壯武宣威明威

定遠寧遠游騎游擊等九將軍並爲五品以上武散官江南非幾輔地不設諸軍故不載

和州總管唐武德二年杜伏威降唐以爲和州總管　淮南道行臺僕射武德七年輔公祏反趙郡王孝恭及李靖擊破之

宣歙池觀察使乾符四年王凝遷宣歙池觀察使王仙芝之黨屠至德勢益張凝牙將孟琢助池守破之　牙將　浙西觀察使　江淮都統　五州鎮將　制置指揮使光啓二年錢鏐署沈粲爲之　蘇州招緝使景福元年錢鏐以弟銶爲之　泗州防禦使乾寧二年楊行密遣泗州防禦使攻蘇州　牙內指揮使　吳越都虞候　武威軍防禦使　鎮海軍節度景福二年錢鏐爲之　副使　幕府幕僚　從事　判官　支使　掌書記　推官　巡官　都頭　都知兵馬使　押

銜　銜將

南唐兵制

潤州團練鎮海節度安撫使　金吾大將軍鎮海軍節度　左僕射門下侍郎出領鎮海軍節度使

右僕射同平章事潤州節度使

宋兵制　宋殿前司有都指揮使副都指揮使都虞侯使副都虞侯掌殿前諸班直及步騎諸指揮入則侍衛殿陛出則扈從乘輿大禮則提點編排整肅禁衛鹵簿儀仗掌宿衛之事江南非畿輔之地不設諸軍故不載

常潤經略巡檢使 開寶八年置　行營先鋒使　鎮江軍節度使　禁軍指揮 忠武威果効忠武鋒壯武雄節忠節

廂軍指揮寧淮　裝發　寧節　牢城江淮宣撫使　江東安撫使　江浙制置司　淮西太平州宣撫使　右丞相　侍郎建炎三年高宗南渡至平江留右丞相朱勝非侍郎張浚彈壓平江諸路遂幸臨安都督　制置司　宣撫司　樞密行府　都統制　計議　主管機宜文字　幹辦公事　提點醫藥飲食

元兵制　元不設大將軍惟鎮殿者稱將軍餘多稱指揮使左右中三衞掌宿衞屯從兼屯田國有大事則調度之置都指揮使副僉事等員其屬有鎮撫行軍弩軍屯田等所所有正副達魯花赤正副千戶及彈壓百戶等員其餘衞所設官皆同百戶有多寡之分每衞教授二員耕戰之暇習國字通曉書記今以鎮守各官載之

右丞相總制揚州諸路軍馬加太師至正十二年命右丞相脫脫總制諸路軍馬卽軍中加太師

淮南行省左丞　滁州萬戶府

鎮守鎮江諸路上萬戶府達魯花赤　鎮守松江管軍達魯花赤萬戶府　平江路總管　常州路鎮守萬戶府　無錫州鎮守管軍官　江陰州鎮守萬戶府　副萬戶　鎮撫

明兵制洪武間建都應天府卽今之江寧承樂後爲南京其制未改今得附載

兵部尚書參贊機務有左右侍郎職方武選車駕郎中員外主事等官　五軍都督府有中左右前後五營營有左右都督同知僉事等官　公侯充總兵官　侯伯充副總兵官又設掛印將軍邊塞重地總兵官佩之事已納印凡天下要害

處所專設官統兵鎮戍其官專制者曰守備太監

總兵次曰副總兵曰叅將曰游擊將軍

軍於京城內者有錦衣旗手等三十七衛錦衣衛最重掌侍衛之事恒以都指揮都督領之　城外者孝陵濟川等二衛　江北者江淮應天等十衛　簡練場所六處　把總都指揮　大教場操練官旗軍一萬九千六百三十四實在一萬三千九百一十二　小教場操練官旗軍一萬三千三百二十六實在九千三百七十　神操營操練官旗軍五千二百八十一實在三千七百六十二　總督操江兼管巡江都御史統制諸守備官　新江口操江總兵官　各衛把總官操備官旗軍一萬一千四百八實在七千八百三十八　戰船　浦子口守禦把總指揮操備官旗軍二千六百一十七實在二千一百二十五　池河濵武場守禦把總指揮簡練飛熊

廣武英武諸軍以禦鹽寇中都留守司有孝陵鳳陽等八衛洪塘湖屯田千戶所　軍儲倉　直隸巡下江御史所轄　總督備倭都指揮軍金山楊州通州泰州儀眞高郵鹽城淮安安東大河鎮江鎮海太倉蘇州等設衛大郡制衛衛轄五所兵五千小衛不能五所惟領中前二所松江吳淞崇明等設所小郡置守禦千戶所衛置官指揮使同知僉事鎮撫經歷所置官正副千戶百戶皆世襲軍儲倉十七處守備儀眞兼管揚州高郵都指揮軍儀眞揚州高郵三衛通州泰州興化鹽城四所　巡江船五十隻　哨船十四隻　巡上江御史所轄　守備都指揮軍安慶九江新安建陽等衛軍儲倉四處戰船　山東按察兵備副使統制徐州徐州左邳州泗州等衛淮安大河以南至儀眞五衛通州興化鹽城三所竝設於境外者　河南按察兵

僉事統制滁州宿州壽州武平長淮懷遠鳳陽七衛並設於境外者江西按察兵備副使統制安慶新安建陽三衛並設於境外者浙江按察兵備副使統制鎮江鎮海太倉蘇州四衛松江吳淞江崇明沙三所並設於境外者中都留守司並所屬衛所屯田共七千九百五十三頃七十八畝南直隸衛所屯田共一萬九千八十七頃二十五畝

皇清兵制

鎮守江寧等處將軍一員駐劄江寧府自

皇清定鼎以來初設駐防左翼四旗設立昂邦章京一員統轄滿兵康熙元年改今制二十二年添設右翼四旗

副都統二員順治十八年添設協領八員額設四員二十二年添設四員

佐領五十六員額設二十八員康熙十三年添設一十二員二十二年又添一十六員驍

騎校五十六員順治十六年設立二十八員康熙十三年添一十二員二十二年又添一十六員防禦五十六員康熙九年設立十二員二十二年添設四十四員馬兵四千名步兵一千名戰馬四千匹

鎮守京口等處將軍一員駐劄鎮江府自皇清順治十六年設立副都統二員協領八員參領八員防禦四十員額設八十員康熙二十二年每旗裁退五員實存今數驍騎校四十員馬兵二千名步兵一千名康熙十三年添設戰馬二千匹中軍副將一員額設遊擊隨廂白旗為左營左哨康熙十四年遊擊員缺改今制兼管左營左營守備一員額設隨正藍旗為左營右哨右營遊擊一員額設隨廂黃旗為右營左哨右營守備一員額設隨正白旗為右營左哨前營遊擊一員額設隨正黃旗為前營左哨前營

守備一員額設隨正紅旗爲前營右哨　後營遊擊一員額設隨廂藍旗爲後營左哨　後營守備一員額設隨廂紅旗爲後營右哨　千總八員　把總十六員
馬戰兵四百名　步戰兵一千六百名　守兵二千名　戰馬四百匹
官自備馬八十八匹　沙船二百隻內有左右二路九十二隻　唬船一百隻內有左右二路二十八隻　捕舵繚椗手一千五百名　水手三千一百名
總督江南江西軍務部院軍門一員駐劄江寧府自皇清順治二年設經略招撫內院大學士後改總督轄江南河南江西三省六年改轄江南江西二省康熙元年裁操江都御史歸併兼管十三年轄江南一省二十一年復轄江南江西二省兼管操江
督標中軍副總兵一員順治五年設立　中軍守備一員　左營遊擊一員順治五年設立　中軍守備一員　千總四員　把總八員　馬戰兵

五百九十四名步戰兵一百七十九名守兵一千一百七十一名戰馬五百九十四匹官自備馬五十匹渡馬淺船一十五隻安慶營副將一員國初設立總兵鎮守順治四年改設副將七年副將改移潛山操江撫院駐鎮安慶康熙元年操江歸併總督將本營改設遊擊五年復今制統轄沿江遊奇瓜洲等營中軍守備一員右營守備一員千總二員把總四員馬戰兵三十六名步戰兵四百四十四名守兵四百八十名戰馬三十六匹唬船二十七隻遊兵營遊擊一員駐西梁山地方兼管和州含山縣城守國初設立駐江寧新江口屬操撫標下康熙元年操江事務歸併總督今循其制中軍守備一員千總二員把總三員馬戰兵二十七名步戰兵一百三十二名守兵六百九名戰馬二十七名官自備馬二十匹唬船二十八隻奇兵營遊擊一員國初額設隨操撫

赴皖駐防改爲太平右營順治十六年調赴瓜洲因寇警潰散總督委官招徠復設康熙元年歸併總督今循其制

中軍守備一員 千總二員 把總三員 馬戰兵一十七名 步戰兵一百四十二名 守兵六百九名 戰馬一十七匹 官自備馬一十匹 唬船二十三隻

瓜洲營守備一員順治二年經制專防江北一帶水汛屬操撫標下康熙元年改設叅將歸併總督十一年裁去留左軍守備爲瓜洲城守今循其制

千總一員 把總二員 馬戰兵三十八名 步戰兵七十四名 守兵二百七十二名 戰馬三十八匹 官自備馬一十匹 唬船八隻

總督漕運部院軍門一員駐劄淮安府

漕標中軍副將一員順治二年設立叅將九年改遊擊康熙九年定今制

中軍守備一員

右營遊擊一員順治二年設立

中軍守備一員 千總四員 把總十員 馬戰兵七百

九十名步戰兵五十一名守兵一千二百五十五名戰馬七百九十匹官自備馬五十四匹

宿遷後營遊擊一員順治五年設立中軍守備一員千總二員把總四員馬戰兵二百九十七名步戰兵一十八名守兵四百五十三名戰馬二百九十七匹官自備馬二十二匹

漕標提塘守備一員

巡撫江寧等處地方軍門一員駐劄蘇州府

撫標中軍遊擊一員順治四年設立中軍左右營遊守各一員五年裁去左營歸併中軍康熙元年奉旨巡撫停理軍務撫標官兵奉裁將中軍遊擊改爲蘇州城守營十三年奉旨復設撫標官兵兼管左營中軍守備一員

右營遊擊一員順治四年設立康熙元年奉裁十三年復設中軍守備一員千總四員把總八員馬戰兵

一百名步戰兵四百名守兵五百名戰馬一百名官自備馬四十四匹督撫將軍提鎮提塘事務一員

蘇松等處舊設兵備各道有道標中軍令奉裁

巡撫安徽等處地方軍門一員駐劄安慶府提督操江康熙元年巡撫奉旨不理軍務操江所屬十一營官兵歸併總督至十三年設立撫標撫標中軍遊擊一員向屬操標有太平左右二營康熙元年操標歸併總督至十三年設立撫標名募兵丁分爲左右二營中軍兼管左營中軍守備一員右營遊擊一員中軍守備一員千總四員把總八員馬戰兵一百五十名步戰兵六百名守兵七百五十名戰馬一百五十匹官自備馬四十四匹提塘一員

安徽等處舊設兵備各道有道標中軍令奉裁

江南全省等處地方提督一員駐劄松江府順治二年蘇州總鎮統兵駐守後因蘇鎮征粵移提督駐守管理蘇松常鎮四府各營軍務康熙元年奉文管理江南全省提督事務十四年因滇閩寇警添設提督一員管理上江七府營務駐劄安徽將全省提督改為江寧提督管理下江七府營務原駐松江十七年部議將安徽提督裁去復循舊制管理全省提督事務

提標中軍參將一員國初設立前中左右後五營順治四年標兵調往閩廣援剿暫設中左右三營九年調中左二營往閩右營駐松管理城守十年海氛蠢動復添設水師中左右三營中左二營屬提督管理以右營屬蘇鎮管理後蘇鎮改為崇明水師總兵遂將中左二營水師歸併崇明復設今制中軍守備一員左營遊擊一員中軍守備一員右營遊擊一員中軍守備一員前營遊擊一員中軍守備一員後營遊擊一員中軍守備一員松江城守遊擊一員中

軍守備一員千總十二員把總二十四員馬戰兵一千四百七十九名步戰兵五百一十四名守兵三千一百九十三名戰馬一千四百七十九匹官自備馬一百三十四匹唬快船八十三隻

提督崇明等處地方總理沿海水師總兵官一員順治十二年蘇州總鎮移崇鎮守三年湖寇蠢動總鎮回蘇留守備千把總各一員在崇防禦立崇明營十年十一年間海寇犯崇奉憲調撥撫鎮兩標官兵貼防十二年總督　題設參將守備各一員千把總六員並檄督標副將吳淞營副將鎮標遊擊二員過崇合力防勦六月內蘇鎮遂移駐崇明十五年總督　題設蘇松水師立中左右前後奇六營左右兩協各設左右兩營共為十營康熙十四年

奉

旨因崇明地方孤處海中最為衝險改設今制統轄八營

副將一員提標中軍參將一員中軍守備一員左營遊

擊一員中軍守備一員右營遊擊一員中軍守備一員前營遊擊一員中軍守備一員後營遊擊一員中軍守備一員奇營遊擊一員中軍守備一員協標左營都司一員協標右營都司一員千總十六員把總三十員馬戰兵三百名步戰兵一千六百名守兵五千一百名戰馬三百名官自備馬一百七十四匹沙船一百隻馬船一隻報船四隻划船二十隻

鎮守江北狼山總兵官一員統轄通州如皐二州縣併海門歸併地方國初原設副將十八年改設今制中營遊擊一員中軍守備一員千總六員把總十二員馬戰兵五百六十九名步戰兵三百五十三名守兵一千六百七十二名戰馬五百六十九匹官自備馬六十六匹沙唬船一十六隻

鎮守京口左路水師總兵官一員康熙十一年移駐靖江縣中軍遊擊一員兼管左營中軍守備一員右營遊擊一員中軍守備一員千總四員把總八員馬戰兵一百九十三名步戰兵七百七十二名守兵九百六十五名戰馬一百九十三匹官自備馬六十匹巡船八隻

鎮守京口右路水師總兵官一員順治十六年設立左營遊擊一員中軍守備一員右營遊擊一員中軍守備一員千總四員把總八員馬戰兵一百九十三名步戰兵七百七十二名守兵九百六十五名戰馬一百九十三匹官自備馬六十匹巡船一十四隻

江寧城守副將一員統轄左右浦滁四營官兵

皇清定鼎改京爲省順治三年設立昂邦章京提督一員統轄中左右前後五營綠旗官兵十六年昂

邦章京被逮復推總管一員統轄江南江安徽寧
池太廬鳳淮揚廣和滁徐十府四州漢兵復管中
左右三營官兵于十八年奉
旨將江南提督移駐松江改設總鎮一員統轄江安
徽寧池太滁和廣兼管上江水師等處地
方康熙七年改設今制其安徽等營不屬左營遊
擊一員額設分防省城內外地方各半今循其制中軍守備一員右營遊擊
一員額設分防省城內外地方各半今循其制中軍守備一員順治三年設立中營參將
守備各一員後改遊擊康熙八年將中營遊守等
裁去兵歸左右二營又於順治三年設立前營遊
守各一員後營遊守各一員六年抽調征剿閩廣
等處將前後二營官兵裁去今亦附載以備參攷
千總四員把總八員馬戰兵四百一十六名步戰兵一百一十六名守
兵七百五十四名戰馬四百一十六匹官自備馬五十六匹
浦口營守備一員順治二年設立總兵統轄綠旗官兵三年改副將七年改參將康熙

二年兼轄江浦六合全椒來安等一州四縣十六年改今制千總一員把總二員馬戰兵五十八名步戰兵七十五名守兵二百八十名戰馬五十八匹官自備馬一十匹

溧陽營城守守備一員順治三年副將駐防七年改參將康熙十年改今制千總一員把總一員馬戰兵二十八名步戰兵七十名守兵二百三十三名戰馬二十八匹官自備馬一十匹巡船三隻

蘇州城守遊擊一員順治四年設立江寧撫標左營康熙元年改今制中軍守備一員千總二員把總五員馬戰兵三十七名步戰兵一百八十九名守兵五百九十九名戰馬三十七匹官自備馬二十二匹

劉河營遊擊一員順治三年經制駐劉河舊城因坍入大海　題明移駐茜涇鎮

中軍守備一員千總二員把總四員馬戰兵七十六名步戰兵一百七十二名守兵五百八十名戰馬七十六匹官自備馬二十二匹巡船八隻

吳淞營水師參將一員駐劄嘉定縣國初設副總兵康熙六年改今制中軍守備一員千總二員把總四員馬戰兵八十名步戰兵一百八十五名守兵五百九十七名戰馬八十匹官自備馬二十四匹沙船八隻

江浙太湖營遊擊一員駐劄吳縣洞庭西山康熙三十三年江浙總督會同題設

中軍守備一員千總二員把總四員江南步戰兵一百一十五名守兵三百四十五名官自備馬一十匹唬船一十六隻

福山營遊擊一員駐劄常熟縣濱海國初設立副將順治四年改守備十六年改今制中軍守備一員千總二員把總四員馬戰兵六十六名步戰兵一百七十七名守兵五百八十五名戰馬六十六匹官自備馬二十二匹

沙唬船四隻巡船一十六隻

平望營守備一員駐防吳江縣順治三年設遊擊七年改今制千總一員把總二員馬戰兵一十九名步戰兵七十四名守兵二百三十八名戰馬一十九匹官自備馬一十匹巡船二十三隻

金山營參將一員駐劄松江府國初設立沿海防禦統轄柘青南川寶五營地方順治十八年川沙添設參將議廢寶山城垣營制將南滙營歸併川沙其柘青二營原屬本營中軍守備一員千總二員把總四員馬戰兵六十名步戰兵一百

九十五名守兵六百七名戰馬六十匹官自備馬二十四匹巡船一十三隻

川沙營參將一員駐劄上海縣順治二年委官巡防四年經制守備十八年改今制

中軍守備一員千總二員把總四員馬戰兵七十名步戰兵一百九十名守兵六百二名戰馬七十匹官自備馬二十四匹沙唬船八隻

柘林營守備一員駐防華亭縣順治二年設遊擊四年改今制把總一員馬戰兵一十名步戰兵四十五名守兵一百三十七名戰馬一十匹官自備馬六匹巡船四隻

青村營守備一員順治二年設立把總一員馬戰兵一十名步戰

兵四十五名守兵一百三十七名戰馬一十匹官自備馬六匹巡船二隻

南滙營守備一員順治四年設立把總一員馬戰兵一十名步戰兵四十五名守兵一百三十七名戰馬一十匹官自備馬六匹

黃浦營守備一員駐劄縣城分防水汛順治十三年設參將康熙九年更今制千總一員把總二員馬戰兵一十五名步戰兵六十七名守兵二百六名戰馬一十五匹官自備馬一十匹快船六隻

常州營遊擊一員汛防武進無錫宜興三縣康熙十一年添設中軍守備一員左軍守備一員右軍守備一員千總二員把總四員馬戰兵三十四名步戰兵一百三十名守兵四百三十二名戰馬三十四匹官

自備馬三十匹　巡船三十一隻

江陰營遊擊一員駐劄江陰縣順治二年設參將三年改都司五年改守備十八年復改參將康熙四年改副將統轄蘇松常鎮四府十一年改今制　中軍守備一員　千總一員　把總二員　馬戰兵二十八名　步戰兵一百二名　守兵三百二十九名　戰馬二十八匹　官自備馬一十六匹　唬船二隻　巡船七隻

楊舍營守備一員順治二年設立　把總一員　馬戰兵九名　步戰兵六十六名　守兵二百二名　戰馬九匹　官自備馬六匹　巡船二隻

孟河營守備一員原設遊擊順治五年更今制　把總一員　馬戰兵九名　步戰兵六十五名　守兵二百二名　戰馬九匹　官自備馬六匹

靖江營守備一員順治四年設立　千總一員　把總二員　馬戰兵十

九名步戰兵八十四名守兵二百六十五名戰馬一十九匹官自備馬一十匹唬船二隻

鎮江城守參將一員順治二年設總兵四年改副將管轄鎮江一府徒陽壇二縣城守十六年設立鎮江大將軍統領八旗官兵駐鎮江府城副將移駐大市口康熙四年改設今制

中軍守備一員千總二員把總四員馬戰兵五十九名步戰兵八十六名守兵三百一十名戰馬五十九匹官自備馬二十四匹巡船二十三隻

海州營遊擊一員汛防海州贛榆沭陽三州縣地方順治四年初駐副將八年改今制

中軍守備一員千總二員把總三員馬戰兵一百五十七名步戰兵九十七名守兵三百八十五名戰馬一百五十七名官自備馬二十匹

廟灣營遊擊一員駐劄山陽縣地方國初經制中軍守備一員千總一員把總三員馬戰兵七十五名步戰兵一百五十四名守兵五百三名戰馬七十五匹官自備馬一十八匹沙唬船九隻

鹽城營遊擊一員汛守鹽城縣順治三年設守備七年改令制中軍守備一員千總一員把總三員馬戰兵六十七名步戰兵一百五十二名守兵五百一十六名戰馬六十七匹官自備馬一十八匹

東海營守備一員把總二員馬戰兵四十名步戰兵七十名守兵二百九十名戰馬四十匹官自備馬八匹沙船五隻

揚州營遊擊一員駐劄江都縣順治三年經制中軍守備一員千總二員把總三員馬戰兵四十九名步戰兵九十四名守兵三百二十一名

戰馬四十九匹官自備馬二十匹

泰州營遊擊一員駐劄泰州兼轄泰興掘港二營前明有海防兵備道駐劄本城舊設標忠二營守備至
本朝順治二年奉裁止留道標中軍守備一員十三年海氛告警移撫院駐鎮有左右二營遊擊守備二員康熙元年奉撤撫標並裁道標改留專城守備十一年改設今制中軍守備一員千總一員把總二員馬戰兵二十七名步戰兵七十八名守兵二百四十八名戰馬二十七匹官自備馬一十六匹

泰興營守備一員汛防泰興縣
國初經制周橋永生二營各設守備一員順治十八年間將二營歸併又管轄如皋一帶地方把總二員馬戰兵一十三名步戰兵五十七名守兵一百八十名戰馬一十三匹官自備馬八匹

掘港營守備一員順治三年設立把總二員馬戰兵一十三名步戰兵五十七名守兵一百八十名戰馬一十三匹官自備馬八匹

潛山營遊擊一員順治七年設副將彈壓桐潛山宿望五邑汛地康熙元年改爲潛山營三年定今制中軍守備一員千總二員把總四員馬戰兵七十七名步戰兵一百三十七名守兵五百二十一名戰馬七十七名官自備馬二十二匹

徽州營參將一員駐劄徽州府東山分防六邑康熙十一年經制十三年改設副將二十一年復舊制中軍守備一員千總二員把總四員馬戰兵六十六名步戰兵二百名守兵六百五十四名戰馬六十六匹官自備馬二十四匹

六安營參將一員駐防六安州順治五年設立廬州營康熙三年改六安營十三年設副將二十一年復舊制中軍守備一員千總一員把總三員馬戰兵五十七名步戰兵一百三十九名守兵四百四十八名戰馬五十七匹官自備馬二十匹

廬州營守備一員汛防合肥縣初設參將後調六安以六安營守備移駐廬州今循其制把總一員馬戰兵二十九名步戰兵五十名守兵二百一名戰馬二十九匹官自備馬六匹

壽春營副將一員駐防壽州順治三年設立中軍守備一員左軍守備一員右軍守備一員千總三員把總六員馬戰兵二百三十六名步戰兵一百三十八名守兵六百三十八名戰馬二百三十六匹官自備

馬四十二匹
泗州營守備一員汛防泗州所轄泗盱天虹四邑康熙十一年設立千總一員
把總二員馬戰兵三十八名步戰兵七十名守兵二百四十一名戰
馬三十八匹官自備馬一十匹唬船四隻
亳州營守備一員汛防亳州潁州太和縣地方千總一員把總二員馬
戰兵七十八名步戰兵五十名守兵二百二十一名戰馬七十八匹官
自備馬一十匹
寧國營參將一員駐劄寧國府順治四年改宣州衛爲寧國營設副將十年改今制
中軍守備一員千總一員把總三員馬戰兵三十八名步戰兵
一百一十一名守兵三百六十五名戰馬三十八匹官自備馬二十匹

池州營遊擊一員順治四年始駐總兵十一年改今制中軍守備一員千總一員把總三員馬戰兵三十八名步戰兵一百七名守兵三百五十二名戰馬三十八匹官自備馬一十八匹

蕪采營遊擊一員汛防蕪湖縣初設總鎮改參將又改今制中軍守備一員千總一員把總二員馬戰兵三十八名步戰兵八十四名守兵二百八十四名戰馬三十八匹官自備馬一十六匹

徐州營副將一員順治三年設總兵官專護漕運七年改今制左營守備一員右營守備一員千總二員把總四員馬戰兵一百九十六名步戰兵一百一十二名守兵五百二十名戰馬一百九十六匹官自備馬三十二匹

蕭營守備一員汛防蕭縣順治三年將碭營改今制把總一員馬戰兵四十九名步戰兵四十六名守兵一百八十二名戰馬四十九匹官自備馬六匹

廣德營遊擊一員駐防廣德州國初設總兵官順治七年改今制中軍守備一員千總一員把總二員馬戰兵三十八名步戰兵八十五名守兵二百九十一名戰馬三十八匹官自備馬一十六匹

江南掌印都司一員

皇清順治二年改京爲省　題設管轄通省六十四衛所設屯田都司同知一員查比屯糧設操捕都司僉書一員管理捕務設經歷都事各一員十二年裁屯操二司屯田事務歸併本司捕務悉併有司又裁都事斷事二官本司所轄江寧等二十六衛每衛設掌印守備一員督理屯運經徵黄快馬

政胥藉人丁新增等銀解交本司七年改解藩庫千總三四五員不等管屯徵糧十三年將無運衛分武德和陽豹韜鍾山上元左上元右江寧中積陵英武廣武十衛併入江寧左江寧右江寧前江寧後上元中上元前上元後江淮左江淮右石城鎮南江陰興武鷹揚廣洋横海十六衛各設掌印守備一員督徵屯糧增協等銀每衛設管屯千總二員徵輸屯米解交戶部康熙四五年間解交本司移解糧鹽二道三十三幫每幫設千總二員更迭輓輸十三年間軍興浩繁將江寧等十六衛裁去衛屬錢糧併入州縣議留江寧上元江淮興武四衛督運三十三幇董理丁船事務十九年裁去江寧上元二衛止設江淮興武二衛其鳳盧淮揚等三十八衛所各設守備並守禦一員經徵屯折等項銀米麥豆解交江安藩司糧道鳳倉兵備千總二員更番領運十七年裁去懷遠壽州武平六安邳州高郵等六衛洪塘鹽城興化泰州通州吳淞江松江青村南滙等九所錢糧歸併各州縣徵輸運務歸併鳳陽淮安揚州金山等二十三衛所管理本司駐劄江寧府城職司糾率衛所守千各

官今循其制經歷一員

江南通志卷之十二終

江南通志卷之第十二

河防

黃河爲患雖當堯舜之世汎溢自如導而遠之猶易爲力至欲借其勢以爲我用即神禹復生定非一法之可拘矣自江南漕輓專恃會通其舟檝所達必賴黃河以濟顧河性善徙所以治河者無出疏濬塞三策然底績難易視乎其人我

國家特簡風憲重臣專理河防每有興作立奏成功其視宣房瓠子何有哉志河防

禹導淮自桐栢東會於泗沂東入於海泗沂即山東汶河諸

水也歷徐邳至清口而與淮會

【宋】神宗熙寧十年七月河溢乙丑遂大決於澶州北流斷絕河道南徙東滙於梁山張澤濼分爲二派一合南清河入於淮一合北清河分於海丘濬大學衍義補曰此黃河入淮之始

【元】順帝至正四年五月大雨黃河暴溢豐沛碭山等處皆水

【明】太祖洪武元年大將軍徐達開塌場口入於泗以通運

二十四年河決經潁州潁上東至壽州正陽鎮入於淮故道遂淤

成祖永樂九年命尚書宋禮濬會通河侍郎金純築堤導河經二洪南入淮

孝宗弘治二年命侍郎白昂導河由壽達淮

六年河決命都御史劉大夏平江伯陳銳役丁夫十二萬有奇治之一濬孫家渡口開新河七十餘里導水南行由中牟至頴入於淮一濬四府營淤河由陳留至歸德分爲二派一由宿遷小河口入淮一由亳州渦河入淮

武宗正德四年九月河決曹縣直抵豐沛縣先決曹縣楊家口奔流沛縣七年都御史劉愷自魏家灣至雙堌集築大堤八十餘里八年都御史趙璜補築三十餘里

世宗嘉靖二年復決沛縣

五年又決沛縣兼決豐縣

七年沛縣飛雲橋之水北徙魚臺谷亭舟行閘面

八年又決沛縣遂淤赤龍潭都御史潘希曾濬之

十三年河決趙皮寨入淮本年忽自河南夏邑縣大丘回村等集衝數口轉向東北流經蕭縣出徐州小浮橋下濟二洪趙皮寨亦塞

十九年河決野雞岡由渦河經亳州入淮二洪大涸兵部侍郎王以旂開李景高支河一道引水出徐濟洪役丁夫七萬有奇八月而成尋淤

三十一年河決房村諸處河道都御史曾鈞題晝折挑濬鈞管濬房村二十里

三十二年黃水衝開草灣河時通時塞

三十七年新集淤七月向東北衝成大河出蕭縣薊門由小浮橋入洪淤凡二百五十餘里趨東北段家口析爲六股曰大溜溝小溜溝秦溝濁河胭脂溝飛雲橋俱由運河至徐洪又分一股由碭山堅城集下郭貫樓又析五小股爲龍溝母河樓溝楊氏溝胡店溝亦由小浮橋會徐洪河分爲十一流遂淤蓋分多則勢弱勢弱則易淤也

四十三年水統會於秦溝上六股皆淤

四十四年七月河大淤全河南遶沛縣北遶豐縣氾濫入運河從沙河至二洪時黃水異常郭貫樓淤平全河逆行氾濫自沙河至徐州北股自曹縣棠林集以下向北分二股南一股遶沛縣戚山楊家集入秦溝至徐北一股遶豐縣華山向東北由三教堂出飛雲橋分十三股至湖陵城口散漫湖堤遶徐入月工部尚

書朱衡乃請開都御史盛應期原議新河自南陽至留城僉都御史潘季馴請接濬留城舊河併力挑濬入閲月而成

四十五年黃河復決沛縣衝入運河本年九月馬家橋堤成障水南趨至冬沛縣斷流

穆宗隆慶四年九月黃河決睢寧縣曲頭集王家口馬家淺等處運道沙墊一百餘里俱爲平陸淤重運船九百餘隻河臣潘季馴築塞諸決河水仍歸正道運船盡出

是年高家堰大潰時淮水東趨諸州縣滙爲巨浸淮城民不聊生黃河亦決崔鎮等處而桃清河塞運道梗阻者數年〇按高堰居淮安城之西南隅去郡城四十里而堰內爲山陽縣之西北鄉地稱膏腴堰外爲阜陵洪澤等湖淮水自鳳泗來合諸湖之水出淸口會黃河經安東

縣出雲梯關以達於海此自禹迄今故道然也堰外尚存陸地里許而淮水盛發則及堰址史稱漢陳登築堰障淮至明平江伯陳瑄復大葺之淮揚恃以爲安者二百餘年歲久剝蝕而私販者利其直達以免關津盤詰往往盜決之至隆慶四年大潰淮河之水洚洞東注合白馬氾光諸湖決黃浦入淺而山陽鹽城泰州高郵寶應興化諸州縣淮爲巨浸每歲四五月間淮陰畚土塞城竇穴出入而城中街衢盡可舟也淮旣東黃水亦躡其後濁流西溯淸口遂堙而決水行地面宣洩不及淸口之半不免停駐上源而鳳泗亦成巨浸矣故此堰爲兩河關鍵不止爲淮河隄防也○高家堰之南有越城周家橋一帶地勢稍亢而淮水大漲從此溢入白馬湖湖水消仍爲陸地蓋藉此以殺淮漲者閘與高良澗古溝等閘上止留四尺水頭如漆水躡之制水大則洩水小則止隆萬間總河潘季馴重修仍有石限其上不許過船萬曆二十五年又經重修奈奸徒利過客船漏稅貪謀建議將閘開深數倍改石限爲閘板以便私行開放擅收船稅繼因泗水大發當道議開周橋洩之南河郎中

黃曰謹具有辨開周橋一疏事乃寢諭云東去只宜開海口西來切莫放周橋○翟家壩屬山陽縣在周橋迤南接盱眙縣界壩長二十五里比高堰石形低二尺許稱天然減水壩中有古溝深不過

尺許舊建石閘石限止留四尺水頭水入民田不通河路

五年河復決至徐之雙溝黃鍾集河臣潘季馴率副使傅希摯馮敘功等先後築塞之

神宗萬曆六年命都御史兼工部左侍郎潘季馴總督河漕築高家堰六十餘里歸仁集隄四十餘里柳浦灣堤東三十餘里西四十餘里塞崔鎮等決一百三十餘處徐睢邳宿桃清兩岸築遥堤共長五萬六千四百三十餘丈馬廠坡堤七百四十

餘丈築碭山大壩豐縣邵家大壩各一道築徐沛豐碭縷堤一百四十餘里砌八淺寶應湖石堤共長一千五百七十餘丈建崔鎮徐昇等四減水壩修復淮安新舊閘遷宿遷通濟閘於淮安甘羅城南故道盡復

歸仁集隄在桃宿境內黃河南岸上年河決徐邳水由睢寧五河虹縣直衝桃宿小河口白洋河挾白鹿邸家二湖之水浸及泗州正河勢奪梗阻漕運故議築歸仁隄橫截之自孫灣起至歸仁集止計長七千六百八十餘丈○前此桃源南岸諸決由馬廠坡南奔入淮河而北岸又自崔鎮等決故正河淤墊今北岸俱築遙堤而南岸因高岡横築斜堤一道兩堤夾峽自無奪河之患○馬廠坡在桃源縣横堤長七百四十六丈蓋慮黄水大漲則從此入淮而淮爲之淤淮水大漲則從此洩出而清口流弱故特築横堤一道以遏之使黄不得入淮不得出最爲緊關○

淸浦原無來流全借河流內灌方可浮舟而黃流
甚濁恐至淤墊故設天妃等五閘遞互啓閉以便
節宣時將入伏閘外即築軟壩一應船隻俱於五
壩車盤後因天妃閘全納濁流故復改於三里溝
復改於甘羅城即今之通濟閘是也此處爲南河
口乃淮水獨經之地離黃向淮用淸避濁漕渠無
淤墊之患舟航有利涉之休人甚便之〇淸口乃
黃淮交會之所運道必經之處稍有淺阻便非利
涉但欲其通利須令全淮之水盡由此出則力能
敵黃不爲沙墊偶遇黃水先發淮水尚微河沙逆
上不免淺阻〇自淸江浦起由柳浦灣至高領止
共堤一萬六千九十一丈近又加至戴百戶營止
共隄八千一百五十六丈〇崔鎭南北兩岸遙隄
旣築水歸正漕田廬可免水患但恐異常之漲河
水盈溢或至橫潰故復設崔堤等減水石壩於遙
堤之中以便分殺且無衝潰遙隄之患季太徐昇
三義三壩之意皆然而復設北岸者以其從灌口
入海之順也〇遙堤自古城至淸河止長一萬八
千四百一十丈〇邵家大壩乃斷絕秦溝舊路處
〇碭山居豐沛上游碭堤乃豐沛外戶今於單碭

接界處築斜長大隄一道長千餘丈使下流漫溢之水循壩俱歸大河不得迫縷隄以危月隄以上凡十則見河防一覽中

十三年河決范家口 時淮城幾爲魚鱉亟議修築萬曆十四年包砌長四百丈以防黃河東決要害與包家圍等

十六年開諸閘月河 板閘清江福興通濟新莊各閘上隔黃沙倒灌之患下便節宣之勢近來黃強淮弱五壩不通閘座不閉以致沙泥內侵伏秋水溜漕舟上閘難若登天每舟用縴夫至三四百人猶不能過用力急則斷纜沉舟故於萬曆十六年於各閘傍俱開月河一道避險就平以便漕輓

十七年草灣河大通 草灣河通塞不常至是復大通奪正河十分之七至赤晏廟仍歸大河清江浦外居民恃以爲安而河面較之正河僅三分之一上流未免稍稍逗留耳

是年築西土堤寶應縣之西十餘里有白馬湖於湖之東築八淺石堤長八十五丈六尺又慮漕水旁潰入寶應湖以致流緩沙停自黃浦至三官廟之西築西土堤一道長三千六百三十五丈東水由漕以省挑濬之費

是年築塔山堤長九百餘丈

十八年又築塔山堤長七百餘丈

是年新築單口辛安雙溝馬家淺羊山峰山諸格堤縷堤既不可恃萬一決縷而入橫流遇格而止可免汎濫水退本格之水仍復歸漕淤溜地高最爲便益永無分流奪河之患

二十三年詔分黃導淮黃河身高至淸口與淮會而黃性強淮性常弱兼因沙墊遏淮流使不得急下水積泗盱間高堰又無閘壩洩水總河尚書楊一魁專主分黃而總督

漕撫尚書褚鈇力言分黃不若建高良澗諸閘壩以洩淮爲便會楊一魁先行部司諸官勘議分黃已有成説乃會
題奉旨依興舉

三十一年總河尚書李化龍開泇河萬曆三年部議開泇河隨該科道勘議題寢至是河決蒙牆決黃莊沼城郭以病運道萬曆三十一年河臣李化龍開挑泇河以便行運自王市口抵直河五百餘里以避黃河三百里之險

四十一年秋七月河決祁家店堤

四十三年河決狼矢溝工部郎中王命禹督塞之

熹宗天啟二年河決魁山堤夜半陷城城內外死者不可勝計

三年開通濟新河卽駱馬湖也天啟三年開王家集磨莊等七十里有十三大溜阻運漕儲道朱國盛行邳宿同知宋士中詳勘議於董陳二口入駱馬湖抵泇六十里遂從馬頰口

至陳家溝達宿遷縣北西出大河以上接泇流下避劉卩等險運道比舊爲近捷而坦便云

愍帝崇禎八年總河都御史劉榮嗣開邳河以通運道時黃河泛濫泇河難治河臣劉榮嗣開邳河費凡五十萬巡漕御史倪䯩義糾之遂有旨

逮

問

九年河決長山叅議徐標率河防同知張俊英塞之

皇清

世祖順治元年河淮俱歸故道

九年河決邳州雲南道御史楊世學疏陳治河事宜戶部左侍郎王永吉復詳陳導淮入海情形兼

議夫料錢糧諸務臺臣楊世學疏略曰今之水勢與前代雖異而實同前代止治河今則兼治淮矣蓋淮爲河之下流而濱海諸州縣如鹽城興化泰州劉莊白駒諸鹽場則又淮之下流也各處下有海口上有閘壩河水暴漲多開閘壩使出海口則自無潰決乃前代已行之利臣聞
定鼎之初居民因新昌餘賊緣海通去漸次堵塞繼而行水之處變爲圩田土豪衙蠹據爲已有遂久假不歸此海口之所由始塞也水東入海鹽船重載逆挽而西致費人力今海口既塞則行船安穩商人便之不樂復開此海口之所以終塞也雖有安東廟灣亦可入海而其流不疏則勢不殺急水行壅溢所以潰決因是而上之則決於開封矣中之則決於高寶矣聞有謀及海口者其中奸人阻撓一曰海潮灌入則民田竈場俱被其害不知海潮原有定時海口之內亦有防閘自有海口來未聞田不可耕鹽不可煮也一曰水所經行之處城郭廬舍恐被衝漂不知入海之渠深濬之則無泛溢且海口盡開則水勢分散必不致衝漂也一曰

沿海多寇須設兵以防不測不知水門啟閉必有專司入海之水其勢甚迅舟難逆行且水中但設暗樁則舟可斷也凡此皆鹽商徇蠹私溺其利而簧皷其辭以亂當事者之心耳伏乞

勑下河漕重臣親至其地毅然必行將凡有海口之處盡行開濬其漕堤閘口開閘各因其時然後循下流而上至於河身別其淺隘去其淤沙使河身益深足以容水則河之波不及於陸河之委易達於海河南淮右之民庶幾其有瘳乎部臣王永吉續奏曰治河必先治淮而導淮必先開海口按黃水自邳宿而下至清河口淮泗之水聚於洪澤湖亦出清河口淮黃交會東入於海然黃強淮弱勢不相敵淮泗逼而南趨直走四百餘里出瓜洲儀真方能達江一線運河收束甚緊即有大小閘河沿途宣洩而海口不開下流壅塞來水無窮去水無路所以河堤潰決修築歲費金錢九載以來八年昏墊海口之當開固時刻不容再緩者也杳海口之在興化縣境內則有丁溪場小海場劉莊場神台場廖家港白駒場之斗龍港等處在泰州境內者則有河垛場之茅墩港草堰場之鴨兒港近

丁溪場之馮家壩合洋溝等處以上諸口俱被梟棍鹽徒漁利阻塞間有開者亦於口外築壩橫攔水不通行若在鹽城縣境內者縣治東南則有石磋海口西北則有天妃海口先年俱各造有石閘又有姜家堰海口流出推船港先年亦曾議造石閘以上三處係淮揚六州縣洩水要道今石磋閘既稱逼近城郭不利風水而天妃姜堰二口復被附近奸民將閘門實塞河口填平瀰水不通咽喉重地歲歲陸沉日不聊生死徙載道害民病國關係匪輕而未即舉行者其故有二一則恐奸徒造言阻撓然萬水東流勢必趨下沿海州縣各有海口乃天造地設非人力所爲行水河港皆有舊蹟近因湮塞未免淤淺開鑿深通還其故道豈屬創舉況先年舊閘已圮者加工修葺未造者量議增添題定閘官閘夫以時啟閉有利無害固灼然無可疑者一則因河道甚長河帑有限工料既難措處民夫復奏

新旨不許僉派凡事甚多掣肘然海口既開則河堤不決修閘造閘之費較之塞決修堤孰多孰少若挑濬淤淺需用人夫動輒數萬自當州縣協濟豈

能盡動官帑百姓自救身家何辭力役此一勞永逸之計固士民所心悅而樂輸者也伏乞
聖恩勅部酌議亟行兩疏俱蒙
温綸勅部確議

今上康熙七年詔合修翟家壩　翟壩因淮水漲發土被衝刷年久漸致低陷加以私鹽漁戸歲歲決隄爲漕大害近奉
諭山陽江都高郵寶應四州縣民力合修不許盱泗之民妄行撓阻

十五年水決高家堰淮揚大困　時黄流倒灌洪澤湖高堰潰決三十四處黄淮合并東下淸水潭亦決高寶興泰山淸鹽等州縣一望汪洋糧艘輓運維艱公私交困

十六年命都御史靳輔治河　先堵高家堰一帶決口三十四處造船數百隻取泥

十七年築翟壩周橋堤　時決口盡堵水勢消落隨召夫數萬一面壓埽一面

築隄奈雲梯關數百里入海故道自堰堤潰決以來盡屬沙淤水難入海兼之草莽蓬蘆叢雜交窖又非人力可施故將翟壩至周橋二十五里湖陂從來不曾築堤者速築大堤又將高堰一帶長隄復行加高幇寬蓄水以冲海口又相勢挑挖引河以導水勢

上命部堂伊桑阿部司傳達查勘覆

命

十九年河淮合流入海 時裏河一槩淤澱自高堰決後有爛泥淺數千丈皆屬泥沙爛淤清水出口無力總河委官分挑大引河二道導淮出口又檄山盱同知多弘安召募人夫數萬大挑運河自河口至寶應縣界一百餘里兩月工竣繼將清江浦月河二閘重修與建鳳陽廠減水壩一座又查舊河口原係淮黃交會以濟裏河一時淮弱則黃水復入又檄同知多弘安酌改運口緊接湖水遠避黃流不復能入數年來河道口深二三丈無事挑浚又慮淮黃水漲西風一起則高堰堤工處處危險隨檄行翟壩一帶堤工於唐梗古溝東古溝西建減水壩三座於周橋高

艮澗武家墩各建減水壩一座以洩水勢又於爛泥淺之西裴家廠復挑大引河一道俾清水沛然暢達以會黃自此淮黃安流漕運無阻

二十一年河決蕭家渡

二十二年蕭家渡決口塞仍

詔修七里溝等處　時總河靳輔奏為全河歸故事奉旨蕭家渡決口堵塞黃河大溜直下七里溝等處逐漸坍塌險工甚多關係緊要速行修築務令隄岸堅固不致再有衝決所需銀兩着該督將就近現在錢糧先行動用以後以河銀補項

江南通志卷之第十三

江防　海防從上流江防溯及海防故不依府分序次之例

古云長江天塹以限南北又云江漢朝宗於海此

爲形勢言也我

皇清混一寰區江流已息鯨波海外爭修職貢顧安

不忘危有備無患則屯戍相聯亦所以警萑苻志

干城也爰因江而溯之海詳其疆界列其營防用

昭赫濯之

天威示綢繆之偉算云志江防海防

安慶府　江防

皖城扼江楚之咽喉爲金陵之屏蔽馬當控制南岸小孤横踞中流盜賊之出没無常兵營之追勦互應舊日操江駐此今屬安徽撫院坐鎮題設副將一員共原額官兵一分左軍作城守一分右軍併李陽河分作江防以原李陽營守備領之仍統轄沿江遊兵奇兵瓜洲等營其在懷寧桐城望江三縣邊臨大江沿江一帶施設汛地共二十五處咸有墩臺敵樓各汛地屬城守營每處撥兵防守右軍派防南岸二十七處計程三百六十里所轄烽火磯馬當係彭澤縣地方　響水磯香口烏石

磯東流吉陽黃石磯高家嘴渡船口官塲係東流縣地方　黃溢寶賽磯李陽河烏沙夾中夾口小凍灣池口流波磯仙姑廟郭港海埂伍埠溝江心荷葉洲係貴池縣地方　大通洋山磯橫港係銅陵縣地方

右軍派防北岸二十九處計程三百八十里所轄毛湖洲喩家洑沙灣係彭澤縣地方　中夾口黃家塅桃樹灘雷港卞家套江心蓮花洲路溝土嘴係望江縣地方　洲頭口光洲張家港花園王宣夾口桑園前江溝鴨兒溝栢家灣係懷寧縣地方

鐵板洲三江口新開溝殷家溝丘家埠武梁洲老
洲頭六百丈下埠頭係桐城縣地方
以上水汛俱設立營房木樓派防兵丁多寡不等

池州府江防 江北屬安慶

江之隷池者上自馬當下及繁昌之橫江約五百
里緊對皖城下則李陽河池口流波磯丁家洲皆
要地也獨以池論馬當之上有鱘魚嘴實池上流
之門戶丁家洲之下有板子磯則池下流之鎖鑰
也上自嚮水磯下至張灣潭汛防三十六處皆江
之南岸其洲渚隷池之江防而汛兵則隷皖之協

鎮統之者守備駐李陽河

太平府江北屬和州 江防

姑孰歷陽在前代極爲重鎮自蘇峻侯景韓擒虎楊行密皆由此以濟采石而明太祖亦自和州渡江以平集慶路險要可知今兵爭已息而萑苻竊發所在皆宜設防

遊兵營汛地南岸自魯港起至新江口止北岸自蟂磯起下至芝蔴河止中有采石和尚裕溪等口南通徽寧北達廬巢諸河設有本營額兵竝船隻

分防各汛

紫沙洲汛地下至本洲尾汛地二十五里屬太盧池三府

對江北鱘魚洲汛地

紫沙洲尾張灣潭汛地下至荻港汛地二十里對

江北鯉魚套老頭套汛地

荻港河口汛地下至板子磯汛地五里荻港營今裁對

江北宋家灣鯉魚套荻港有操江廠

板子磯汛地下至教化渡汛地二十里江中錦衣衞洲屬繁昌縣長三十里洲頭爲三汊汛地洲尾爲楊家沙汛地洲中有教化渡汛趙家埠汛對江北

泥汊套奧龍河

三山楊家沙尾汛地下至螃蟹磯汛地四十五里

對江北傅家灣石板洲
螃蟹磯汛地下至魯港汛地十里對江牛門溝汛
地
魯港磯汛地下至雙港汛地五里對江北惡江嘴
此盜賊行劫之所
上新墩下新墩
雙港汛地下至磕磯汛地十五里對江北螺磯汛
磕磯汛地下至四褐山汛地二十里對江中路兵
房田家港汛
四褐山汛地下至東梁山汛地二十里江心陳橋
洲汛係裕
溪分防乃盜賊出沒處因四褐山磯頭水溜無風
商船不能上行往往坐守故於此行劫劫後即往

此洲潛匿對江北屬和州界裕溪汛

東梁山汛地大信河內通太平府下至采石磯汛地四十里江心有鯽魚洲方圓八十餘里屬當塗縣立保里甲長江防官稽查對江係西梁山牛屯河姆下河太陽河四處汛地西梁山與東梁山相對至針魚嘴五十里和州江防州同知駐此

采石汛地下至思賢港汛地十五里內河通太平府寧國江心有九洲盜賊行劫每從各洲潛匿江口有采石磯墩打石磯人頭磯采石有操江廠對江有新河口針魚嘴道士墩針魚嘴至芝蘇河三十里芝蘇河汛至奇兵營西江汛三十里

思賢港汛地下至和尚港汛地五里有啞口河慈姥山墩對

江有牛路汛倪家墩

和尚港汛至江寧鎮四十里過和尚港至烈山汛屬江寧白廟遊奇分界此處江濶水急雖烈山中峙而盜賊每從江北徐府洲跨芝蔴口燈籠觜而來劫劫後隨往江北潛匿最宜防守

江寧鎮汛下至大勝關二十里對岸西江汛內通

烏江至楊四廟汛三十里大勝關汛內通江南省南門及溧水等處下至

新江口北河汛二十里大勝關新洲此處下自八字溝入上自黃家套穴字河出其中洲渚汊港極多每遇春夏江中水溜風急商船俱由洲裏上行因其水慢河窄故也賊船往往潛泊於此躍出劫財各口應設兵船防守

江寧府　江防

江寧爲省會重地幅幀寥廓七省要樞設有重兵駐防援勦其奇兵營汛地開列于後

奇兵營江防汛地南岸上自江寧縣江寧河口汛起下至鎭江府丹徒縣高資港止計程二百四十四里有草鞋夾　七里洲　鰣魚廠　草堂寺　朱家嘴　三江口　栢家閘　楊家溝　螺螄溝　天寧洲　坎潭橋　高資港等汛

北岸上自江浦縣響水套汛起下至揚州府儀眞縣何家港汛止計程二百七十六里有北浦口　浦口　急水溝　黃廠河　新臺汛　三套口

段腰汛　瓜埠　東溝　青山頭　一戧港　江口汛　舊江口　馬港　瓜洲營　何家港等汛

靑山頭有黃天蕩此處江形獨濶兩岸相距四十里太子洲居江之中其間地形甚廣港汊甚雜材落甚衆水陸之盜每出於此昔爲宋金鏖戰處

鎮江府江防　江北屬揚州

京口地當南北之咽喉上自高資港汛起下至東馬頭止並金焦二山等處設有防兵因海寇入犯

奉

旨添設鎮海大將軍統領水師官兵駐防又設左右二路總鎮水師綠旗官兵每路統轄左右二營康

熙十一年將左路總兵官一員統領官兵移駐江陰右路總兵官一員統領官兵移駐瓜洲

左路左營駐防江陰所轄沿江汛　鵝鼻嘴　大石灣　黃田港　蕭山石牌　石西　石中　石東　巫山西嘴　新寧沙　正興沙　正興沙東五堡　夏港　孟濟　新溝　徐村　申港蘆埠　利港　橫舟　種九　桃花港　圩塘澡港　顧村　魏村　大河　剩港　小河　黃山孟河各派兵防守

左路右營駐防靖江靖于常爲外邑而捍江蔽海宜設重鎮舊屬江北漕撫節

制狼山副總兵調度錢糧仍在常州府交領所轄
十七年改屬鳳撫今屬江南京口左路水師
東汛自瀾港墩臺起至通州任蘆港臺接狼山營
界止共計程一百六十二里共設墩臺三十二座
派兵防守西汛自天港墩起至西夾王墩泰興縣
界河止計程四十里共設墩臺十座派兵防守
右路左營駐防瓜洲所轄北岸汛地自沙港起上
接儀真縣奇兵營汛界爲商船停泊之地下接花
園港乃通京漕艘運河之口有大砲臺與京口對
峙南北咽喉設有石岸城塞敵臺下至八港港口
直通芒稻河竹木簰甲俱由本港進入內河下至

三江口居民稠密洲渚叢雜與圌山對峙向設三
山營官兵防守隸操江標營今屬本營把總防守
下至復業新洲斷馬鎮以上俱屬江都縣地方下
至戶岸洲民濟渡總滙居民稠密下接黃家港與
江陰對峙水面汪洋濟渡總口直通內河泰靖等
縣向設周橋營官兵防守隸狼鎮標營今屬本營
守備防守以下至界河口汛與左路右營靖江縣
分界以上俱屬泰興縣
右路右營仍駐鎮江所轄南岸汛地自洪信港起
上接奇兵營汛界下接樂亭港錢家港皆係商船

停泊之所金山城寨在於江心與簰灣相對玉山
頭汛地與瓜洲對峙南北咽喉風濤險汛下接運
河口汛地廼通京轉運漕糧江河總口下接小閘
口東馬頭汛地與焦山相對此處一應篷桅船隻
不許赴界下行下接丹徒港諫壁港汛地居民稠
密洲渚叢雜形勢險要下接大港圌山關與三江
口對峙向設圌山營隸操江標營接南砲臺山北
港今屬本營千總防守下而郭家港至匡家橋止
以上俱係丹徒縣所轄地方下接太平港此處江
面遼濶洲渚叢雜下至界港汛地止係丹陽縣所

轄地方與左路左營接界

京口鎮海旗營原設沙唬船共三百隻內有左右二路各船六十隻共一百二十隻康熙十一年間總督部院麻勒吉　題爲請移水師一案將兩路船以三十隻留天寧洲聽兩路選撥將兵隨旗操演以三十隻分防江汎又撥靖江等營小吧唬船二十二隻以四隻發左路左營以四隻發左路右營以八隻發右路左營以六隻發右路右營爲江汎巡遊之用康熙十三年鎮海將軍王之鼎　題爲密陳隄備機宜等事將兩路船隻以九十八隻

調泊天寧洲量撥二十二隻與左右二路巡防迨
康熙二十一年奉部文將京口兩路四營歸併督
提管轄于康熙二十二年間鎮海將軍楊鳳翔
題准部覆將兩路官兵歸督提管轄船隻仍照前
旗下官兵看守奉有
俞旨

常州府江防

江北屬揚州

孟河營東去五十里至桃花港西去五里至丹陽界港南去四十里至羅墅灣北去三里至河河港即大江四止汛地共一百四十五里內有汛地九

處本營官兵駐防其孟河港口最稱險要順治十一年奉文釘塞康熙十一年將江汛事宜改歸左路水師營管領設兵防汛

江陰縣現係左路總兵同左營駐防其防地分轄詳上左路右營

靖江縣在江北現係左路右營駐防其防地分轄詳上左路右營

楊舍營堡城二座明嘉靖戊午年造

皇清康熙元年以瀫瀆港爲吃緊咽喉添設砲臺以防叵測八年開復沙洲添駕馬橋烟墩派兵瞭守

所轄有　澰瀆港　范港　泗港　善港　蔡港

凡五處界接如皋靖江江陰常熟四縣

揚州府通州以西爲江防通州以東爲海防

揚州居江北最爲衝險要口商船漕艘往來之路

南對鎭江之金山古稱長江之門戶南北之要津

揚屬上自儀眞縣所轄東溝墩馬路沿江起至何

家港墩止共墩臺十六座木樓二座汛地八十里

俱係奇兵營撥兵防守下接江都縣所轄沿江汛

地

江都縣所轄花園港墩馬路沿江起至朱團窩墩

止共墩臺二十座木樓三座汛地九十里俱係京
口右路左營撥兵防守下接泰興縣所轄沿江汛
地萬壽司地方　黃墩港　長命港　沙河港
小史家港　大史家港　八港　梁家港　梁孟
港　孫湛港　徐家壩　繆家嘴　三江營　唐
家港　嘶馬　朱圍窩　徐墩係泰興接界俱設
有橋墩烟籠營房
泰興營舊係周家橋永生洲二營合兵四百名歸
併守備統領因江洲汛險兵單
欽差蘇宜會閱江海　題准移駐泰興縣城內設泰興

營署防守城池沿江各汛於
皇清康熙十一年俱歸鎮江水師營撥守其馬橋亦
鎮江水師撥有防守所轄復原洲墩馬路沿江起
至界河墩止共墩臺十六座木樓一座汛地七十
五里俱係京口右路左營撥兵防守下接常州府
所屬靖江縣下接如皋縣沿江汛地
如皋縣所轄百姓圩墩馬路沿江起至宋家圩墩
止共墩臺十四座木樓五座沿江地四十八里俱
係京口左路右營撥兵防守下接通州沿江沿海
汛地

通州當江海之交爲第一門戶其間洲渚港汊叢雜又魚鹽諸奸挾興販爲厚利伺隙刼掠出沒不常故狼山尤屬要害明制本守禦千戶所自嘉靖初倭寇分掠通海沿海增置營戍而通州設叅將未幾改副總兵

皇清順治間仍設副總兵一員順治十六年海波不靖大艦數百突至狼山直逼省會於是狼山改設正總兵立三大營其中營左營分防通州新舊二城自任家港起大潢港墩止係江汛其右營官兵移駐海門縣分守迤東一帶墩汛并大河營所遺

汛地

皇清康熙十二年海門城垣冲破形勢迴别將右營遊守撤回通州千把總官仍防海門東汛一帶其大河營調防贛榆即於右營汛撥防護所轄阮家圩墩馬路沿江沿海起至宣家壩墩止共墩臺五十九座木樓三座汛地三百二十二里自阮家圩墩起至任蘆港墩止係京口左路右營撥兵防守自任家港墩起至大横港墩止係狼山左營撥兵防守下接如臯縣沿海汛

掘港營在如臯縣界始自明初湯和於沿江沿海

設立衞所千戶防守後因嘉靖年倭警添設守備
哨官管掘港栟茶白駒丁美舍東臺𡊨海口五寨
所轄交界墩馬路沿海起至二十八總墩止共墩
臺二十一座汛地一百五里俱係掘港營撥兵防
守下接泰州沿海汛地
泰州營原設守禦千戶所屬徐州兵備道管轄後
因倭警添設海防兵備道駐劄本州有忠義忠勇
二營中軍
國初改設守備屬海防道康熙年間改屬通州狼山
總鎮十一年添設遊擊一員仍屬狼山營所轄頭

總墩馬路沿海起至茅花墩止共墩臺二十三座
汛地一百五十一里自頭總墩起至丁美舍墩止
係掘港營撥兵防守下接淮安海防汛地
以上自儀眞縣東港墩起至泰州茅花墩止沿江
沿海共計馬路八百七十一里下接淮安海防汛
地

淮安府 海防

鹽城營駐劄鹽城縣內專防城池近奉
旨移駐扼防劉莊塲南接掘港營界北接廟灣營射
陽湖南岸止東濱大海乃海防要地綿長三百餘

里

廟灣營所轄射陽湖黃河灌口三大險汛切近邊海射陽湖汛地係廟灣塲竈地方有大新港三板港下川子諸水路下川子距海口水路四十里海口南岸係鹽城營所轄汛地黃河營係陸路駐防北岸海口往西一百里至雲梯關地方汛兵防守瞭望灌口汛地接連黃河北岸其七條港陸套港湧洋河小河口嚴家舍汛有唬船兵丁防守係安東縣地方其七條港木樓係海州地方乃海州營汛地

海州營在海州贛榆沭陽三州縣地方沿海數百里地勢綿長其緊要海口共十三處

蘇州府海防北岸屬揚州

福山營與江北狼山對峙江面離隔一百二十里離海口廖角觜高家等嘴一百五十餘里所轄徐六涇汛在本營之東距營五十里鹿苑汛在本營之西距營三十里支塘汛在本營之東南距營六十餘里皆屬常熟縣自黃泥墩以東係太倉劉河營汛界自烏沙港以西係江陰楊舍營汛界自吳塔鎮以南係長洲縣蘇州城守營汛界北至大江

東西延袤一百二十餘里南北長八十餘里廣遠五百餘里

崇明縣孤懸海中週圍五百餘里四面汪洋處處可以登犯初設參將等員後　題設總鎮順治十五年特設蘇松水師官兵有中左右前後奇陸營左右兩協各設左右兩營共爲八營以左協駐防七丫以右協駐防上海順治十八年撤回康熙六年裁去右協左右兩營官兵新嚴海禁沙船盡行收泊崇明內港將八營官兵分泒沿海各營緊要汛口康熙十四年奉

旨因崇明地方衝險改設提督衙門統轄八營官兵防禦其八營分派汛地開後

中營原派防崇明縣北地汛地自本城北關外長安橋東起四十里至永寧沙半接墩止與右營汛交界西二十里至雙港三造臺與左協左營汛交界南十三里至壽安寺與奇營汛交界北七里至海邊止共派汛地八處

右營原派防崇明縣東路蒲沙套當沙頭港大套三滧岸溝四滧六滧七滧南至海邊止共派汛地八處

右營原汛防崇明縣東北路大港拳頭港張家港北當沙頭溝僊景沙小豎河梅家汊路桃皮港天分沕東三里至戧水界牌與前營汛界西五十九里至東沙溝與中營汛交界南十里至米行鎮南小横河與左營汛交界北八里至海止共汛地九處

前營原汛防崇明縣東路汛地自堡鎮造寨至高頭沙七小沕大花供陳六港東十里至大海西十里與右營大港汛地交界南五里與左營七沕汛地交界北十里至蠏塲沙洪止共汛汛地四處

後營汛防崇明縣西北路平洋沙汛地自大洪起至湃頭港徐鬍子港大套王家港西阜沙渡船港掘頭港止東十八里與左協左營汛交界西十三里至海南二十里與左協右營汛交界北十五里至海共汛防汛地八處

奇營汛崇明縣城南路汛地自本城西關施翹河南岸起至南洪三條暨河顧四房溝郁黃狀新開河東西兩岸盤船河三條港止東四十里至井亭與左營汛交界西五里至施翹河海邊止南十五里至顧四房溝海邊止北三里至普濟橋南堍止

與中營汛交界泒縣治竝南路汛地九處

左協左營泒防崇明縣北路汛地自盤泐起東與中營汛交界南二十里至中馬路止與左協右營汛交界西六十里至北合洪止與後營汛交界北至海邊止共泒汛地九處

左協右營泒防崇明縣西路汛地自邋遢港起東三十八里至施翹河與奇營汛交界西二里與後營汛交界北五里至中馬路與左協左營汛交界共泒防汛地八處

劉河營東臨大海內通太倉稱爲重鎮明嘉靖四

十五年建造設立參將防守今額設遊擊統兵駐防康熙六年因劉河舊城東半坍入大海難以駐防　題明移駐茜涇鎮離海四里所轄各汛開後

太倉州城汛離海五十里

劉河舊城南自大川沙小川沙二墩係嘉定縣境牛角尖起至北楊林墩止係太倉州境俱沿海重汛

七丫海口輪派官兵盤查崇明營縣出入船隻自七丫墩起至北錢涇墩止係太倉州境橫浜鑪脚野鷄三墩係常熟縣境俱係沿海重汛

土寨汎離海五里

璜涇鎮係傍海市鎮離海八

天妃閘汎離海十里

吳淞營坐落嘉定縣地方東臨大海南接浙閩西通吳郡北達長江乃江南之重地圜邑之藩籬自明嘉靖年間設立副總兵專鎮駐防

皇清初設副將後改設叅將駐劄東至大海三里西至嘉定縣五十四里南至楊家嘴十里由水路至虬港橋十八里與上海黃浦營交界北至黃窰墩二十五里與劉河營交界其汎地開後

楊家嘴當海口首衝內通黃浦大江直達上海松江泖澱諸湖東南與川沙營寶山嘴相對江面寬濶二十餘里險要異常實難防禦進內三里潮港口向設有沙船八隻灣泊防守

沙浦港汛東接大海與崇明對峙亦屬險汛港口釘塞不通內地

滚淘港汛與崇明對峙係屬衝要通嘉邑內地港口木椿釘塞

練祈港與崇明對峙亦屬險汛通嘉邑內地港口木椿釘塞

司家港汛與崇明對峙係屬衝要通嘉邑內地港
口木椿釘塞

松江府 海防

松江一郡大海環其前長江繞其後黃浦貫其中
三泖澱湖居其右湖中巨寇結聚海中逆孽跳梁
特設大鎮提督蘇松常鎮四府康熙元年貳月奉
旨管理江南全省提督事務康熙十四年二月添設
安徽提督改全省提督爲江寧提督管理下江七
府康熙十七年四月奉裁安徽提督全省雖或轄
四府或轄七府或統轄全省權有重輕兵有增減

而駐松則無異蓋松實爲江浙首衝其邊海要汛則有一團上海吳淞金山黄浦專藉大帥坐鎮分防設汛以扼吭拊背居重馭輕云其本營派撥官兵貼防各營汛開後

黄浦營官兵駐劄上海縣城分防黄浦江水汛一百餘里內通泖澱外達海洋賊多從海子口入不五十里爲黄浦黄浦逼縣東門賊至即抵城下或循海而南或由江而西皆可達郡城是一郡之要害在上海上海之要害在黄浦黄浦之要害在吳淞所吳淞之要害在李家口守李家口以拒賊上

游守黄浦以遏賊横渡守禦上策莫踰于此
金山衛坐落松江府華婁二縣界城臨大海實爲
江浙首衝蘇松門戶南遏汪洋北通鄉浦西連浙
壤東控柘青幅幀數百餘里其邊海要汛東有胡
家廠金山頭西有白沙灣大營盤新廟廠等處
柘林營坐落松江府華亭縣東南周圍二百餘里
城臨大海南逼海面東接青村西連金山其海口
汛地如東袁浦西袁浦草菴龍王廟漕涇鎮五處
最爲緊要
各處海口多灘塗闊淺而柘林獨否其來易於登

岸其去易於開䑸海濱至內地必由小港出浦若非潮至則水澁難行柘林之西獨有上橫涇歡娛菴湙而且濶可縱行舟片帆出浦即是葉謝行十八里即抵郡城嘉靖中寇據此爲巢

青村所營係明湯信國建今設守備駐防統領馬步官兵分發沿塘十一墩及汛口要地如橫林朝陽廟李家路口陳家路口壇廟路口牛皮小瀞魚秧棚翁家港瞭海墩七處極爲險隘

南匯營地形突出洋中三面皆海向年倭寇每察風色分䑸於洋山馬蹟葢各堡止防一面而是堡

獨三面受敵今設守備駐防分南北兩汛南汛把總守一團鎮北汛百總守四團鎮

川沙營坐落松江府上海縣地方東臨大海西枕申江南接南滙北至寶山黃家灣止江防則虬港陳家嘴東溝西溝渡洋涇曹家渡陸家渡諸處海防則川沙窪三尖嘴曹家路蔡路諸處達嘉定縣界寶山所延袤共二百餘里

按蘇松瀕於大海自吳淞江口以南黃浦以東海壖數百里一望平坦皆賊徑道明不能禦之於海致倭寇深入二府一州九縣之地無不創殘其禍

修矣吳淞江有海塘而無海口則上海之川沙南滙華亭之青村柘林賊據為巢而金山界於柘林乍浦之間尤為江浙要衝至於蘇州沿海多港則嘉定之吳淞所太倉之劉家河常熟之福山港賊舟處處可犯而崇明孤懸海中尤為賊所必經之處特設叅遊分駐竺泊營前二沙往來會哨內外夾持上可以禦賊於海洋下可巡哨而相守出職方攷鏡

江南通志卷之第十三

江南通志卷之第十四

水利

江南服之境四瀆咸在漢則北流以入江河則南徙入淮以歸海故水勢視他省爲較劇嘗謂江南之水利於田疇不治則田穀不登淮南北之水利於漕運不治則舟楫不達既輯河防爲一書矣其江流所注三吳實當尾閭焉蓋太湖巨浸衆水所歸昔人所云六州同其利害者則疏之堤之復之所宜急講也震澤底定其再幾乎志水利

禹貢云三江既入震澤底定三江婁江東江松江也震澤太湖也太湖

納百川之水注之江三江洩太湖之水入於海水有所歸復有所洩則震蕩者平定尚何霪潦之可虞故言水利者以三江爲要吳荃原三江畧太湖之水自東南分流出白蜆入急水澱山由小曹大瀝以入海者曰東江自麗山過大姚經崑山石浦安亭由青浦達滬瀆東瀉入海者曰吳淞江自東北分流從郡城東行經古婁縣水勢洪駛原少紆曲東南北直下今俗訛爲劉家港者曰婁江震澤疏源以注江三江導流以入海水有所歸民物奠又全吳財賦其昉諸此自漕瀝港浦日就淤淺薄狹而東江遂湮惟澱湖支流北注吳淞而吳淞之流又北趨婁江而後入海三江塞二而以全吳東注之水獨歸婁江其勢漸不能容日積月累行復如二江患矣故開復三江以興百世之利固其策之上也

司馬遷云昔禹之治水於吳則通三江五湖　王鏊　五湖

記吳郡之西南有巨浸焉廣三萬六千頃中有山七十二襟帶三州東南諸水皆歸焉其最大者二

一自寧國建康等處入溧陽迤邐至長塘並潤州金壇延陵丹陽諸水會於宜興以入一自宣歙天目諸山下杭之臨安餘杭湖之安吉武康長興以入而皆由吳江分流以入海一名震澤書所謂震澤底定是也一名具區周禮職方揚州之藪曰具區是也一名笠澤左傳越伐吳吳子禦之笠澤是也一名五湖虞仲翔云太湖東通長洲松江南通烏程霅溪西通宜興荆溪北通晉陵滆湖東連嘉興韭溪凡五道故謂之五湖陸魯望曰太湖上稟咸池五車之氣故一水五名然今湖中亦自有五湖曰菱湖莫湖游湖貢湖胥湖吳人稱語則惟曰太湖云

周泰伯開瀆後人名曰泰伯瀆 唐常州刺史孟簡浚之又名孟瀆郭思極疏浚孟瀆疏孟瀆在武進之北延袤六十餘里外通長江內資灌溉商民舟楫罔不便之嘉靖間築堡中流日就淤塞嘗有建議開濬旋議旋寢將成平陸臣愚以爲孟瀆一開則既有間道以通舟楫而運閘得啟閉之宜又引江潮以達奔牛而運河資接濟之力縱遇亢旱不至坐以待困此緩

急可賴之一策也

定王時楚令尹孫叔敖作芍陂溉田萬頃在鳳陽府壽州南一名安豐塘

敬王二十五年吳行人伍員鑿河後人名曰胥浦在蘇州境自長泖接界而東盡納惠高彭巷處士瀝涇瀆諸水匯入於浦

三十五年吳城邗溝通江淮在高郵州境東北至射陽口東至末口

元王元年越大夫范蠡開漕河在蘇州境越伐吳蠡開此轉饋亦名蠡湖

烈王十五年楚春申君黃歇城故吳墟內北瀆四縱五橫

〔漢〕袁圯築長橋鑿便民河在吳江境

吳王濞開邗溝自揚州茱萸灣通海陵倉及如皋

蟠溪

〔晉〕太傅謝安築廣陵之邵伯堤在江都縣北四十五里春夏水漲沒民田安出鎮於此築堤捍田民以比名伯甘棠因名孝廉史奭河防議曰江都河渠有關河防水利者惟運河爲大而最險要者則自邵伯金家灣起北至露筋廟界牌止計堤四十餘里堤以西曰上河自朱家湖黄子湖迤西地勢漸高常憂旱堤以東曰下湖自堤迤東勢漸低常憂潦自邵伯埭築東西分界兩無水旱之虞民皆便之至明季高堰失修翟壩衝決水勢直灌高江此江都漕堤之所以屢決也

〔梁〕大通中吳郡水菑有上言當漕大瀆以瀉浙江

者詔遣前交州刺史王奕假節發吳吳興信義三
郡丁夫就役
隋大業六年命尚書左丞皇甫大發淮南諸州丁
夫十餘萬開邗溝自山陽至揚子江徑三百餘里
自揚子達六合由山陽瀆入淮又穿江南河自京
口至餘杭八百餘里廣十餘丈以備東巡
唐開元元年築捍海塘起杭州鹽官抵吳淞江一
百三十里
永泰中轉運使劉晏開丹陽之練湖作斗門以通
灌漑

大曆初李承築捍海塘在揚州境自鹽城入海陵綿亙百里障蔽潮汐以衛田奠民居爲功甚溥

三年治射陽湖在寶應縣治東六十里寰宇記云濶三十丈長三百里漢書廣陵王有過其相勝之奏奪其射陂即此湖也今俗呼爲射陽湖瀠迴可三百里南北淺狹自固晉至喻口白沙入海湖之東屬鹽城西至固晉屬山陽東至上射陽屬寶應大曆初與洪澤並置官屯後以所收歲減漸廢

貞元中蘇州刺史于頔繕完隄防疏鑿畎澮列樹以表道決水以漑田

元和二年韓皐開常熟塘名曰元和塘圖經云南北之路自城遙遙百有餘里旁引湖水下通江湖支連派分近委遐輸豈伊沿泝之功實由灌漑之利故名常

熟歲無告焉
五年蘇州刺史王仲舒隄松江為路在吳江境時松陵鎮南北西俱水鄉抵郡無陸路至是始通
五代吳越錢氏置都水營田使以主水事募卒為都號曰撩淺
宋咸平初淮南轉運副使吳遵路於高郵等處置斗門九十蓄洩水利
天禧間江淮發運副使張綸經度於崑山常熟跡五湖導太湖入海復歲租六十萬斛
天禧末發運使魯宗道通浚真揚漕河

乾興元年詔蘇湖秀州積水害稼其發鄰郡兵疏導壅閼仍發運使董之

天聖初蘇州水壞太湖外塘廢民耕田八月詔轉運使徐奭江淮運使趙賀董其事閏九月勅張永和相度自市涇以北赤門以南築石隄九十里起橋二十有八

景祐初平江范仲淹親歷海濱開濬五湖東南自吳淞入于海（用錢糧一十八萬三千五百貫石）又築捍海堤（今名范公堤在揚州府通州）

寶元元年兩浙轉運副使葉清臣開松江盤龍匯

按續吳郡圖經盤龍匯介華亭崑山之間步其徑纔十里而迴洑迂緩乃四十里江流爲之阻遏盛夏大雨則泛溢渰稼穡壞室廬殆無寧歲乾興間屢經疏決未得其要范仲淹守平江嘗經度之未遑興作至是清臣以太史轉漕本路以太湖民田爲豪右據上游而水不得洩建議釃爲新渠從滬瀆入海道直流速其患遂弭

慶曆二年通判李禹卿隄太湖八十里爲渠益漕運其口蓄水漑田千餘頃歲饑出羨粟三萬活饑民萬餘

慶曆間知縣事許濬開武進之申港滆子港戚墅入江申港六十八里滆子港自江口浚之四十里戚墅港自湖口浚之九十里

至和二年崑山主簿丘與權等作崑山塘爲橋梁

五十二名至和塘沈括考云至和塘自崑山縣達於婁門凡七十里自古皆積水無陸途民病涉久欲爲長堤抵郡城澤國無處求土嘉祐中有獻計就水中以蘧蒢爲墻栽兩行相去三尺去墻六丈又爲一墻亦如此漉水中淤泥實蘧蒢中候乾則以水車去兩墻間舊水墻間六丈皆留半以爲堤趾掘其半爲渠取土以爲堤堤成至今爲利

至和中海門知縣沈興宗築捍海堤後人名爲沈公塘在揚州府海門縣

嘉祐三年轉運使沈立開崑山之顧浦次年王純臣請令蘇湖常秀作田塍位位相接以禦風濤六年轉運使王復圭知崑山縣韓正彥開松江之白鶴如盤龍之法

熙寧三年崑山人郟亶上言水利六失六得具書與圖及治田利害七事有旨令亶相度開治其畧曰震澤積十縣之水禹以三江決此一湖今二江已絕惟存吳淞一江疏洩之道旣隘於昔又爲權豪侵占植以蒲葦又於吳江之南築爲石塘以障太湖東流之勢又於江之中流多置罾簖以遏水勢故吳江不能吞來源之瀚漫日淤月澱下流淺狹遽漲潮沙半爲平地積雨滋久十縣山源併溢太湖蘇湖常秀四郡之民惴然有爲魚之患吳淞古江故道深廣可敵千浦向之積潦尚或壅滯議者但以開數十浦爲策而不知臨江濱海地勢高仰徒勞無益臣今者所究治水之利必先次第治九陽江與銀林江寧五堰體勢故迹決於西江潤州治丹陽練湖相視大綱尋究函管水道決於北海常州治宜興滆湖沙子淹及江陰港浦入北海以望亭堰分屬蘇州絕常州傾廢之患如此則西北之水不入太湖爲害矣又論蘇州治諸邑水之制關吳江之南古塘多置橋梁以決太湖會于青龍華

亭而入於海仍開浚吳淞江和僱工役以漸闢之其諸江潮風濤爲害之處竝築爲石塘及諸潮瀼等處尋究昔有江港自南徑北以漸築爲岸隄所在陂淹築爲水堰秀州華亭海鹽港浦仍體究柘湖澱山湖等處向因民力有田高壤障過水勢而疏決不行者竝與開通達諸港浦杭州道長河堰川宣歙杭睦等山源決於浙江如此則東南之水不入太湖爲患矣

六年檢正中書沈括言浙西江浦淺涸者當濬浙東隄防川瀆堙沒者當修請下司農貸錢募役從之括相度兩浙水利土人傳肱議決松江之千墩金城諸匯開無錫之五瀉堰以洩太湖而入於北江導海鹽之蘆瀝浦以分吳淞而入於海於崑山常熟二縣深濶諸浦遇東南風則水北下於揚子江遇西北風則水南下松江庶可紓患

元豐三年詔賜米三萬石開蘇州運河

元祐三年常平使者調蘇湖常秀之人濬青龍江紹聖中浙部水患賜緡錢二百萬以賑轉運使毛漸奏按錢氏有國時故事起長安堰至鹽官掣清水浦入海無錫浚芙蓉湖武進疏廟堂港常熟開疏涇梅李以入揚子江又開崑山七鴉下張諸浦東北道吳江開大盈顧匯二浦東南浚柘湖新涇下金山小官浦悉入於海

崇寧元年置提舉淮浙澳牐司於蘇州二年宗正丞徐確提舉常平考禹貢三江之說以為太湖東注於海松江正在下流向來湖泥堙塞水溢為患

請自封家渡古江開淘至大通浦直濬海口七十四里以常平錢米十八萬三千餘充調夫之費因令饑民就食確躬操畚鍤以先之水道遂通

崇寧間詔常潤二州開浚運河時知常州陳襄以太湖積水橫遏運河不得入江議請開濬

政和六年御筆訪問浙西水利命趙霖充兩浙提舉常平措置興修濬平江常州一江二浦五十八瀆浚松江白鶴匯圍裏華亭泖爲田霖之言曰爲今計莫若順其性而疏其流乃爲上策所謂上策者大築圩岸高圍民田而已如此則積水日削衆浦日耗矣大抵三說一曰開治浦港二曰置閘啓閉三曰築圩裏田所著有開浦置閘築圩三篇

紹熙中淮東提舉陳損之言楚州高郵間陂湖渺
漫宜創堤堰以爲瀦泄乃築堰自江都經高郵楚
州寶應北至淮陰達於淮鑿新河自高郵入興化
東至鹽城極於海又於揚州墟鎮創斗門引水由
泰州海陵南至泰興徹於江所經畫甚具漑澤鹵
田以百萬頃兩淮之民賴焉
二十八年檢會周環面對浙西水利命漕臣按視
轉運副使趙子濡平江知府蔣燦計料開濬次年
正月興工從常熟東栅至雉浦入於涇開福山塘
自下涇口至尚墅北注大江分殺水勢二月畢工

趙子潚相視水利方畧言近被旨相度水利詢得浙西諸州平江最爲低下而湖常等州水皆歸於太湖自太湖以導於松江自松江以注於海是太湖者數州之水所豬而松江又太湖之所洩也然以數州豬水巨浸而獨洩於一松江宜其勢有所不逮是以昔人於常熟之北開二十四浦疏而導之楊子江又於崑山之東開一十二浦分而納之海兩邑大浦凡三十有六而民間私下涇港又不可勝數皆所以決壅滯而防泛濫也後因潮汐往來泥沙積淤舊置開江之卒尋亦廢去此太湖所以堙塞而民田飄没也今相視合開緊切去處常熟縣梅里塘白茆浦顧浦福山浦黃泗浦崑山縣新洋江小虞浦顧浦郭澤塘總計役夫三百三十七萬四千六百工錢三十三萬七千四百貫米一十萬一千五百石各有奇合於農隙之際支給錢米僱夫開治望賜指揮施行

隆興二年詔江浙勢家圍田堙塞流水諸州守臣按視以聞悉令相實開治（時委兩浙運判陳彌作相度彌作乃上其事宜）

詔令知平江府沈度依狀開決許浦自梅里塘雉浦口東開至白蕩白茆浦自黄沙港開至支塘橋崔浦自丁涇塘開至浦口黄泗浦自十字港開至奚浦口茜涇浦自界涇開至鴨頭塘下張浦自東海洲開至千步涇七鴉浦自梅浦開至李漕涇川沙浦自海洲開至六鶴浦楊林浦自楊林橋開至陶家港掘浦自梅口開至五聖港

乾道二年轉運副使姜詵開通波大港港即顧會浦置

張涇堰閘附范成大水利圖序救災捍患之術其大槩有二曰作隄曰疏水其小槩一曰種茭今之塍岸率去水二三尺坎坷斷裂宜考紹興二十八年以來被水之由其邊界湖壤土人所謂搭白之處增築長隄使高五六尺甚者七八尺以上秋冬之交潢潦乾源手足所及土皆可取閱春夏半年至秋雨風潮土已堅定草茅生之可恃爲安蓋作隄之說如此崑山之田號爲下濕數十年前十種九澇自趙霖鑿吳松江積潦三十年來歲無洊饑今宜行視凡出水之港皆決而疏之使

水得肆行無留而隄岸始爲有用蓋疏水之說如此江東圩埂高厚如大府之城舟行常仰覩之並驅其上猶有餘地至水發時數十百圍一時皆破其有茭葑外護者則往往獨存蓋其紛披搖曳與水周旋而不與之忤比其及岸已如彊弩之末狂怒盡霽矣茭之能殺水如此三說具舉無遺策矣

六年監進奏院李結獻治田三議詔胡堅常相度以聞從之李結治田三議臣有管見治田便利三議一曰敦本二曰協力三曰因時司農丞鄭亶議云古人治田取土以爲堤岸非專爲決積水若堤岸高厚借令大水之年江湖之水高於民田五七尺而堤岸尚出於塘浦三尺故雖大水不能入於民田民田既不容水則塘浦之水自高於江而江之水亦高於海不須決泄而水自湍流矣此古人治低田之法也若知決水而不知治田則所開浚之地不過積土於兩岸之側霖雨蕩滌復入塘浦不五七年塡淤如舊前功盡棄爲今之務莫若專務治田乞詔監司守令相視蘇湖常秀諸州水田塘浦緊切去處就此農隙

作堰車水開浚塘浦取土修築兩邊田岸立定丈尺衆戶併力官司督以必成田岸旣成水害自去此臣所謂敦本之議也又以爲百姓非不知築堤固田之利然而不能者或因貧富同段而出力不齊或因公私相吝而因循不治非協力不可百姓所鳩工力有限必賴官中補助官中非因饑歉難以募民興役非因時不可

七年知秀州丘崈修華亭瀕海十八堰遂移新涇堰於運港所謂運港大堰**九年置監堰官於亭林**按前志華亭東南並海自柘湖堙塞置堰一十八所以禦鹹潮宋政和中提舉常平官興修水利欲涸亭林湖爲田盡決隄堰以泄湖水華亭地勢東南益高西北益卑大抵自三泖五浦下注松江以入海雖決諸堰湖水不可泄鹹水竟入爲害於是東南四鄉爲斥鹵之地民流徙他郡中間州縣官懼其害復故隄堰獨胥新涇塘以通鹽運海潮晨夕衝突塘口至濶三十餘丈鹹水延入蘇湖境上是歲八月邑人

右正言許克昌力言於朝時宗以博士除知秀州奉命行視議以新涇塘湖勢湍急運港距新涇二十里水勢稍緩於是募四縣夫移堰於運港併築堰外諸港及運港之兩岸明年詔增宗秩復租九年以招復流民

淳熙元年知常州府趙善防修奔牛閘

二年兩浙運副使姜詵奏開常熟縣黃泗浦崔浦許浦白茅浦薛元鼎又奏開運河五十四里

六年發運使魏峻疏崑山至和塘自夾潮塘至戴塘浦立柵三十二爲禁防郡婁門東至崑山七十二里南吐新洋江北納陽城湖又有沙河鰻鱺湖介乎東西之間修塘置防爲地方大利趙霖有重修崑山塘記

十三年羅點提舉浙西常平以澱山湖洩諸水道

戚里豪强占爲田水壅不洩民田病之奏乞開濬
有旨命點躬親相視開掘農民聞命歡躍各裹糧
合夫掘鑿竝湖巨浸復爲良田羅點乞開澱湖圍田狀竊澱山湖東
西三十六里南北一十八里旁通太湖匯蘇湖秀
三州之水上承下洩不容少有壅遏華亭在湖之
南崑山在湖之北湖水自西南趨東北所賴洩水
去處其大者東有大盈趙屯大石三浦西有千墩
陸虞道褐三浦中間南取澱山湖北取吴淞江凡
三十六里竝湖以北中爲一澳係古來吐呑湖水
之地今名山門溜東西約五六里南北約七八里
正當湖流之衝非衆浦比貫山門溜之中又有斜
路港上達湖口當斜路之半又西過爲小石浦上
達山門溜下入大石浦凡斜路港大小石浦分爲
三道殺泄湖水竝從上而下通徹吴淞江江湖二
水曉夕往來疏灌不息以此浦港通利無有沙泥
壅塞可以宣導水源今來頑民輒於山門溜之南
東取大石浦西取道褐浦竝緣澱山湖北築成大

岸延跨數里過絶湖水不便北流盡將山門溜中圍占成田所謂斜路及大小石浦洩放湖水去處竝皆築塞父老嘗言圍岸初築時湖水平白漲起丈餘盡入西南華亭縣界大小石浦幷斜路港口旣被圍斷其脚浦一日二潮則泥沙隨潮而上湖水又不下流無緣蕩滌通利卽今淤塞反高於田遇水則無處泄瀉遇旱則無從取水水性趨下下流旣壅其勢必潰裂四出散入民田理無可疑者

淳熙末宜興丞韓隆胄浚運河 按荆溪由慶源門抵沙子湖濱六十里

嘉定十年知平江府趙彥橚疏錦帆涇以達運河

建炎間知興化縣事黃萬頃築紹興堰 按興邑之田東南有容受而無宣洩則昏墊之害滋深故塘以蓄之而時其啓閉則高者不至於剛鹵下者不苦於汩沉往時知邑令劉廷瓚修築南隄民利賴之學士錢溥爲之記

元至元初中書省准浙江行省咨任仁發言吳淞淤塞奏立都水監仍於中江中書以聞特命行省平章撒里提舉修浚一切便宜經畫以松江故道湮塞西自上海縣界東抵嘉定石橋洪迤邐入海袤三十有八里　仁發言三江既入震澤底定自二江已塞僅有吳淞一江自來下源有河沙匯沙高水淺不甚湍急若及早開浚工費省而易爲力數年之後愈久愈壅工費倍而難爲功區區管見惟以開江置閘爲第一義也昔范文正公親至海濱開浚是時論者阻之或曰江水已高不納北流或曰日有潮至水安得流下或曰沙因潮至數年復塞或曰開浚之役重勞民力公力排浮議疏瀹積潦民受其賜又有對東坡蘇公言吳中水患者乃謂天理之當然不可復以人力修治東坡曰不然父老皆言此患所從來者四五十年耳蓋人事不修之積非天時之所致也范

蘇二公之說愚雖不敏深以爲然

至元中知水人潘應武言決湖水其畧曰竊見朝廷數百萬米糧浙西數百萬生靈口食者取給於浙西數郡而浙西地勢極低出產米糧豐厚自圖山福山而下有二百八十餘里沙岡身以限滄溟岡身之間有港浦一百五十餘處潮汎往來至震澤而定故名曰平江有太湖又名洞庭湖週圍三萬六千頃受納三州六縣三吳五湖之水溢流而下一路徑下吳淞江二百六十餘里抵海又一路自急水港五十里下澱山湖湖週圍二百五十里由港浦而入海浙人常苦水災古人開浦港漊瀝涇澮之類者無非所以爲去水計使民居無昏墊而土可耕種居民常常修築圍塍官司常常修浚水路潦則車水出田旱則車水入田錢王時置撩淺軍四部七八千人專爲田事導河築隄宋仁宗朝范文正親歷海濱開浚五湖東南入吳淞江東北入於海自後置農田水利使者專管湖塘河渠至理宗朝創立魏江江灣福山水軍三部三四千人專一修江湖

河塘工役僅免水患又法禁人占湖爲田爲泄水路故也近爲權豪勢要之家占據爲田山寺在田中心雖有港漊濶不及二丈潮泥淤塞深不及二三尺潮水湖水不相往來閘住去水東南風水回太湖則長興宜興歸安烏程德清等處水漲泛溢西北風水下澱山湖泖則崑山常熟吳江松江等處水漲泛溢皆因下流不決積水往來爲害近年雖嘗省府差官相視每爲勢力所阻何嘗攷古問今爲國家經理根本哉愚昨隨營田司官親曾相視水勢與高年老農知識地理人講究得澱山湖東大小曹港斜瀝口汊港口固是水之尾閭門今爲權豪勢要占據爲田此處水路卒難復舊澱山湖北有道褐浦俗呼稻歇浦石浦千墩港小瀝口四處去江頗近水勢順便今來若先於此四處開浚決放水路以救百姓生命以保公私財貨實爲居安慮危經理根本之計候潮水減退然後次第開浚諸處河港修理閘堰以濟運河此即古人所謂下流既通上游可導也

延祐五年淮東宣慰司開修淮南運河運河即邗溝也西受

七十二㵎之水由麓社等㵎經金門姚港口二閘而入名高郵漕河

大德二年立浙西都水監庸田使司平江路設置專一修築田圍疏浚河道

泰定初開江復都水營田使司置石閘浙江行省以平江松江通海河道比年壅塞軍民官豪勢戶侵占水面插蒔蘆葦復爲蕩田以致水不通流遞年水旱相仍官民虧失大利委官同本處正官踏視講議到吳淞舊江二道烏泥涇大盈浦二河合挑洗立閘緣癸巳歲禁止動工請諸戶部論報云上項河道江浙省已嘗講議修則官無虧糧民可足食難與其餘土木之功一體停罷由是中書奏命前都水少監任仁發董督常湖秀平江路開濬不論是何人戶實有納苗田土一頃五十畝差夫一名計名四萬有奇每名口支口糧三升中統鈔一兩始於是年冬十月次年正月訖功舊江二道比大德初開里數三之二深㵎如初大盈浦長二十五里一

百六十丈與烏泥涇各深一丈闊一十五丈仍令講求久遠不致淤塞良法

明

洪武九年諭工部仰該府州縣提調官體勘境內應有圩岸堰壩坍缺陂塘溝渠壅塞務要趂時修築堅完疏濬流通以備旱潦毋致失時有傷禾稼

勑工部遣官修築海塘南抵嘉定縣界北跨劉家河詔揚州修高郵寶應湖堤六十餘里以捍濤隆萬間淮水東注黃河尾後入揚州高寶諸河漕堤大壞時總河侍郎潘季馴大疏治之河道乃復

永樂二年朝廷以蘇松水患爲憂命工部尚書夏原吉疏治尋遣僉都御史俞士吉齎水利集賜原

吉使講究拯治之法以聞既得請遂集民丁開濬自崑山縣下界浦掣吳淞江之水北達婁江挑嘉定縣四顧浦南引吳淞江水北貫吳塘亦由婁江入海濬常熟白茆塘引太湖諸水入揚子江於上海東北濬范家浜接黃浦通流入海夏原吉治水疏蓋浙西諸郡蘇松最居下流嘉湖常三郡土田下者少高者多環以太湖緜亘五百餘里納杭湖宣歙諸州溪澗之水散諸澱山等湖以入三江頃爲浦港堙塞匯流漲溢傷害苗稼拯治之法要在濬滌吳淞諸浦港泄其壅遏以入於海按吳淞江舊袤二百五十餘里廣百五十丈西接太湖東通大海前代屢疏導之然當潮汐之衝沙泥淤積屢塞不能經久自吳江長橋至下界浦約百二十餘里雖云疏通多有淺窄之處自下界浦抵上海縣南蹌浦口可百三十餘里湖沙壅障茭蘆叢生已成平陸欲即

開浚工費浩大且灘沙淤泥浮泛動盪難以施工臣相視得嘉定之劉家港即古婁江徑通大海常熟之白茆港徑入大江皆係大川水流迅急宜浚吳淞江南北兩岸安亭等浦港以引太湖諸水入劉家白茆二港使直注江海又松江大黃浦乃通吳淞要道令下流壅塞難即疏浚旁有范家浜至南蹌浦口可逕達海宜浚令深闊上接大黃浦以達泖湖之水此即禹貢三江入海之跡俟既開通相度地勢各置石閘以時啓閉每歲水涸之時修築圩岸以禦暴流如此則事功有成於民為便

永樂中罷海運復元會通河運道跨江絶淮經河越濟仍兼治邗溝故道運河即邗溝漕運志作漕河一統志作官河西南自儀真江際東行四十里至石人頭入江都界又十五里至楊子橋東至江都縣瓜洲鎮北行三十里亦至楊子橋二河始合東折北行六十里入邵伯湖又北行六十里入高郵界又北行四十里至界首入寶應湖又北行至黃浦接淮安山陽界由清江浦入淮

宣德九年知蘇州府況鍾請官治水其奏畧曰竊惟蘇州之地有三江五湖及臣守郡按考形勢稽核水道除淺狹江湖不計外合蘇松嘉湖四府撮其要害其湖有六曰太湖曰龐山湖曰陽城湖曰沙湖曰昆城湖曰尚湖聯屬廣袤凡三千餘里其水東南出嘉定吳淞江東出崑山縣婁江即劉家港東北出常熟縣白茆港永樂初特命工部尚書夏原吉疏濬水不為患今年久淤塞一遇久雨遂成巨浸田皆没溺民不聊生國賦無辦臣叨知府事敢不據實

上聞伏乞陛下軫念時艱仍遣大臣董督各官於農隙發民疏濬庶一方永賴誦皇上德意無疆矣

正統六年巡撫侍郎周忱修導吳淞江立表江心盡去壅塞其兩岸塗漲居民開墾成田者計畝收稅以補崩塌之數時廷臣奏言江南賦稅多取給於蘇州其田卑下常有渰溺之患宜設法疏濬以利民生於是令忱兼總其事許以便宜處置忱檢視嘉定吳淞江直流百餘里東

連大海西接太湖而北平坦滋生草蔓民因開墾成田江水壅塞不能通流乃親往江上督民開挑水得疏洩

巡撫侍郎周忱築五堰　按五堰在溧陽西八十里自固城南湖蕩湖至荊溪震澤中綿亘四五里頗高阜闔閭伐楚使伍員開河運糧舊名胥溪河是也而蘇常湖承中江之水東注江海雨霪水漲恒病浸没宋宜興人單鍔採錢公輔議著吳中水利書謂五堰若廢則宣歙諸水盡入震澤三州水患無已蘇軾稱其有水學明太祖都金陵以蘇浙糧運自東壩入可避長江之險洪武二十五年浚之治石閘司啓閉命曰廣通鎮永樂初蘇人吳相五奏復五堰增溧陽溧水壩夫守之六年春江水泛溢蘇常諸處困於潦忱集工加築後正德七年復加高三尺許水勢相懸遠甚嘉靖三十五年倭入寇商旅盡由壩上行乃復於壩東十里築一壩名東壩王鏊震澤篇云以此一源最巨爲蘇常患伍餘福三吳水利論歸有光水利書皆諄切言之蓋蘇常湖水利之大鎖鑰也

七年吳中大水秋七月颶風時巡撫侍郎周忱預
奏請量留官糧府一二十萬石縣五六萬石賑濟
并增修低圩岸塍開治河渠
景泰五年夏大水淹沒禾稼經久泛溢侍郎李敏
知府江淵議浚白茆等塘以洩之按淵躬往常熟相視時久不疏濬壅成堤堰近民耄倪皆臥泣其上以求免言一開洩則堰下之田亦就浸矣淵不許強之挑濬青墩浦橫瀝塘共五六里以通白茆塘鑿開三堰約三四里引水通鮎魚口共海口淤塞漫生叢葦仍挑去約千餘担
於是水得歸海
天順二年巡撫都御史崔恭訪求吳淞江利病親
詣相治恭於三年二月督工開浚分江爲三段崑山縣自夏駕口至白鶴江上海縣自白鶴

江至卞家渡嘉定縣自卞家渡至莊家涇又浚六磊塘鶯竇湖烏泥涇沙竹岡諸水通流入浦民感其惠因呼曹家溝爲都臺浦云

成化八年置僉事於浙江兼治蘇松等府水利知府白行中築捍海塘初沿海並有塘隄歲久頹圮七年秋大風海溢漂人畜沒禾稼巡撫都御史畢亨巡按御史鄭銘水利僉事吳瑞僉議復隄行中承檄委官興築越二月而塘成

成化末如皐知縣胡昂濬運河西北從揚泰來繞縣治向東至丁堰鎮分流入海南折至白蒲鎮入通州

弘治十年正月巡撫都御史畢亨與知府丘霽議開吳淞江面濶一十四丈五尺底濶八丈五尺水

深一丈二尺自夏界田起至西莊家港嘉定崑山二縣分挑次年築常熟趙段圩田圍

林應訓蘇州漕渠志節畧漕渠即運河亦名邗溝起杭州候潮門北行經武林從雙橋入崇德縣境經縣治折北而東過嘉興府城濠又折而迤北會頓塘鶯脰河之水東出平望鎮湖州府運船由之運河又北經九里石塘達吳江縣而北松江運船由白蜆江西來出呼鯉涇與運河合入長洲縣界又北經蘇州府城東與至和塘運河達北城濠而西相合崑山嘉定太倉三處漕運由之蘇城之北爲元和塘常熟運船由之俱會於永安橋以出楓橋運河由滸墅關北行入無錫經常州抵丹陽以達京口焉

工部主事姚文灝築長洲之沙湖堤學士吳寬記畧郡城東二十里曰沙湖凡太倉崑山嘉定崇明之人之所必經者其廣袤各數十里橫絕道上其北多腴田其

中多舟楫人以爲患者尤甚旁有盜藪以行劫爲業客舟爲風波所阻集於岸下多不能免人益患之昔人欲築隄以捍水者久矣皆謂土石所施無所附麗其功難成遂置之弘治丙辰工部主事姚君文灝奉勅來督水利始白於巡撫右副都御史朱公瑄謂隄可築公往視之亦曰可築且曰是宜用卷埽法蓋吾治河決時所已試者也謀協姚君乃專任其事先時君從工部侍郎徐公貫濬常熟江口獲葦利之占於民者充公用及是遂賴其濟一時夫卒盡力材用畢具功垂成而君移疾去矣今郎中傅潮來代周行田墅水利大興他日行至沙湖歎曰是隄之功其可已乎至是巡撫都御史彭公禮復勸相之而隄竟以完告其濶爲丈三長爲丈三百六十隱然如城堅壯可久安流成渠人皆稱便蓋耕者無浸淫之苦則安於田畝行者無覆溺之憂則樂於道路賈者無掠奪之恐則保其貨利是役也前守爲史侯簡今爲曹侯鳳實經畫之若通判陳瑋知縣劉珂鄺璠丞竇蔭簿喻秉得並書

正德七年俞諫請留關稅濬白茆港疏其畧曰查得白茆港開自偽吳張士誠橫廣三十餘丈長亘九十餘里藉以宣洩湖瀼通引潮汐備旱潦爲一方之利逮入國朝尚書夏原吉侍郎周忱相繼浚治弘治七年水患命工部尚書徐貫大加開浚僅得一通尋復淤塞嗣是弗葺隱然成隄矣臣往來海濱徘徊其所廉得所以塞之之故蓋是港勢趨東北呑逆海潮其入處爲橫沙所梗承納處爲新田所礙中流又爲鹽鐵橫瀝諸河分流減勢居三之二而潮汐泥沙一日再至港之命脉迂曲微緩不足以衝滌之遂停積壅滯日就淤塞亦其勢有不能不然者今不避橫沙疏障礙均別派棄迂從直則隨浚隨塞蹈前日之覆轍矣臣看得是港離海約十五里許旁有姚家浜者舊開通灌支河也東通小湖漕六尺溝至陶涇入海其地形頗下其勢趨東南頗順其水道視舊港頗徑直其去橫沙亦遠若因而廣之深濶與白茆稱復疏通障礙分決中流會趨駛疾計必可以滌潮沙而垂久遠此議一出皆以爲然

十六年巡撫工部尚書李充嗣疏請督濬白茆港吳淞江等河自經始至訖工凡三閱月諸水就治

大學士王鏊治水碑畧初白茆自北達於江河形結屈不可復通乃改就東南挑平陸直注諸海自雙廟至東倉通一萬七千二百九十二丈其深一丈五尺濶三十三丈白茆上流又開尚湖昆承陽城湖各隘爲塘爲洪爲港爲涇爲漊者凡十有九吳淞江上流頗通利自下界浦至舊江口不復容舟因其舊形廣之深之凡六千三百三十六丈其深一丈二尺濶十八丈白茆港口海潮日至沙泥易淤則爲石閘一陽城湖水至斜堰分流七浦塘則可少殺白茆之流又爲堰一淞江勢弱不能蕩激易淀且淤又爲石閘一蓋疏宜興湖州諸淤水歸太湖無礙則常之宜興武進湖之烏程歸安松之華亭可無水患浚吳淞白茆之淤太湖之水入江海無礙則蘇之長洲常熟崑山可無水患而吳淞白茆之役最大功費尤多始事於正德十六年十月嘉靖元年四月訖工凡爲工四十一萬二千

五十三銀爲兩若干米爲石若干費亦大矣保而勿壞則在後之人焉勿廢疏瀹勿惰啓閉勿縱豪
强勿規小利
所以保之也

嘉靖元年工部郎中顔如環督同蘇州知府徐贊松江知府孔輔自下界口開浚起至龍王廟舊江口止督湖州府同知徐鸞開浚大錢小梅等港并沿湖七十二漊以通太湖之上流蘇州府通判孔賢開浚趙屯大盈道褐等浦以通吳淞江之上流

顔如環議開吳淞江畧吳淞江一帶流至新洋江口下界浦口二處交會通婁江潮水倒入江内淀積泥沙又因地勢卑近遂引江水順趨北下併入婁江以致吳淞江易成淤淺累開復塞或謂此江出海一百餘里相去婁江不三十里併而出海似爲便宜不知此江爲三江之一與婁江各自通洩

當大旱固可合而爲一及至水溢則婁江自洩所受之水不暇又安能併吳淞江之水乎故昔人有言使二江可併爲一則神禹先併之矣此誠不易之論然而先年累次修浚樂簡易而畏煩難以致二處淤塞不通詢訪耆老咸謂當於新洋下界口各置一閘冬春常閉秋夏淫潦開之以分洩水勢歲旱乾開之以通引灌溉庶幾江流常通旱潦有備又看得下界口濶一十六丈深止四五尺潮勢亦緩造閘無難其新洋江口濶四十丈深一丈五尺潮勢頗大難以作堰但事體重大費用錢糧數多必委官勘議

停當方可施行

二年工部郎中林文沛督率華亭縣開南橋塘金匯塘官路港站船浜北蟠龍塘南嵩塘官莊涇青村港黃泥漕尹山涇米市塘上海縣開舊江走馬塘周浦塘站船浜鹽海塘六磊塘以洩當湖三泖

山湖諸水使各通黃浦吳淞江以入海編修王同祖治水要畧吳郡之地北枕揚子江東通大海西控太湖南襟三江水之發源則自太湖東注三江以入海又其支流北達揚子江以入海故古人於東北沿江海之所浚三十六浦以分三江之勢使同歸於海其常熟之浦二十有四崑山之浦十有二今三十六浦之中入海者惟茜涇七鴉白茆楊林爲最大入揚子江者惟福山許浦爲最大吳淞江之南有大浦三十六條東自北平破江艾祁顧會養鱉大盈南澥梁紀石臼分桑趙屯內勲石浦道褐蕭市金竈千墩注浦張潭棠梨同丘諸天張浦帆歸舟直甫里渡頭東齊刹刀界浦浮高順德大姚破墩盞頭吳淞之北有大浦三十二條東自顧會安亭徐公北澥瓦浦三林顧幕金城木瓜下界爵浦廣浦社城新洋江馬仁小虞大虞尤涇梁里華祥心瀆樂浦薛莊黃瀆眞義界浦下里戴墟上顧青丘鳳里任浦其在江之南者則西受陳湖等水南受澱湖諸水以入吳淞江而達於海其在江之北者則西受陽城湖諸水橫絕至和塘以入吳淞江而

連於海自新洋下界以東則反納吳淞江之水以東北趨於劉家港而入海吳淞江迤東入海其北有浜浦二十二條皆北通嘉定縣界皆近海潮汐往來易於漲塞廣者日狹深者日淺惟千墩一浦南通澱山湖浦極深潤與下界新洋南北相望水勢相入屢經開浚皆爲民利今宜沿江相度各浦之通塞使湖之水必趨於江江之水得入於海則郡中東南之水定矣

太僕丞歸有光水利論 其言曰吳地痹下水之所都爲民利害尤劇治之者皆莫得其源委禹之故迹其廢久矣吳東北邊境環以江海中瀦太湖自湖州諸溪從天目山西北宣州諸山溪水所奔注而從吳江過甫里經華亭青龍江以入海蓋太湖之廣三萬六千頃入海之道獨有一路所謂吳淞江者顧江自湖口距海不遠有潮泥填淤反土之患湖田膏腴往往爲民所圍占而與水爭尺寸之利所以淞江日隘昔人不循其本沿流逐末取目前之小快別鑿港浦以求一時之利而淞江之勢日失所以沿至今日僅與支流無辨或至指大於股海口遂至堙塞此豈非

治水之過與蓋昔揚州刺史王濬以淞江滬瀆壅噎不利欲從武康貯谿爲渠湌直達於海穿鑿之端自此始夫以江之壅塞宜從其壅塞者而治之不此之務而别求他道所以治之愈力而失之愈速也太倉公爲人治疾所診期決死生而或有不驗者以爲不當飲藥針灸而飲藥針灸則先期而死後之治水者與其飲藥針灸何以異孟子曰天下之言性也則故而已矣故者以利爲本禹之行水行其所無事也欲圖天下之大功而不知行其所無事其害有不可勝言者嗟夫近世之論徒區區於三十六浦間或有及於淞江亦不過疏導目前壅滯如浚蟠龍白鶴匯之類未見能曠然修禹之跡者宜興單鍔著書爲蘇子瞻所稱然欲修五堰開夾苧干瀆以截西來之水使不入太湖殊不知揚州藪澤天所以瀦東南之水也今以人力過之夫水爲民之害亦爲民之利就使太湖乾枯於民豈爲利哉太史公稱河菑衍溢害中國也尤甚惟是爲務禹治四海之水而獨以河爲務余以爲治吳之水宜專力於淞江淞江既治則太湖之水東下而餘水不勞餘力矣或曰禹貢三江既入震

澤底定吳地尚有婁江東江與淞江爲三震澤所以入海非一江也曰張守節史記正義云一江西南上太湖爲淞江一江東南上至白蜆湖爲東江一江東北下曰婁江本言二水皆淞江之所分流水經所謂長瀆歷河口東則淞江出焉江水奇分謂之三江口者也而非禹貢之三江大抵說三江者不一惟郭景純以爲岷江浙江淞江爲近蓋經特紀揚州之水今之揚子江錢塘江淞江並在揚州之境書以告成功而淞江由震澤入海經蓋未之及也由此觀之則淞江獨承太湖之水故古書江湖通謂之笠澤要其源近不可比擬揚子江而深闊當與相雄長范蠡云吳之與越三江環之夫環吳越之境非岷江浙江淞江而何則古三江並稱無疑故治淞江則吳中必無白水之患而從其旁鈎引以溉田無不治之田矣然治淞江必令闊深水勢洪壯與揚子江埒而後可以言復禹之跡也

嘉靖末巡撫都御史鄭曉築如皋城開濠通運河

隆慶元年巡鹽御史蔚元康濬常熟太倉嘉定三州縣境七浦楊林鹽鐵吳塘顧浦青魚涇王世貞重濬七浦楊林鹽鐵三塘記畧七浦縮觳常熟之口貫太倉而東注海者也利最先於是即以今皇帝之元年春金君任治七浦其役夫合諸七浦之傍田者而佐以楊林鹽鐵之民凡十八日而竣爲丈七千二百有奇工六十一萬一千五百十九食若金者六千一百五十有奇外創壩以拒海潮費若金一百一十八閘一以備止洩費若金三百五十七又拓月河以輔之工萬一千六百五十二食若金者百三十七楊林者橫州之北其右多阜易涸而鹽鐵故漕河也是二河者太倉幹也丈各八千有奇青魚涇至吳塘顧浦嘉定幹也丈各三千有奇出七浦壩而外者海沙所阻淤不濬之即揚塵也爲丈三千八百五十計之工四萬五千食若金者五千四百有奇

四年巡撫都御史海瑞開吳淞江白茆港借支軍

餉及贓罰導河夫無礙等銀委本府同知黃成樂刻期開濬不兩月告成是歲大饑民多思盜自河工興而畚鍤雲集盜因以息

海瑞治吳淞江疏畧

蘇松等府並爲澤國天目諸山之水匯於太湖而吳淞江盡洩太湖之水由黃浦入海近年以來水利官曠職不修潮泥日積塡淤太湖因之奔湧夫吳淞江一水國計所需民生攸賴修之舉之其可一日緩耶臣於舊十二月巡歷上海縣親行相視旋委上海縣知縣張嶺率領沿江住居父老按行故道量得淤塞當濬地長該一萬四千三百三十七丈二尺原江面濶三十丈今議開十五丈計該用工銀七萬六千一百二兩二錢九分今二麥未佈方春正月米每石價銀已八錢五分矣饑民動以千百告求賑濟臣已計將節年導河夫銀臣本衙門贓罰銀兩各倉儲米穀并溧陽縣鄉官史際義出賑濟穀二萬石率此告濟饑民按工給與銀穀於今正月初三日按江故道興工挑濬委松江同知黃成樂督率上

海縣知縣邵一本分理與工之中兼行賑濟但工程浩大銀兩不敷饑饉頻仍變故叵測官儲民積計至二月將盡矣江南四面皆荒湖廣江西雖有收成府縣又執行閉糴無從取米伏望軫念民饑當卹吳淞江水道國計所關勅下該部酌議量留蘇松常三府漕糧二十萬石准照前旨銀數改折凡應天等府州縣庫貯不拘各項無礙贓罰銀兩聽臣調用浙江杭嘉湖三府與蘇松常三府共此太湖之水吳淞江開則六府均蒙其利塞則六府同受其害其庫藏銀亦如應天等府一例取用彼處饑民亦聽河工就食吳淞借饑民之力而故道可通民借銀米之需而荒歉有濟一事兩利矣

六年修築高家堰在山陽縣西南四十里記見藝文

萬曆初總河侍郎潘季馴重修周家橋閘與高良澗古溝等後緣泗水大發議開周橋洩之耆老具狀極言不利南河郎中黃曰謹具辦開橋一疏事遂寢謗云

東去不妨開海口西來切莫放周橋寶應治水或問畧或問寶應之水治將何先曰欲開閘洞先濬支河欲濬支河先開海口其勢固然也蓋周橋入淮通濟納黃源源而來者不得不分洩東鄉爲運道計則上河之水由諸閘洞而下注者涓滴瀦之支河邇其出口不過東洩牛灣北注葫蘆港巳耳而上口鯨吸不止奈何不患腹脹之病乎故閘洞之外非支河不洩支河之水非海口無歸誠多開海口分頭走逸則漲水消民田出矣或問周家橋有無貽害高寶曰周橋與高堰固一帶耳總在泗之東南節年淮水暴漲從堰溢出輒漫諸湖而去秋尤甚時西風連作鼓浪決堤高寶與鹽之田莊然巨浸此漫溢之水害巳若斯假令大開周橋縱洩淮水何異開門而揖盜救焚而益薪耶

三年華亭縣修築捍海諸塘　大學士徐階記畧華亭縣故有捍海塘按志塘築於開元元年縣創於天寶十年則塘固先縣而築矣豈塘成之後海水既不闌入而江湖之水又藉以停蓄故耕者獲其利日富日蕃而縣因以建歟萬曆三年夏五月晦海大風鼓濤山立怒

號而西注敗塘於濞闞於白沙漂沒廬舍百十區
潮乘其缺日再入流溢四境潮味鹹所過禾麥豆
蔬立槁適歲旱民不得灌溉太守西蜀王侯以修
瞿然曰災若此吾曷敢寧居亟檄知縣事南海楊
君瑞雲往視楊君冒盛暑循海二百里具得其狀
以白王侯侯首議修築費巨無所給或謂民可役
也巡按侍御姚江部公陛亟出贖金五百巡撫中
丞永豐宋公儀望出贖金三百督鹽侍御真定王
公藻出贖金百侯亦出贖金二百及河夫之值二
百六十名徒役具器用囊㯺船粟率楊君齋禱而
從事於是整飭兵備東甌王公叔杲為設禁令陳
賞罰擇典史林國惠千戶李國美百戶濮文卿使
董厥工畚築日奮塘亟告成長八百五十丈有奇
高厚各一丈五尺趾加厚二丈川原底寧行其上
者若坦途耕於其內者若倚
平岡不復虞鹽潮之入也

五年巡江御史林應訓檄蘇州府同知王事聖勘
濬自吳江縣龐山湖口至長橋達吳家港自崑山

縣慢水港起至嘉定縣徐公浦又建千墩浦夏駕口二閘其工費並取諸蘇松常鎮導河夫修河米灘地價

徐師曾吳江縣水利功成碑畧三吳水利嘉靖甲辰而後闕焉弗修由是水沴頻仍歲數不登公賦日逋民生日蹙識者憂之御史林公周爰相度咨詢羣策而以獨智斷之知吳家港爲太湖東注之口也於是乎首濬其淤知長橋南北兩灘爲湖水注匯之區也於是乎斥私占之田令復其舊而窪其中知龎山湖爲通江入海之道也於是乎闢隘撅洩引其中之蓄聚而瀉之析爲兩流其一東北行由吳淞江入海其一東行由黃浦入海咸得所歸已又濬三江等九橋修石塘開百瀆疏南北運河以利漕舟已又葺長橋疏兩灘積土以防復隍之虞乃稽古典遷太湖神祠重建三忠三高兩祠及垂虹等亭凡諸造作次第興舉以萬曆五年十一月庚寅始作而以明年四月壬辰告成至是而邑之水利可謂完且美矣

六年御史林應訓督知府閻邦寧浚大川六支流四十七港濱之小者九十有一求圩岸之故迹盡修築之踰年乃成作水利圩圖林應訓開江工費疏畧看得自艾祁至崑山慢水港六十餘里急當開濬覆經丈計土方實該工食銀四萬五千七百三十九兩有奇此江一開則太湖之水直入於海歲或淋潦可免汎溢而就中傍江湖渠得以引流溉田將來青浦等一帶積荒之區俱可墾種成熟矣臣又看得自黃浦潢潦涇經秀州塘入南泖至山涇港等處急應開浚覆經丈計土方實該工銀三萬六百一十餘兩此河一開則雲間西來之水無所阻滯而黃浦之流爲益快得旁達以資灌溉之澤矣

三十三年泰州知州李存信修宜陵壩州治西六十里爲宜稜鎮屬江都所轄其水從楊灣來經州治達如皋以及通州海門延袤四百里而遥蓋專鑿山運鹽

而四州縣漕糧兼利焉至兩岸高田藉水灌溉往往自河濱各濬有溝渠引水而入所從來遠矣其自宜陵而北僅三里許地勢漸卑命曰下河皆本州水田所環錯也與上河隔不相通以故州治有東西兩壩所以界限上下其勢蓋天造地設誰能易之不意頃年以還宜陵豪猾從引水溝渠漸開漸通遂直達下河其流有四一曰山洋河一曰赤蓮港一曰戴家壩一曰徐家邗子各據爲利竊而本州民田仰而受其瀰漫之害靡有窮巳萬曆三十一年州守李存信具文請之院道議於前四處通建石壩仍就中留一洞口以便兩岸高田引水灌溉至下河界口築土壩實之立石碑其上以防私掘使引水自洞入者涓滴不得洩入下河兩利俱存計無便於此者

三十六年巡撫周孔教檄修圩岸

修築圩岸公移

水患異常圩埂盡決趁此水涸之時若不亟爲修治則來年水發內外流通車戽難施無復種作之期矣其出粟出力之方晝圩分築之法誠恐縣官視爲可緩田主吝於出粟遷延悞事爲害非細相應申飭各屬掌

印官俱要輕輿寡從自備蔬食逐
一躬詣田間悉心經理速有成績

三十七年常熟知縣楊漣築元和塘壘石成堤自
縣南門起至長洲縣界延袤三十五里

三十九年崑山知縣祝耀祖築至和塘壘石成堤
自城西門起至長洲縣界延袤二十五里

崇禎元年禮部主事陳懋德後復姓蔡因大水陛對請
開吳淞白茆等江以修水利或以國用不足事不
果行

蔡懋德請濬吳淞江疏畧臣按江南水患永
樂二年特命戶部尚書夏原吉疏治正統五
年特命巡撫侍郎周忱疏治弘治四年特命工部
侍郎徐貫疏治其他用地方有司隨時浚理大約
十餘年一興水利以故歲不告潦田獲有秋國家
額賦輸將不竭今水利之不興已數十年吳淞江

入海故道化爲平陸矣白茆七浦鹽鐵等洩水大川僅存一綫矣止劉家河尚通而潮沙漸淤亦非故跡所以一遇霪霖太湖西來數郡山水奔注蘇松下流無從宣洩數百萬頃良田悉成巨浸夫臣鄉雖一隅財賦半天下況今軍興需餉仰給東南尤爲至急至切使及今不治而水患日甚一日災祲易乘蠲賑難望小民皮毛俱盡猝有他虞即國賦將安所從出哉臣愚以爲聖明軫念東南如織造上供仰荷停免則此項錢糧中酌其可動支者并清查原設導河夫銀即足充開濬水利之費仍倣祖宗朝例責任大臣如周忱等假以便宜聽其相度區畫期於成功而後報命是即以所畱於地方之物力興地方無窮之大利所謂根本之計似緩而實急者此也

七年巡按御史祁彪佳督濬華亭蒲匯官紹等塘

上青蒲匯莘庄等塘萬餘丈

八年巡撫都御史張國維督松江知府方岳貢修

漴闕石塘時漴闕坍塘長二百八十九丈內患口一百十九丈東西兩塘接連患口一百十七丈有奇東盡塘五十三丈官給料價工食銀二萬餘兩岳貢率屬經始舉人吳嘉亂綜覈冒濫石塘以成

九年巡撫都御史張國維檄吳江知縣章日炌濬長橋洪修九里石塘平望諸家橋太倉知州錢肅樂修湖川塘崑山知縣楊永言濬夏駕浦舉貢生朱集璜董其事修長洲至和塘屬里耆馬負圖營辦四越月工竣

皇清順治十一年

十三年方岳貢復建捍海石塘舉人何剛董其役

恩諭東南財賦重地素稱沃壤連年水旱爲災民生重困皆因失修水利致悞農功該督撫責成地方官悉心講求疏通水利以時蓄洩水旱無虞民安樂利

十二年春太倉州知州白登明因婁江塞開鑿朱涇自東濛至和塘起由界涇石婆港湖川塘楊家浜南瀏漕東出江口旁濬北瀏漕至茜涇鎮之新塘白登明漕渠說予觀財賦關乎農田農田關乎水利自劉河塞而邑之東南皆成石田堈身之水倒注西北是高低俱困也甲午夏颶風駕潮沸溢無歸木棉淹盡予拊膺曰是予過也易曰窮則變變則通通則久昔禹開三江鑿斷堈身曾何因襲且古今異宜陵谷易位不當別開新道稍代婁

江之任耶適顧生士璉策濬東朱涇繪圖以示口此十年之所究思晝民之所想望也有四大益焉救本邑旱潦一也洩鄰邦氾濫二也通東南舟楫三也開𢀖方形勝四也予覽厥源委西起至和塘東盡天妃鎮旁及茜涇市貫穿數支以成全河或仍舊迹用疏或創新道用鑿長六十里約計萬丈縱橫界至咸就條理於是授幹河協濬之規斟酌派段絕泥頭包攬之弊給食佃夫銷各圩實田以杜規避照魚鱗號册以免賄藏革塘長舊例而私耗可省開樣河丈尺而虛冒無庸別難段易段之繁簡均坐區客區之勞逸分督則有層級稽工則有標記以及立限分程賞勤罰惰測深量淵堆築開挑纖悉臚列懸諸國門民遂刊木斬荆負鋤荷畚以待既役夫四至疾於風雨蜂屯蟻聚萬衆齊施長河蜿蜒不日而就予每十日一巡一巡而工有其五再巡而工有其八三巡而功已竟矣噫嘻幸哉創見之舉遂克有濟幸一起數萬夫不煩笞杖幸二海氛時警河工不輟無意外之虞幸三蓋由邑之東南受困已極而用東南之民疏東南之河固其素願而又倣范希文遺意當農隙饑荒勸

田主出粟田夫用力既役既賑故功倍焉若夫開江之任乃人與數相需有其候焉予有志而未逮也

十四年巡按御史李森先用太倉州知州白登明議開劉河中段鹽鐵河起石家塘止時計地分工太倉鑿難段七千丈嘉定鑿難段二千丈崑山疏易段一千八百丈婁江志載通計開鑿一萬八百六十丈準海忠介開自茆呉淞式自南關至相見灣濶十二丈深一丈六尺據樣河工力濶十二丈者每丈以百五十工計濶十五丈者每丈以二百工計通計二百萬工有奇每工以米銀七分計

康熙九年修築江都之范公堤堤蜿蜒數百里濱海之民皆倚以爲固近海潮射激日就傾廢爲害滋甚郡人葉世華蠲貲修築三十里有奇歷三載始成

十年二月巡撫都御史馬祜開濬劉河康熙九年夏蘇松大

水禾苗悉滄積水三月不消由入海故道全淤江蘇布政使司慕天顏詳稱劉河吳淞江淤塞應濬援明嘉靖間巡撫海瑞條奏疏治得留江南浙江兩省九年漕折銀一十四萬兩充疏治河工經費會議起濬丈勘淤塞諸道董率各處災荒饑民就近赴工趂食開劉河淤道二十九里長五千二百二十丈河面開濶不等計人工三十九萬八千四百一十二建閘三座開吳淞江東至新涇口四千三百五十二丈自新涇口迤西至赤雁浦黃渡七千五百餘丈修復舊址壩閘起工於本年十二月越明年四月工完布政使司慕天顏疏河救荒議

本司載考舊誌披閱新圖按湖水之奔趨而東也一自澱山泖湖從華亭之南折而東北入海者爲黃浦一自吳江長橋歷長洲崑山青浦嘉定界至上海合黃浦以入海者爲吳淞江一自吳縣鮎魚口北入運河經郡城婁門注流上下雉瀆抵崑山至和塘東合新洋江由太倉歸劉家港入海者爲婁江卽今劉河也迨吳淞入海之處沙壅茭叢昔夏忠靖公引黃渡以西之水北入劉河是今日劉河之一綫爲松婁二江之尾閭合蘇松諸郡之民

命攸關者矣浚之寧可一日緩哉但在蘇則亟望
劉河之深廣而崑太嘉爲尤切在松則必圖吳淞
之成渠而上青諸邑爲尤近兩府所議各就其切
已者而言未可爲全局之通論也本司規畫再三
採訪輿論目前救時之策在急疏劉河將來遠大
之謀吳淞亦在所必浚蓋吳淞實太湖洩水之中
條其故道較劉河更濶其地勢較劉河更直江浙
六郡同其利議協於浙可冀旦夕成功焉故夏忠
靖之道淞入劉河白茆直注江海仍浚范家浜以
接黄浦周文襄之立表開江又修復劉港邊海諸
河崔撫院之浚大盈鑿夏駕兼浚蒲滙新涇海中
介之專開吳淞又別通白茆總以太湖之水源多
而勢盛一江不足以洩之下流海口患於合而利
於分耳然而今日民窮財盡更際内災兩工決難
並舉劉河處其易吳淞處其難莫若緩吳淞而先
事劉河之爲便本司細詢紳民父老當日道淞水
并入劉河者有崑山之夏駕嘉定之顧浦今盡塞
矣淞自爲淞婁自爲婁則劉河雖開止洩震澤半
面之流而滙納於泖澱以奔湧松江者仍未得宣
通也若曰再開蒲滙新涇重浚虬江顧浦費力於

支河小港何如併力於吳淞乎海公之奏議曰吳淞江開則六府均蒙其利塞則六府同受其害誠哉可信矣況從來以工役救荒使貧民食力以餬其口如范文正守郡時吳中大饑發粟募民諸工畢舉以是公私仰給民不流遷蘇文忠公鑿西河於凶歲之後無不共循此意蓋小民至困苦中工力必賤且饑寒迫身民多思盜河工興而樂趨畚鍤盜賊亦可潛消荒政之施莫此爲大本司管窺如是未識有當於憲衷否也巡撫馬祐請浚劉河吳淞江疏該臣看得蘇屬劉河松屬吳淞江乃江南蘇松常浙江杭嘉湖六府積水合流瀦於太湖內此二河分道入海洩湖水之咽喉也修則六府同其利塞則六府同其害歷代以來凡遇淤滯俱特遣大臣駐劄吳中耑修水利動支正項錢糧撥充疏浚經費臣稽考成書前明嘉隆年間吳淞道復淤太湖四溢滂沒田廬水患頻仍民生困苦時有巡撫海瑞條奏疏治因役大費繁請留漕米二十萬石又動江浙六府無礙官銀俱充工費令各處被災饑民上工就食復修水利兼行賑濟水災寧息事功告成刊載典章班班可考也迄於今

已及百年潮泥日壅故道全淤官斯土者憚於工程浩大財費無資視爲末務因循不舉孰謂上年夏月霪雨連旬潮水泛濫禾苗悉淹民居胥溺積水三月不消農功廢業人戶流亡總由劉河吳淞入海之口淤塞壅聚無從走洩之故也臣念國課民生關係重大敢不悉心講求隨檄司道府縣各官延集士民博採輿論又於總督臣麻勒吉浙撫臣范承謨咨商疏浚劉河吳淞故道誠爲今日第一急務臣俱并行藩司委官丈勘劉河淤道二十九里共長五千二百二十丈河面開濶不等總計人夫三十九萬八千四百一十二工建閘二座每座工費千金以備水旱蓄洩約共需費四萬兩應開吳淞江東至新涇口皆成平陸應開四千三百五十一丈自新涇口迤至赤雁浦黃渡應浚七千五百餘丈修復舊址壩閘約共需費十萬兩據司議援引明臣海瑞開濬故事請留康熙九年分江浙兩省漕折銀兩用充工費臣再四思維當此異常水災之後村落饑民逃荒乞食日日萬計哀號求賑在在皆然臣與屬官勉力捐俸分發煑粥不過苟延旦夕實切救死不暇萬難僉派民夫舉此

大工若欲徒責地方各官設處捐助亦終成畫餅勢不得不請用正項以濟目前急務懇將蘇松常三府康熙九年分漕折銀九萬兩浙省杭嘉湖三府漕折銀五萬兩俱准留充疏浚河工經費俾各處災荒饑民就近上工趂食是修水利之中兼行救饑之事一舉兩利者矣但恐部臣不允議留漕折則難爲無米之炊必致貽悮地方惟有再議將估計工費一十四萬均派蘇松常杭嘉湖六府屬去年被災州縣分年按畝輸解抵還漕折不致重罹水患地方幸甚民生幸甚

十七年給事中李宗孔請修翟家壩壩屬山陽在周橋迤南接盱眙界長二十五里稱天然減水溝近被衝刷漸成河港淮水徑入寶應湖漄入高郵歲歲決堤甚爲漕患必築成堤岸平鋪壩基方可過水經久不壞按淮黃二瀆交會於清口由安東之雲梯關入海此上流之故道也黃河過宿遷等處至白洋河與濉水合濉水漲易趨淮泗於是治歸仁堤以束之淮水經盱眙等處至清口又與黃之過清河者合淮水漲趨高寶於是治翟壩高堰古溝以束之

此又上流之要害也故患濉水南下則莫如急
治歸仁患淮水南下則莫如急治翟壩等處

十九年科臣張鵬請開練湖令民墾種增賦湖在丹陽縣北周遭四十里前代時近湖居民築堤橫截取湖地作田旋興旋止今巡撫都御史余國柱勘將上湖工費不繁者令民上價墾種下湖工費浩繁者仍留爲湖

工科給事中許承宣請修復渠塘濟漕溉田其疏略曰竊惟一方有一方之利一方有一方之害善爲治者收其利而遂絕其害伏聞前撫臣慕天顏有敬陳足國久遠一疏其意在於大興水利以爲劉河吳淞二江經前撫臣馬祜挑浚其後近二江郡縣頗受其利若常熟之白茆港福山港三丈浦江陰之黄田港申港桃花港武進之孟瀆河得勝新河澡子港丹陽之包港丹徒之安港西港以及諸處小港不能悉數皆爲運河入江經由之地河不能容者江從而受之河不能給者江又從而輸之今各港淤塞不治遂令長江運河截然爲二若興工

開浚建立石閘隨時啓閉旱則納來潮以蓄夫水澇則洩內漲以過外潮此江以南之水利見於撫臣之奏請者誠不可不議舉行也至若江北之揚州爲漕運大道而揚州之水利莫過於五塘五塘者何上下雷塘小新塘句城塘陳公塘是也嘗考明永樂二年平江伯陳瑄總漕全資塘水宣德八年大旱四塘乾枯運舟阻滯知府李貞奏修五塘濟運成化四年侍郎王恕奏發帑銀三千兩於上下雷塘句城塘陳公塘各築石閘水礶以瀦水旱則由淮子河烏塔溝放水入河接濟運舟其餘開濬五塘灌注長河者不可殫述厥後堙廢不治而塘之利遂絕然其閘石橋梁獨存一二若能急爲修復潦則有瀦蓄之處而不至於泛隄旱則有灌溉之資而兼可以濟運此江以北之水利撫臣所未及奏請者尤不可不議舉行也雖然蘇松常鎮之水易於入江淮揚徐泗之水難於入海使五塘之水利興而不爲求其所歸猶非策之全也臣聞近海三十六鹽場尚有涵洞故跡今可修葺以洩水舊制洞門自外拴海潮至則海水內衝而洞門自閉海潮退則海流直走而洞門自開門閉則

海不得入而無鹹水以害田門開則河無所阻而有支港以達水如是則水咸趨海而永無渰沒之慮矣

二十年巡撫都御史慕天顏開濬常熟之白茆港武進之孟河二月開工四月工竣 巡撫慕天顏疏畧云今夏霪雨連綿河流四溢田地在在沉渰廬舍更多漂沒臣疚心疾首力督司道府州縣各官多方設法宣洩分頭挽救而附近劉淞之太倉嘉定吳江婁上等州縣俱藉兩江出瀉旋溢旋消雖見告被水而幸不重困華亭并未告災崑青災亦無幾長洲無錫去兩江稍遠東南之水不能驟消西北諸流奔江無路田禾漂沒甚多宜興首當高溧諸山水流亦賴震澤轉洩雖東南一面稍沾劉淞導引之益然較長崑等處更遠西北全無出水之路故受災倍於他邑若夫常熟武進江陰金壇等縣既與劉淞絕隔惟藉大江滙歸其如本地出水要口在在湮塞遂致積雨成谿臣從權救濟將江常二邑沿江

一帶通潮小港馬路築埂之處暫行疏導此不過救急一時稍平水勢旋即堵塞亦非久遠之圖也臣前疏請濬白茆港孟瀆河福山港三丈浦黃田港申港包港西港安港七鴉等處多方設法次第興舉外惟是常熟之白茆港係蘇常諸水東北出江第一要河按震澤之水北注於陽澄巴城等湖而江無諸邑接受溧諸山之水又迴環而聚於華蕩尚湖等巨瀦咸賴白茆滙歸入江自明季失修湮塞成陸旱則潮汐不通澇則宣洩無路若此港一通不惟常熟水旱無虞即崑山長洲太倉無錫江陰無不共沾其利又武進之孟瀆河係常鎮諸水歸江要道凡高溧西北諸水競趨東向則流注於宜興金壇更轉瀉於丹陽武進惟藉孟河一口出江今亦年久失修河身壅積武進以西丹陽以東宜興金壇以北諸水歸江阻道於是水旱並災人力難施矣此兩河者蓄洩之利等於劉淞淤塞之形亦不亞於劉淞今劉淞疏通蘇松常資其益者甚鉅白茆孟河淤塞蘇常鎮受害者亦復不小此臣身在地方目擊親切日夜籌畫而不敢忽者也是以分委道員細加察勘茲據議詳共需費

十萬四千兩據各該道請照劉河事例先動正帑
濟工請展事例捐補不惟水利克修見在望賑饑
民得以赴工趂食不設賑而民全活寓賑於工數
善兼備矣蘇松常鎮督糧道劉鼎開濬白茆碑記
畧江南固水國也大江貫其中東海環其左太湖
瀦其右有支江以蓄洩之雖有旱潦不至沈廬壞
稼乃樂歲終貧遇災益甚豈非支江不修之故哉
劉淞白茆其巨者也
聖天子軫念東南歲遣大臣博求疾苦少師慕公遂
以劉河吳淞請既竣事矣復以白茆請都俞相答
萬載一時蹇蹇小臣敢不竭誠盡慮哉白茆蓋古
之東江湖水之所由去江潮海汐之所由入也湮
塞日久內外中斷支流不足以洩諸湖之水甚雨
晝夜民已憂溺衆流不足潤濱海之田數日不雨
民已憂饑鼎自出守時其利其病聞之畧矣司漕
之年夏旱明年大旱又明年大大水救死扶傷不忘
諮度既叅末議受命董成孑遺之民不戒而集荷
揷稱畚如雲如雨奉幕府之成憲因民心之鼓舞
計里而經始焉實康熙二十年之春二月也自芝
塘鄉至於海口為里四十有三按里計方為方七

萬一千一百四十八按方計夫爲夫九十九萬六
千七十六募於蘇之常熟者十之四太倉半之長
洲崑山又各半之常之無錫江陰如長崑之數按
夫計食爲費四萬五千七百有奇木石之用在焉
又總里之數而十之遝於州縣之屬而分蒞之司
其樸扶簡其老幼時其饑寒節其勞逸於官也有
加勤無廢晷於民也不竭終日之力不失五口之
需與作而寄荒政宜斯民之子來者矣及三月而
功半未盡四月而告成海口設閘農隙而後畢工
非慢也洋洋五十里父老扶杖來觀或喜至於泣
其年秋旱而不害明年夏水而不溢享屢豐念往
事其爲喜泣又當何如夫成功有記所以示後宜
朝廷之德意究生民之利病而經久之意寓焉蒞斯
土享斯成者其亦有感乎此是役也程土物議遠
邇未及經始
內召而去者常熟知縣林象祖也殫心盡力始終勤
事者海防同知劉三傑也一力同心民安
國阜例得並書

江南通志卷之第十四 終

江南通志卷之第十五

封建

爵土隸揚州者括江淮之南北淮以南古荒服地也淮以北域于徐豫皆州牧所統春秋列國魯宋吳號之區則賜履分茅所自來矣嬴秦郡縣天下封建罕聞而同姓異姓互列藩屏則炎劉稱盛焉自時厥後或遙領虛號或剪圭受土不與民事要之皆王室之衛也志封建

上古

夏丘（堯封禹為夏伯邑於虹今虹縣）大彭氏（彭祖籛鏗顓頊孫陸終氏第三子堯封之彭城曰大彭氏相傳歷虞夏至殷壽八百餘歲）塗山氏（舜時封國今鳳陽府塗山

北麓有當塗城故蹟即古塗山氏國

郜 舜封黃帝後春秋取郜大鼎於宋是也

皋 虞封陶於皋今盧州地

英 夏封少昊後今英山

邳 夏時封國今邳州

愼 子爵夏封皋陶後古梁縣地在盧州境今廢爲鎮

徐 夏封皋陶後若木於徐歷商周皆爲徐國傳三十二世至偃王陸地而朝者三十六國遂僭稱王今泗州爲徐子國見地輿志

六蓼 禹封皋陶後今六安州幷壽州霍丘境

鍾離 子爵嬴姓徐之別封今鳳陽宿遷臨淮三志並載

薛 仲虺奚仲之後封於薛爲湯左相薛今分屬滕沛二縣仲虺城墓皆在沛

巢 商湯伐桀桀奔南巢封巢伯今爲巢縣

中甀 商封皋陶後見盧州志疑即六伯仲甀遺封無考

桐 古國今盧江西南

勾吳 殷末泰伯與仲雍奔荆蠻荆蠻義而君之都梅里平墟在今無錫縣東三十里號勾吳自泰伯至王僚二十三君皆都此或名吳城泰伯卒仲雍立武王訪其後得周章遂封焉

周

莒 子爵嬴姓武王封少昊之後茲輿期於莒其東境即今贛榆縣

舒 子爵偃姓皋陶之後

今舒城春秋曰舒曰舒蓼曰舒庸曰舒鳩統曰羣舒

霍 武王封霍叔於蓼改蓼爲霍今霍丘縣

譙 武王封神農之後於譙今亳州

皖 夏姓皋陶之後又曰周大夫偃出封皖伯今安慶府懷寧縣又灊山有皖公山相傳爲始封地

胡 康王封舜後陳滿之裔媯姓伯爵國在今潁州

廬子國 即今廬州姓爵無考

宿 子爵風姓伏羲後春秋及宋人盟於宿是也今宿州

安陽 周章少子贊封於安陽今無錫縣西五十里有安陽山

郯 子爵已姓少皞氏之裔武王封之爲魯附庸春秋郯子來朝是也今沭陽地

吳 周章十四世諸樊南徙敬王六年吳王闔閭始城姑蘇都之今蘇州府

延陵 吳子季札壽夢第四子封此地理志云會稽毗陵縣季札所居今常州府

偪陽 春秋晉取偪陽封向戌其東境今沛地

相城 宋共公徙都于此今虹縣北鄉

春申 周赧王時楚春申君黃歇徙封江東建城故吳墟自爲都邑後漢書郡國志註春申君城在無錫又常州府城西北有黃山相傳爲春申君所封地

彭城 春秋宋地楚取之以封魚

石今徐州**蕭**蕭叔大心微子之支孫也春秋時宋萬之亂大心平之有功宋桓公封之于蕭以爲附庸今蕭縣**郜**春秋爲郜子國附庸于郯今睢寧縣地

秦末　**楚王景駒**秦二世時秦嘉立景駒爲楚王在下邳今邳州**西楚霸王**項羽自立于彭城今徐州**沛公劉季**即漢高祖自立于沛**九江王英布**項籍封爲九江王都六今六安州地漢高帝改封淮南王**歷陽侯范增**字亞夫居巢人項羽封歷陽今和州**衡山王吳芮**楚懷王以滅秦封今六安州西南九十里有衡山即此

漢　**淮南厲王長**高祖子十一年秋淮南王英布反擊殺荊王賈遂立長爲淮南王兼有衡山郡地後遷死通鑑云衡山去六安西南九十里**吳王濞**漢高祖兄子十二年冬英布誅立沛侯濞爲吳王景帝時反誅**楚元王交**字遊高祖同父弟好讀書多才藝少時常與魯穆生白生申公俱受詩浮丘伯與蕭曹等俱從攻戰封文信君漢六年既廢楚王韓信分其地

立交爲楚王王薛郡東海彭城三十六縣王以穆生白生申公爲中大夫申公始爲詩傳號魯詩元王亦次詩傳號元王詩立二十三年薨至宣帝時國除

荆王賈 高祖從父弟年以故東陽郡鄣郡吳郡五十三縣立賈爲王後爲英布所殺國除爲郡更爲吳國鄣郡今寧國府廣德州諸郡皆是

陸梁侯須無 高帝五年封三傳至孫冉坐酎金國除地在江南載史記索隱

羹頡侯信 高祖兄子七年封高后元年削爵爲關內侯

上邳侯郢客 楚元王子高后二年封文帝元年封郢客爲楚王國除

淮陽王武 文帝子封淮南王安 厲王長子文帝六年冬淮南王長謀反廢徙蜀道死十六年立長子阜陵侯安爲淮南王武帝元朔間安有罪削國二縣元狩元年反自殺

淮南王喜 城陽王章子文帝封後仍徙城陽

衡山王勃 厲王中子文帝十六年立分王淮南故地景帝時徙王濟北以褒之

廬江王賜 厲王末子文帝十六年立景帝時徙王衡山以貶之

紅侯富 楚元

王子景帝元年封子澄孫發曾孫章相繼立至元朔五年國除今虹縣

淮陽王餘景帝子封

江都易王非景帝子前二年封汝南王吳楚反討平之徙王江都治故吳國子建嗣元狩間反自殺國除

廣陵厲王胥武帝子元狩元年淮南王安謀反自殺六年夏立胥爲廣陵王

六安恭王慶膠東王寄少子元狩元年寄薨武帝閒寄欲以慶嗣位而未果憐之立慶爲六安王王故衡山地立三十年薨謚曰恭後王莽簒漢國廢六安今州

六安王進膠東王少子武帝年封

廣戚侯將魯共王子武帝時封廣戚在沛地

丹陽哀侯敢江都易王非子元朔元年析封侯于丹陽郡之丹陽縣食邑蕪湖元狩元年薨無後國除

湖熟頃侯胥行江都易王非子元朔元年封在丹陽縣今廢爲鎮子聖嗣元鼎五年以罪免國除

睢陵侯定國江都易王非子元朔元年封元鼎五年坐酎金免國除今睢寧縣

盱眙侯象之江都易王非子元朔元年封元鼎五年坐酎金國除

彭侯强城陽頃王子元鼎元年封五年坐酎金免秫陵侯纒江都易王非子元朔
元年封纒甍無後國除彭侯偃城陽頃王子元狩元年封五年坐酎金國除今淮安贛榆
海州地淮陵侯喜廣川惠王子武帝時封坐酎金免淮陵漢屬臨淮今淮安府父
城侯光城陽頃王子武帝封坐酎金免父城漢屬東海東淮侯類城陽頃王子元
狩元年封五年坐酎金國除東淮漢屬東海祝茲侯延年膠東康王子武帝元封元
年封坐棄印綬出國不敬國除按祝滋亦作松茲今宿松縣東城侯遺趙敬肅王子元
朔二年封今定遠縣句容侯黨章長沙定王子武帝元光六年封無後國除松滋
戴侯霸六安共王子昭帝始元五年封四傳至均王莽篡位國除東陽侯弘清河
綱王子宣帝本始開封漢東陽屬臨淮今淮安府屬地淮陽憲王欽宣帝元康三年
立傳至孫纉王莽篡位國除溧陽侯欽梁敬王定國子成帝建昭元年封廣戚

侯勲楚孝王囂子成帝河平中囂入朝時被惡疾
天子憫之以廣戚縣四千三百戶封勳爲廣
戚侯在
沛境
廣德王雲客孝景帝八世孫別自中山靖
王勝中山自靖王五傳絕四
十五載成帝鴻嘉二年六月以黙爲
廣德王國立雲客爲王無子國除
廣平王廣漢
雲客弟哀帝封
載廣德州志
廣德王倫孝景帝五世孫別自廣
川惠王越廣川自惠王
四傳國除者十五歲平帝元始二年
以故廣德國立倫爲王奉惠王後
蕭王秀郎光
武皇
帝更始二年五月立爲蕭
王○以上漢同姓諸王侯

楚王韓信淮陰人初以卒從項梁梁死屬項羽爲
郎中至咸陽亡從漢蕭何言于漢王以
爲大將軍滅楚封齊王徙楚都下邳坐擅發兵廢
爲淮陰侯高祖十一年呂后誅信滅三族國除

淮南王英布按本紀禹封皐陶之後於英子孫以
英氏布其裔也項羽立爲九江王都
六歸漢立爲淮南王
仍都六今六安州

汝陰侯夏侯嬰以令史從降
沛爲太僕常

奉車駕爲滕公佐定天下高帝六年封汝陰侯傳至孫頗坐尚公主與父御婢姦罪國除漢汝陰今鳳陽府潁州

射陽侯項纏 即項伯初與諸侯共擊秦爲楚左令尹漢王與項羽有郄於鴻門纏爲解難高祖六年封射陽侯賜姓劉纏卒子睢嗣有罪國除射陽屬臨淮

建成康侯呂釋之 呂后兄從擊三秦高祖六年封爲建成侯釋之傳子則有罪以則弟呂祿嗣高后八年祿爲趙王國除建成屬沛郡

留文成侯張良 其先韓人五世相韓秦滅韓良爲韓報讐二世元年陳涉等起兵良亦聚少年百餘人欲往從楚王景駒於留道遇沛公運籌帷幄佐沛公定天下後帝封功臣使良自擇齊三萬戶因封留侯今沛縣有留城後託從赤松子遊去高后三年後不疑嗣坐罪國除

棠邑侯陳嬰 東陽人嬰初爲令史東陽少年相聚二萬餘人欲立嬰爲王母曰吾自爲子家婦家世貧賤卒富貴不祥不如以兵屬人乃以兵屬項籍封五縣籍死屬漢定豫章浙江地遂受封棠邑侯今六合縣三傳至孫季須坐母長公主卒未除服兄弟

爭財自殺國除**蓼侯孔聚**字子產孔子十二世孫以執盾從起碭後以都尉擊項羽有功高帝六年封蓼侯孝文九年孔臧嗣元朔年間臧坐爲太常南陵橋壞衣冠車不得渡國除**芒侯昭**以門尉初起碭後以都尉擊項羽有功高祖六年封芒侯九年有罪國除孝景三年昭以故芒侯將兵從太尉亞夫擊楚有功復封芒侯張侯申嗣位坐尚南公主不敬國除芒屬沛**龍敬侯陳署**以卒從漢王起灞上高帝八年封龍侯堅嗣位國除史記索隱曰廬江有龍舒縣蓋其地也**東陽侯張相如**高祖六年爲中大夫以擊陳豨功十一年封東陽侯三傳至彊無後國除漢東陽屬臨淮今淮安府**下相侯冷耳**以客從起沛擊破齊田解軍以楚丞相堅守彭城後擊布有功漢高祖十二年封二千戶耳傳愼愼反國除下相漢屬臨淮**陽羨侯靈常**以荊令尹從擊鍾離眛及陳公利幾破之從爲漢大夫從至陳取韓信還爲中尉從擊布高帝十二年封陽羨侯今宜興縣再傳至哀侯勝無後國除**淮陰侯韓**

信見前　慎陽侯欒說淮陰侯韓信舍人告信反封侯慎陽今潁上縣　沛侯呂種呂后兄康侯少子高后元年封八年坐呂后事國除　松滋侯徐厲以舍人從起沛高后四年封再傳至偃有罪國除　扶陽侯韋賢韋孟之後孝景二年以丞相封侯子元成嗣九年有罪削一級為關內侯元帝永光二年復以丞相封侯寬育堪相繼立王莽時絕扶陽在蕭縣西南　巢侯陳最陳賀次子景帝封今巢縣　睢寧侯張廣國耳元孫武帝建元時封今睢寧縣　符離侯路博德武帝元狩四年封太初元年國除今宿州有符離城前漢書年表作邳離　當塗侯魏不害武帝太始三年以捕反功封古當塗在懷遠縣　無錫侯多軍以東越將降武帝元封元年封今無錫縣軍子多卯襲封　術陽侯越建德漢武帝元鼎四年封五年有罪國除漢志註術陽在下邳　瞭侯畢取漢武帝元鼎六年以南越將降封瞭侯在下邳　建成定侯黃霸淮陽江夏

人宣帝五鳳三年代邴吉爲相封建成侯再傳至輔王莽時絶國除地在沛郡　扶德侯馬宮　平帝元始元年以大司徒封地在今贛榆縣○以上漢異姓諸王侯

東漢慎侯賜　光武族兄蒼梧太守利之孫光武建武二年封慎縣故城在潁上縣　東海恭王彊　光武子初母郭氏爲后彊爲皇太子郭后廢彊不自安願備藩國光武不忍遲回者數歲十九年封爲東海王二十八年就國帝以彊去就有禮故優以大封兼食魯郡合二十九縣彊上書讓還東海帝不許深嘉嘆之明帝永平元年薨傳國至魏受禪以爲崇德侯　沛獻王輔　初爲中山王建武十五年徙封沛王立四十六年薨傳國至魏受禪以爲崇德侯　楚厲王英　光武子建武十五年封楚公十七年進爵爲王二十八年就國母許氏無寵故英國最貧小後三十年取慮須昌二縣益楚國十三年男子燕廣告英有謀逆事有司請誅之帝不忍乃廢英徙丹陽涇縣賜湯沐邑五百戸英至丹陽自殺國除　阜陵質王延　光武子章帝章

和元年建國全椒都壽春先封淮陽王徙封阜陵巳貶侯尋又復之**廣陵思王荆**光武

子建武十五年封山陽公十七年進爵爲王後有罪自殺子孫降爲侯**六安侯盱**宗室

光武建武中封**臨淮懷公衡**建武十五年立未及進爵爲王而薨無後國除**汝陰**

侯信光武族兄子初信爲更始討平汝南因封爲汝陰侯信遂將兵平定江南汝陰見前**廿**

里侯歙光武從兄建武二年封今潁上縣西北有廿城**蕪湖侯晃**光武兄縯之後

先封齊王章章和元年以罪貶侯和帝永元二年二月薨子無忌紹封尋復齊王蕪湖今縣**彭**

城靖王恭明帝子永平九年賜號靈壽王十五年封鉅鹿王章帝建初三年徙封江陵王

元和二年徙六安王後徙封彭城王食楚郡其年就國恭立四十六年薨傳國至魏受禪以爲崇德

侯彭城見前**下邳惠王衍**明帝子永平十五年封章帝即位以臨郡及九江之鍾離

東城歷陽全椒合十七縣益下邳國衍立五十四年薨三傳至宜無後國除**淮陽頃王**

昞明帝子永平五年封常山王建初四年徙爲淮陽王昞立十六年薨未及立嗣和帝永元二年立昞小子側復爲常山王奉昞後

居巢侯般宣帝四世孫永平初封子愷當嗣讓其弟憲

陸侯种楚王英子建初二年封英子楚侯种五弟皆爲列侯不置相臣吏人章帝幸彭城見英夫人諸子厚贈賜种徙封陸薨子度嗣度卒拘嗣後漢書註陸縣屬廬江郡

合肥侯靈帝弟逸其名○以上東漢同姓諸王侯

全椒侯馬成南陽棘陽人雲臺名將光武二十七年封就國薨再傳至香徙封棘陵侯全椒今縣

淮陵侯王霸潁川潁陽人雲臺名將光武時封霸卒子符嗣徙封軑淮陵見前

潁陽侯祭遵潁川潁陽人雲臺名將建武二年封九年卒無子國除

溧陽侯史崇杜陵人光武建武中封至五世鉉改封蘭山溧陽今縣

山桑侯王常潁川舞陽人雲臺名將光武時封十二年薨子廣嗣徙封石城侯山桑今蒙城縣

安豐侯

竇融 扶風平陵人更始時爲張掖屬國都尉更始敗乃羣推融行河西五郡大將軍事聞光武卽位受正朔有功詔以安豐陽泉六安安豐四縣封爲安豐侯子穆以罪死十四年以其孫嘉復爲安豐侯奉融祀今壽州有安豐鄉

合肥侯堅鐔 潁川襄城人雲臺名將初封隱強侯建武六年封合肥今縣

雲陽亭侯蔣默 默父橫光武時討赤眉有功以譖被誅子九人渡江散處帝尋悟錄其後封默雲陽亭侯澄西亭鄉侯默子何郃陵侯澄子孟爲陽羨西亭侯澄爲陽羨東亭侯後向子志襲封雲陽侯澄子休襲封西亭侯

建平侯姚統 姚期子光武封建平故城在今亳州

細陽侯岑遵 岑彭子徙封細陽今太和縣

蕪湖侯傅昌 初嗣父昆陽侯俊爵建武十年徙封建初中遭母憂因上書以國貧不願就封乞錢五百萬爲關內侯上怒貶爲關內侯竟不賜錢

石城侯王廣 建武十年封今貴池縣

潁陽侯馬防 馬援子明帝永平四年封明帝寢疾防入參醫藥又平定西羌增一千三百五

十户十三年薨子鉅嗣永初七年鄧太后詔諸馬子孫還京師

愼陽侯何進 靈思皇后兄封愼侯輔政謀宦官被害

溧陽侯陶謙 丹陽人獻帝時封溧陽侯

宋公孔安 漢封殷後

丹陽侯馬遵 永元四年以程鄉侯徙封因叔父馬光善竇憲故也安帝永初七年鄧太后詔諸馬子孫還京師

吳侯孫策 字伯符獻帝建安三年曹操表爲討逆將軍封吳侯因定丹陽宣城之地奄有江左○以上東漢異姓諸王侯

三國魏

淮南王邕 文帝黃初二年封淮南公以九江郡爲國今無爲州三年進爲淮南王四年改封陳六年改封邯鄲

沛穆王林 明帝太和六年改封林薨子緯嗣

盧江靈王徽 武帝子奉叔父朗陵哀侯王後黃初三年進爵爲盧江王

彭城王據 武帝子文帝以其母彭城人徙封彭城明帝景初元年王私遣人詣中尚方作禁物事露削縣二千户三年復之

東海定王霖 太和六年改封嘉平元年薨子啓嗣高貴鄉公髦亦霖子

入繼大宗壽春侯彪黃初五年改封今壽州

吳會稽王亮字子明大帝孫權少子立為太子權薨即尊號三年九月孫綝黜亮為會稽王會稽今蘇州府秦曰會稽

瑯琊王休字子烈大帝第六子大元元年封權薨弟亮立時宰不欲其居濱江重地遂徙封丹陽郡後即位是為景帝今上元縣西北三十里有瑯琊

吳侯紹策子大帝權稱尊號追謚策曰長沙桓王封子紹為吳侯侯紹卒子奉嗣孫皓時訛言謂奉當立誅死

吳侯英孫登次子封吳侯侯吳主亮五鳳元年謀誅大將軍孫峻事覺自殺國除

吳侯基魯王霸長子五鳳中封

吳侯壹魏封

建德侯韶大帝權為吳王時封

丹徒縣侯桓字叔武孫河之子以功拜建武將軍封丹徒侯

丹陽侯應建安二十四年以錄其父皎從定荊州功封卒無子弟晞嗣侯有罪自殺國除○以上吳同姓諸王侯

由拳侯張昭 字子布彭城人魏遣使者邢貞拜權爲吳王入門不下車昭面詰以禮因拜爲綏遠將軍封由拳侯今青浦縣地

毘陵侯朱治 字君理丹陽故鄣人漢建安七年孫權表爲九眞太守行扶義將軍割婁由拳無錫毘陵爲奉邑黃武元年封毘陵侯今常州府

廣德侯徐琨 領兵從孫策破廬江封

婁侯陸遜 字伯言吳人漢廬江太守康從孫九江都尉駿子建安二十四年克公安南郡拜撫邊將軍封華亭侯進封婁侯赤烏七年爲丞相諡昭次子抗嗣封婁侯

宣城侯諸葛瑾 字子瑜建安二十四年以從襲荊州功封

徐陵亭侯華覈 字永先吳郡武進人吳主皓即位封

雲陽侯朱據 字子範大帝黃龍元年遷都建業徵據尚公主拜左將軍封雲陽亭侯

宣城侯蔣壹 九江壽春人欽之子建安二十四年吳襲荊州欽督水軍入沔還道卒錄父功封壹給蕪湖民二百戶田二百頃大帝黃武元年與魏人戰歿無嗣國除

蕪湖侯徐盛 字文嚮琅邪莒人黃

武元年十一月以拒曹休功封卒子楷嗣**溧陽侯潘璋**字文圭吳郡發干人以擒關羽功封

晉

彭城穆王權字子輿宣帝弟武帝受禪封再傳至宋受禪國除**譙剛王遜**字子悌宣帝弟武帝受禪封再傳至孫邃歿於石勒元帝以次子承嗣又三傳至劉宋國除

琅玡武王伷字子將武帝踐祚以伷為鎮東大將軍假節徐州諸軍事鎮下邳伷鎮御有方封琅玡王太康四年薨子恭王覲立覲薨子睿立是為元帝**汝陰王駿**宣帝子字子臧武帝踐祚進封汝陰後徙封扶風王**廣陵王遹**淮南王允子武帝孫後惠帝立為太子

沛順王景字子文武帝受禪封咸寧元年薨子韜立**淮南忠壯王允**武帝子太康十年徙封壽春趙王倫既廢賈后以允為太尉倫將篡允攻之遂遇害**吳敬王晏**字平度太康十年封食丹陽吳興并吳三郡永嘉末遇害**琅玡孝王裒**元帝子帝

爲晉王以裒有成人之量欲立爲太子以王導言而止尋薨 **瑯琊王昱** 元帝永昌元年以皇幼子封食邑宣城會稽二郡太和六年繼帝奕即位是爲簡文帝 **吳王嶽** 咸和元年封九年改封瑯琊猶食吳郡後繼成帝即位是爲康帝 **毗陵王儀** 武帝孫始平王子太康十年封 **下邳獻王晃** 字子明武帝受禪封咸寧六年薨追贈太傅 **廬江王晉** 成都王穎子懷帝時封 **東海哀王充** 字道讓元帝第三子嗣東海世子毗之後詔以毗陵郡增本封邑萬戶 **淮南王祥** 吳王晏子與趙俱繼允封 **淮南王超** 齊王冏子晉惠帝封 **臨淮哀王臧** 字敬文惠帝永康元年封趙王倫篡位尋被害 **淮陵元王漼** 晃子字思冲初封廣陵公以殺孫秀功進封淮陵王漼薨子融立融薨無子安帝立武陵王孫蘊爲淮陵王以奉王祀蘊薨無子以臨川王子安之爲嗣宋受禪國除 **臨淮王尠** 以上晉同姓諸王侯

臨淮康公荀顗彧子字景倩魏太尉以魏太尉爲晉室佐命武帝踐祚進爵臨淮公傳世至宋受禪國除延陵縣公高光以討成都王穎功封江寧公陸曄吳人成帝咸和四年平蘇峻進爵雎寧公王祥字休徵雎寧今縣彭城公劉義隆宋武帝子安帝義熙十一年論平蜀功封安陽侯薛兼丹陽人以翼佐功賜爵鄉侯安陽今碭山縣宛陵侯陶璜丹陽秣陵人初仕吳歷顯位皓旣降璜歸晉武帝詔復其本職封宛陵侯豐縣侯羊鑒泰山人成帝卽位以討蘇峻功封安豐侯王戎琅玡臨沂人以平吳功封丹陽侯孫楷吳宗室歸晉晉以爲車騎將軍尋封爲丹陽侯丹陽侯張闓愍帝建興四年以翼佐元帝功賜封于湖侯甘卓字季思丹陽人元帝建武元年以討陳敏周馥杜弢功自南鄉侯進封秣陵簡侯戴淵廣陵人以功賜爵後爲王敦所害永世侯王俊琅玡臨沂人晉永世

今溧陽縣○以上

晉異姓諸公侯

南北朝

彭城王劉義康 宋高祖武帝子元初元年封文帝元嘉時入輔政後廢爲庶人

建平王劉宏 初不才太宗弗善

南譙王劉義宣 會稽公主爲言用爲荊州刺史尋悔過勤政

海陵王劉休茂 海陵今泰興縣

盧江王劉禕

廣陵王劉誕

汝陰王劉休仁 以上俱宋太祖文帝子封

新安王劉子鸞 孝武帝大明四年自襄陽改封明帝泰始二年以文帝曾孫延年紹子鸞後

晉陵孝王劉子雲 大明六年封

淮南王劉子孟 大明七年封時罷南豫州淮南郡併入宣城以北豫州南梁郡爲封國八年復淮南郡子孟仍舊封改食姑熟

淮南思王劉子霄 以上俱孝武帝子封

松滋侯劉子房 宋宗室封

建平王劉景素 宋宗室封後以吳興太守死義

汝陰王劉渾

宋封晉陵縣男袁湛陳留陽夏人以從征討功宋封

齊王蕭道成宋時歷位相國以南徐州之蘭陵晉陵義興等十郡封齊公進封齊王後爲齊高帝

晉熙王蕭銶齊太祖子封

宣城侯劉懷珍與齊高帝布衣交高帝建元元年封

宣城王蕭子琳齊武帝第十九子武帝永明元年封後以郡隸揚州近畿不置王國改封南康

晉熙王蕭寶嵩字智靜齊明帝第十子封今太湖縣

淮南王蕭仁光齊武成王子封

新吳侯蕭景先齊宗室

晉陵縣侯許勇慧齊以太子家令封

石城縣男崔仲方齊封

梁王蕭衍始仕齊中興二年加揚州牧以南徐州之義興等十郡封梁公尋爵爲王又以十郡益所封國晉陵等處在焉後爲梁武帝

吳王蕭岑梁宣帝子封

建平王蕭大球梁簡文帝第十七子大寶二年

爲侯景所害秦郡王蕭撝梁宗室封新安王蕭瑀明帝子九歲而封後入隋歷唐至尚書左僕射唐太宗嘗宴侍臣詔一座最貴者先把酒長孫無忌房元齡相顧未言瑀遽引杯上問之對曰臣梁朝天子之子隋朝皇后之弟唐朝宰相天子親家翁上撫掌極歡而罷

汝陰王劉叡梁封丹陽公元景隆魏宗室來降梁歷刺史改封彭城

江乘公陸法和梁承聖元年以都督刺史封加司徒尋降齊吳郡王元善見梁朝以蘭陵公封即東魏孝靜帝陳王陳霸先始仕梁承聖二年鎮京口授大都督中外諸軍事東討至義興太平元年封義興郡公賜印策二年進相國以南徐州之義興等十郡封陳公尋進爵爲陳王又以十郡益所封國後爲陳武帝石城公蕭大款梁封今貴池縣臨城公蕭大連梁封今青陽縣蘭陵公蕭璟梁明帝子

新安王陳伯固陳文帝子文帝天嘉五年封淮南王陳叔彪陳宣

帝子宣帝大建八年封
晉熙王陳叔文陳高宗宣帝第十二子封晉熙王宣惠將軍任丹陽尹晉熙令太湖縣地
晉陵郡王蕭琢梁明帝子陳封
吳郡王陳藩陳後主第十子後主禎明三年封
江陰王蕭彝大建三年封
吳王余北魏太武帝子後改南安王
吳王可傳眞俱太武帝太平眞君年間封
丹陽王劉昶宋宗室奔魏魏文成帝和平六年封
義興郡公蕭泰梁武帝孫魏取江陵泰入魏封子寶嗣
丹陽王蕭贊梁宗室來降魏封
淮南王它北魏封
廣陵王元羽北魏獻文弟子孝文帝太和元年封
彭城武宣王元勰獻文帝子
臨淮王元譚
吳郡王長孫陵俱北魏封
毗陵王元順北魏地干之子以討賀力眷功封
淮陵侯拓跋大頭北魏宗宗封
淮南公司馬國璠北魏封晉安平獻王孚之後劉裕時奔慕容超

超亡奔秦亡歸魏

丹陽王高仁直北齊武成帝子

臨淮縣公元孝友北齊封

臨淮郡王婁定遠北齊封

壽陽縣公賀拔允世爲鎮將積功北齊時封

譙王宇文儉北周封

義興縣公杜果京兆杜陵人北周以奉使江南稱旨封

義城縣侯庾信字子山南陽新野人初仕梁梁亡入周積封縣侯子立嗣

隋

彭城郡公虞慶則京兆櫟陽人文帝開皇八年封

唐

淮安靖王神通高祖武德初封

淮陽壯王道元烈祖孫武德初封以戰歿

霍山王進宗室武德中封

廬江王瑗濟南郡王哲之子武德時封

徐康王元禮高祖子善騎射爲絳州刺史有治名璽書勞勉高宗永徽中薨陪葬獻陵

吳王元軌高祖子初封霍王武德六年徙封吳　吳王元璹武德七年封　舒王元名高祖子始封譙王後徙封舒　義興郡公道彥宗室淮安王神通子武德五年封　吳王恪太宗子太宗貞觀十年封　臨淮公元規　壽春王成器俱宗室　義興郡公皓高祖孫江王元祥子　新安郡王嶽太宗孫濮恭王泰子　沛王賢宗室初封潞王高宗龍翔元年徙封沛　義興王重俊中宗子郎節愍太子武后聖曆三年封　淮南王茂徐康王元禮子有罪徙死振州神龍初子璀嗣璀薨子延年嗣李林甫劾貶之國不復傳　譙王重福中宗子　彭城郡王隆業睿宗子初王趙武后長慶二年降封　潁王璬元宗子　舒王誼益昌王邈子德宗以爲子代宗大曆十四年封　晉陵王偶元宗孫信王瑝子　新安郡王佟元宗孫信王瑝子　吳國公保元宗孫　新安郡王訢代孫

孫嘉王運子德宗貞元四年封　宣城郡王誦代宗大曆中以皇嫡長孫後十四年六月進封宣王十二月德宗立爲皇太子後即位是爲順宗　彭城王悰憲宗子貞元二十年封後封深王　晉陵王總順宗子貞元四年封後封郇王　新安郡王洓憲宗孫絳王悟長子文宗太和八年封　晉陵郡王瀛憲宗孫汜王郇子　巢縣公奏文宗弟太和初封　吳國公禕吳王祇弟　穎王禔昭宗子　吳國公孝逸宗室昭宗光化元年封○以上唐同姓諸王公

吳王杜伏威高祖武德二年歸唐後封　義興郡公高儉武德五年封　臨淮郡王李光弼營州柳城人討平安史有功肅宗寶應元年封　越國公汪華歙人隋末保障六州歸唐封越國公　彭城郡王劉弘遠蜀先主十九代孫興元初累侍中中書令進封彭城郡王　吳王楊行密昭宗景福元年以行密爲河南

節度使天復二年賜爵吳王天祐二年李子渥嗣
張顥徐温弑渥立其弟隆演七年岐王承制加隆
演嗣
吳王

五代吳越王錢鏐 杭州臨安人始爲董昌偏裨擊劉漢宏破越州昌徙居越鏐爲杭州刺史擊取蘇常潤等州進鎮海軍節度使昌僭逆鏐討平之盡有兩州之地拜中書令越王梁時封吳越王孫俶嗣宋太平興國三年入朝盡獻其地

臨淮公牛遼允 梁封

齊公徐温

齊王徐知誥 俱楊吳封昇宣隸之後知誥受禪改姓李名昇爲南唐烈祖昇宣今江寧寧國地

廣德郡王宋全昱 南唐封

晉陵郡公李景遷 南唐烈祖昇從子昇元初封

宋

徐容王元偓 太宗子初封徐國公眞宗天僖二年進封王

吳王元傑 太宗第五子淳化五年封

廣陵郡王元儼 太宗子太平興國元年封

頴王頊

宋封**舒王宗肅**信安郡王元寧子**昇王受益**眞宗子天禧二年封壽立爲皇太子改名禎後嗣大位卽仁宗**吳王宗絳**太宗曾孫神宗熙寧中封**廬江王守度**燕王德昭後**吳榮王顥**英宗子**丹陽郡王從節**燕王德昭孫冀王惟吉子**徐冲惠王僩**神宗子**吳榮穆王佖**神宗子**廣陵郡莊孝王宗誼**濮王允讓子**徐王棣**徽宗子**穎川安簡郡王德彝**魏王廷美子**廣陵康簡郡王德雍**魏王廷美子

〔元〕**鎭南王脫歡**世祖子至元二十一年封泰定帝泰定三年又封諸王帖木兒不花爲鎭南王鎭揚州子孛羅不花襲**句容王牀兀兒**武宗至大二年封文宗至順二年以子燕帖木兒加贈楊王孫荅里襲**宣讓王帖木兒不花**脫歡第四子能讓爵文宗嘉之改封宣讓鎭廬州**榮王撒敦**元宗室文宗元統初封食邑於廬**太**

平王燕帖木兒文宗天曆元年封以太平路爲食邑潁川王察罕鐵木兒元封壽王乃宗台鐵木哥曾孫楚國公三寶奴元至大間封以常州路爲食邑

明江南財賦重地不以建藩間有以地繫封者如淮靖王瞻墺國在廣東之韶州嶶莊王見沛國在河南之禹州故同姓諸王無庸虛贅

潁國公傅友德宿州人淮安侯華雲龍定遠人長興侯耿炳文濠州人六安侯王志臨濠人江陰侯吳良廣德侯華高和州人○以上開國功安慶侯仇成含山人懷遠侯曹興地闕定遠侯王弼定遠人○以上平西番功俱太祖洪武間封平江

伯陳瑄合肥人○並以陞附功封　武進伯朱榮沂水人以北征功○以上成祖永樂間封　彭城伯張杲河南永城人以仁宗昭皇后兄封　太平侯張軏河南祥符人　定遠伯石彪陝西渭南人　宣城伯衛穎華亭人○以上奪門功英宗天順間封　懷遠侯常元振開平王遇春八世孫　臨淮侯李性岐陽王文忠七世孫　定遠侯鄧繼坤寧河王愈六世孫　靈璧侯湯紹宗東甌王六世孫○以上俱世宗嘉靖間繼絕世封　嘉定伯周奎長洲人懷宗后父崇禎間以恩澤封○外追贈如霍山侯王簡姑孰郡侯陶安等以虛封不列

江南通志卷之第十五　終

江南通志卷之第十六

户口

史載東南户口於兩漢當天下之十二於晉唐當天下之十四迨宋元當十之五焉明嘉靖間户至壹百玖拾柒萬陸千肆百有奇口至壹千叁拾貳萬肆千有奇亦綦盛矣自江北寇難相尋生民塗炭所憑登版籍供賦稅者恃江以南爲多焉四十年來

聖作物覩太和蒸被林林總總浸復舊觀庶而富之

應臻上理矣顧口紀編氓丁紀徭役口之爲數常

浮於丁雖循例合稽其區分者自在也志戶口

江南　江蘇布政司
　　　安徽布政司

原額人丁肆百壹拾叁萬叁千壹百陸拾肆丁捌

分伍釐內除編審開除故絕逃亡人丁外

順治拾肆年審增實在人丁叁百陸拾肆萬叁千

叁百捌拾伍丁壹分壹釐又淮安府邳州與戶

肆百肆拾柒丁又於順治拾陸年鳳陽府屬歸

併潁川潁上二衛所原額人丁壹千叁百陸拾

貳丁

康熙元年審增實在人丁叁百柒拾肆萬叁千捌

百玖拾捌丁玖分柒釐伍絲
康熙陸年審增實在人丁叁百柒拾捌萬伍千肆百叁拾玖丁柒分貳釐伍絲續除淮安揚州二府屬故流淹溺逃亡人丁外
康熙拾壹年審增實在人丁叁百捌拾壹萬捌千貳百叁拾肆丁貳分貳釐伍絲
康熙拾陸年審增實在人丁叁百玖拾萬叁千捌百柒拾壹丁貳分貳釐伍絲
康熙貳拾貳年審增實在人丁叁百玖拾肆萬貳千玖百肆拾捌丁玖分伍絲內除優免人丁肆

萬叄千壹百叄拾柒丁壹分實在當差并不免
人丁共叄百捌拾玖萬玖千捌百壹拾壹丁捌
分伍絲又徽州府婺源縣有江西樂平德興二
縣寄庄人丁捌拾柒丁又滁州全椒縣鹽鈔陸
千陸百柒拾捌口共該丁徭銀肆拾伍萬肆千
捌百叄拾捌兩貳錢伍分玖釐肆毫伍絲柒忽
叄微肆纖伍沙貳塵叄埃玖渺玖漠肆逡玖巡
鹽鈔銀肆拾玖兩捌錢捌分伍釐伍絲叄忽貳
微壹纖柒沙貳塵
額外歸併省外衛所原額軍丁壹拾柒萬肆千貳

百貳拾肆丁又清出新增軍丁貳千伍百捌拾
肆丁内除駕運領佃納糧不納丁銀併逃亡故
絶奉減等丁玖萬肆千壹百捌拾貳丁伍分
康熙貳拾貳年實在軍丁捌萬貳千陸百貳拾伍
丁伍分共該丁徭銀貳萬陸千捌百伍拾貳兩
柒錢柒分伍釐
通共實在當差人丁寄庄人丁及歸併省外衛所
軍丁叁百玖拾捌萬貳千伍百貳拾肆丁叁分
伍絲鹽鈔陸千陸百柒拾捌口
江蘇布政使司轄江寧蘇州松江常州鎮江淮安揚州七府徐州一州

原額人丁貳百陸拾肆萬陸千叄百壹拾貳丁捌分伍釐內除逃亡人丁貳拾壹萬玖千柒百捌拾陸丁於順治拾壹拾貳拾肆年審增招徠人丁陸萬柒千壹百叄拾陸丁伍分

順治拾肆年實在人丁貳百肆拾玖萬叄千陸百陸拾叄丁叄分伍釐於順治拾伍拾捌年審增人丁貳萬叄千肆百柒拾柒丁又康熙元年審增清出人丁叄萬柒千肆百壹丁壹分壹釐伍絲又淮安府邳州集鎮異戶肆百肆拾柒丁

康熙元年實在人丁貳百伍拾伍萬肆千玖百捌

拾捌丁肆分陸釐伍絲於康熙叁肆伍年審增
清出人丁玖千玖百壹拾陸丁
康熙陸年實在人丁貳百伍拾陸萬肆千玖百肆
丁肆分陸釐伍絲內除淮屬安東縣海州故流
淹溺揚屬海門縣逃亡蘇屬長洲縣審減共人
丁貳萬陸千貳百捌拾玖丁外於康熙玖年江
屬上元中衛改入上元縣當差康熙拾壹年各
屬審增共人丁叁萬陸千肆百陸拾柒丁柒分
伍釐
康熙拾壹年實在人丁貳百伍拾柒萬伍千捌拾

叄丁貳分壹釐伍絲於康熙拾肆拾伍拾陸年
審增人丁伍萬捌千伍百陸拾肆丁
康熙拾陸年實在人丁貳百陸拾叄萬叄千陸百
肆拾柒丁貳分壹釐伍絲於康熙貳拾年除蘇
屬長洲縣審減人丁貳千柒百叄拾柒丁各府
州屬審增人丁貳萬貳千捌拾壹丁叄分捌釐
康熙貳拾貳年實在人丁貳百陸拾伍萬貳千玖
百玖拾壹丁伍分玖釐伍絲內除優免本身人
丁貳萬壹千柒百陸丁壹分實在當差并不免
人丁共貳百陸拾叄萬壹千貳百捌拾伍丁肆

分玖釐伍絲共該丁徭連閏銀貳拾伍萬陸千
貳拾陸兩柒分壹釐陸毫叁絲叁忽壹微貳塵
伍漠伍埃肆逡玖巡
額外歸併省外衛所原額軍丁捌萬壹千貳百玖
拾捌丁又清出軍丁貳千叁百捌拾伍丁內除
逃亡故絕軍丁并奉文減丁共壹萬壹千捌百
捌拾伍丁又除領田納糧并收入縣額當差及
裁汰城操備倭領駕漕船等項原無編派丁銀
共丁貳萬捌千壹百壹拾伍丁於康熙貳拾年
審缺軍丁貳百肆丁審增軍丁伍丁

康熙貳拾貳年實在軍丁肆萬叁千肆百捌拾肆丁共該銀壹萬肆千叁百柒拾玖兩叁錢捌分貳釐伍毫

以上實在當差并不免人丁及歸併省外衞所軍丁共貳百陸拾柒萬肆千柒百陸拾玖丁肆分玖釐伍絲

江寧府

原額人丁壹拾玖萬捌千伍百玖拾貳丁叁分伍釐

順治拾肆年審增實在人丁貳拾萬玖千捌拾肆

丁捌分伍釐

康熙元年審增實在人丁貳拾壹萬伍千貳百叁拾叁丁叁分伍釐

康熙陸年審增實在人丁貳拾壹萬陸千叁百壹丁叁分伍釐於康熙玖年上元中衛改入上元縣當差人丁伍拾壹丁

康熙拾壹年審增實在人丁貳拾壹萬柒千伍百壹丁壹分

康熙拾陸年審增實在人丁貳拾壹萬玖千壹百捌拾伍丁壹分

康熙貳拾貳年審增實在人丁貳拾貳萬柒百玖

拾叁丁壹分捌釐內除優免本身人丁貳千柒

百肆拾壹丁陸分實在當差併不免餘丁共貳

拾壹萬捌千伍拾壹丁伍分捌釐

額外歸併省衞原額軍丁陸萬玖千柒百貳拾叁

丁伍分內除領田納糧不納丁銀屯丁貳萬叁

千陸百伍拾陸丁又除改入上元縣當差丁伍

拾壹丁又於康熙拾叁拾柒年奉蠲故絕守陵

軍丁并逃亡開寃丁共伍千捌百壹拾肆丁

康熙貳拾貳年實在黃快等丁肆萬貳百貳丁伍

分

以上實在當差人丁及歸併省衛黃快等丁共貳拾伍萬捌千貳百伍拾肆丁捌釐

上元縣人丁三萬四千八百四十八丁九分內每丁科銀八分六釐上元中衛改入縣額當差丁每丁科銀二錢四分三釐一毫零又歸併省衛黃快寓三則等丁一萬一百六十八丁內每丁黃丁科銀三錢五分快丁科銀三錢五分寓丁一則科銀三錢五分一則科銀三錢上則官舍開丁科銀五錢中則官舍開丁科銀三錢下則官舍開丁科銀二錢

江寧縣人丁二萬六千五百一十九丁每丁科銀七分四釐又歸併省衛黃快寓三則丁七千四百四十六丁五分各丁俱照歸併上元縣科則徵銀又寓丁一則科銀二錢

句容縣人丁四萬九千一百一十八丁每丁科銀一錢三分八釐又歸併省衛黃快寓三則丁二百一十六

丁各丁俱照歸併溧陽縣人丁五萬四千三百上元縣科則徵銀三十九丁八分五釐每丁科溧水縣人丁二萬九百九十四丁七分銀一錢五釐每丁科銀二錢又歸併省衛黃丁一十五丁照歸高淳縣人丁九千九百併上元縣科則徵銀九十丁每丁科銀一錢江浦縣人丁八千四百七十八丁五分五分八釐每丁科銀二錢又歸併省衛黃快竄三則丁四千四百四十一丁五分各丁俱照歸併上元縣科則徵銀又竄丁一則科銀三錢二六合縣人丁一萬三千七百六十二分一毫零丁五分每丁科銀二錢又歸併省衛黃快竄三則丁一萬七千九百一十五丁五分各丁俱照歸併上元縣科則徵銀又竄丁一則科銀三錢一分三釐三毫零一則半丁科銀二錢二分五釐

歷朝戶口府志不載明洪武年間戶一十六萬三千九百一十五口一百一十九萬三千六百二十〇弘治年間戶一十四萬四千三百六十八口七十一萬二千三〇隆慶年間戶一十四

萬九千九百六十一口八十萬一千五百一十七
皇清戶一十三萬一百零四口男婦軍匠共六十三萬一百零七

蘇州府

原額人丁伍拾叁萬捌千捌百捌拾捌丁
順治拾肆年實在人丁伍拾叁萬捌千捌百捌拾捌丁於順治拾捌年審增人丁玖千柒拾捌丁
康熙元年實在人丁伍拾肆萬柒千玖百陸拾陸丁又於康熙伍年審增人丁叁千捌百肆拾捌丁
康熙陸年實在人丁伍拾伍萬壹千捌百壹拾肆

丁內於康熙拾壹年長洲縣審減人丁壹千壹百貳拾陸丁外各縣審增人丁捌千玖百捌拾柒丁

康熙拾壹年實在人丁伍拾伍萬玖千陸百柒拾伍丁於康熙拾伍年審增人丁玖千玖百伍拾丁又康熙拾陸年審增人丁壹萬貳千叁百玖丁

康熙拾陸年實在人丁伍拾捌萬壹千玖百叁拾肆丁於康熙貳拾年長洲縣審減人丁貳千柒百叁拾柒丁各縣審增人丁伍千叁百玖丁

康熙貳拾貳年實在人丁伍拾捌萬肆千伍百陸丁

額外歸併省衛原額黃丁貳丁

康熙貳拾貳年實在黃丁貳丁

以上實在人丁并省衛黃丁共伍拾捌萬肆千伍百捌丁

吳縣人丁六萬六千五百五十一丁每丁科銀五分九釐九毫零又歸併省衛黃丁二丁每丁科銀三錢五分長洲縣人丁九萬八千九百二十丁每丁科銀三分九釐三毫零吳江縣人丁一十萬一千八百三十四丁每丁科銀三分七釐零常熟縣人丁一十萬五千九百八十四丁每丁科銀一分五釐零崑山縣人丁五萬三千五百九十

丁每丁科銀三分八毫零

嘉定縣 人丁七萬九千八百七丁每丁科銀一分五釐六毫零

太倉州 人丁四萬二百四十一丁每丁科銀二分八釐八毫零

崇明縣 人丁三萬七千五百七十九丁每丁科銀九釐五毫零

〔漢〕會稽郡統縣二十六戶二十二萬三千三十有八口一百三萬二千六百有四〔東漢〕吳郡統縣十三戶十六萬四千一百六十有四口七十萬七百八十有二〔晉〕統縣十一戶二萬五千〔宋〕戶五萬四百八十有八〔隋〕戶一萬八千三百七十有七〔唐〕蘇州統縣七貞觀八年戶一萬一千八百九十有九口五萬四十四百八十有一○天寶元年戶七萬六千四百二十有一口六十三萬二千六百五十有五宋初統縣六戶二萬七千八百八十有九○祥符間戶六萬六千一百三十有九○元豐三年戶一十九萬九千有奇口三十七萬九千有奇○宣和間戶四十三萬○淳熙十一年戶一十七萬三千有奇口二十九萬八千有奇○德祐元年主客戶三十二

萬九千六百有奇僧道不與元平江路至元二十七年始括戶口至四十六萬六千一百有奇僧道亦不與明洪武四年戶四十七萬三千八百有奇口一百九十四萬七千八百有奇九年戶五十萬六千五百有奇口一百一十六萬四百有奇○弘治十六年戶五十八萬二千有奇口二百萬九千三百有奇

皇清順治初年戶六十一萬五十四口一百三十七萬八千三百八十一○康熙十三年戶六十三萬四千二百五十五口一百四十二萬二百四十三

松江府

原額人丁貳拾萬玖千玖百肆丁

順治拾肆年實在人丁貳拾萬玖千玖百肆丁

康熙元年審增實在人丁貳拾壹萬伍百叄拾伍

丁
康熙陸年實在人丁貳拾壹萬伍百叁拾伍丁
康熙拾壹年審增實在人丁貳拾壹萬捌千叁拾
貳丁
康熙拾陸年審增實在人丁貳拾貳萬貳千捌百
柒拾肆丁
康熙貳拾年審增實在人丁貳拾貳萬陸千陸
百伍拾壹丁
華亭縣人丁五萬六千一百七十七丁每丁科銀一分八釐六毫零
婁縣人丁五萬二千七十八丁每丁科銀一分八釐四毫零
上海縣人丁八萬六千四百九十

七丁每丁科銀一分七釐八毫零

青浦縣人丁三萬三千六百九十九丁每丁科銀二分二釐零

唐華亭縣戶五萬四千九百四十一口一十一萬三千一百四十三宋戶九萬七千七百五十一三口二十一萬二千四百一十七元至元二十七年戶一十六萬三千九百三十六口八十八萬八千五十一明洪武二十四年統縣二戶二十二萬七千一百三十六口一百九萬四千六百六十六○永樂十年戶二十一萬四千七百六十九口八十二萬五千四百九十七○宣德七年戶二十一萬二百四十九口七十二萬七千四百二十九○正統七年戶二十一萬一千四百八十四口七十五萬七千八百三十○景泰三年戶二十一萬三千八百八十二口七十四萬六千二百六十二○天順六年戶二十萬六百六十六口六十六萬三千五百六十九○成化八年戶一十九萬六千五百二十八口六十四萬三千三百四十八○成化二十三年戶二

十一萬五百一十九口六十五萬六千三百一十三〇弘治十五年戶二十萬三千八百二十六口五十八萬三千二百七〇萬曆二年領縣三戶口人丁二十八萬二千一十三〇天啓間戶口人丁二十萬九千九百四

常州府

原額人丁伍拾玖萬伍千陸百肆拾貳丁
順治拾肆年審增實在人丁陸拾萬伍千玖百伍拾肆丁於順治拾捌年審增人丁貳千柒百丁
不免共丁貳千柒百肆拾陸丁
康熙元年實在人丁陸拾壹萬壹千肆百丁於康熙伍年審增人丁壹百陸拾柒丁

康熙陸年實在人丁陸拾壹萬叁千伍百陸拾柒丁

康熙拾壹年審增實在人丁陸拾壹萬伍千肆百柒拾玖丁於康熙拾伍年審增人丁捌千玖百陸拾壹丁

康熙拾陸年實在人丁陸拾貳萬肆千肆百肆拾丁

康熙貳拾貳年審增實在人丁陸拾貳萬陸千伍百柒拾丁除優免本身人丁貳千貳百陸拾丁實在當差并不免餘丁共陸拾貳萬肆千叁百

壹拾丁

武進縣人丁一十五萬六千五百一十七丁每丁科銀二分五釐七毫零無錫縣人丁一十三萬九千七百六丁每丁科銀二分五釐六毫零江陰縣人丁一十四萬三千六百三十五丁每丁科銀一分二釐五毫零宜興縣人丁一十五萬四千九百九十二丁每丁科銀一分六釐八毫零靖江縣人丁二萬九千四百六十丁每丁科銀二分二釐一毫零

【晉】毘陵郡統縣七戶一萬二千【宋】晉陵郡領縣六戶一萬五千三百八十二口八萬一百一十三【隋】常州統縣四戶一萬七千五百九十九【唐】常州領縣四戶二萬一千一百八十二口十一萬一千六百有六〇天寶中領縣五戶十萬二千六百三十三口六十九萬六百七十三【宋】景德中戶六萬四千七百六十九口八萬四千九百九十三〇祥符中主戶九萬三百六十九客

戶五萬五千四百四十四○熙寧中主戶九萬八千五十三客戶四萬五千五百有八○崇寧中常州軍事領縣四戶一十六萬五千一百二十六口二十四萬六千九百九○紹定中江陰軍戶六萬四千三十五口一十萬五千八百一十二【元】常州路領州二縣二并錄事司戶二十一萬一千六百五十二口一百九萬九千一百六十三【明】常州府領縣四洪武十年戶一十四萬三千九十六口六十二萬三千二百二○永樂十年戶一十八萬一千一百八口一百萬九千五百五○宣德十年戶一十九萬九千四百九十五口八十六萬七千一百九十四○天順七年戶二十一萬二千三百八十三口九十五萬四千三十一○成化十八年領縣五戶二十三萬四千三百五十五口九十九萬二千三百七十六○弘治十五年領縣五戶二十三萬九千四百六十四口一百零二萬七千九百三十一○正德七年戶二十四萬一千七百七十口一百零三萬二千七百一十四

鎮江府

原額人丁柒萬壹千玖百壹拾丁

順治拾肆年實在人丁柒萬壹千玖百壹拾丁於

順治拾伍年審增人丁壹千捌百叁拾伍丁又

於康熙元年審增人丁貳千捌拾柒丁

康熙元年實在人丁柒萬伍千捌百叁拾貳丁於

康熙伍年審增人丁柒百壹拾叁丁

康熙陸年實在人丁柒萬陸千伍百肆拾伍丁

康熙拾壹年審增實在人丁柒萬柒千伍百陸拾

陸丁於康熙拾伍年審增人丁壹千壹百陸拾

柒丁
康熙拾陸年實在人丁柒萬捌千柒百叁拾叁丁
康熙貳拾貳年審增實在人丁捌萬壹百陸拾柒
丁內除優免本身人丁壹千捌百捌拾陸丁實
在當差并不免餘丁共柒萬捌千貳百捌拾壹
丁
額外歸併省衛原額軍丁壹百伍拾丁伍分內除
領田納糧不納丁銀屯丁柒拾玖丁
康熙貳拾貳年實在黃快丁柒拾壹丁伍分
以上實在當差人丁并省衛黃快丁共柒萬捌

千叁百伍拾貳丁伍分

丹徒縣人丁四萬二千二百六十四丁每丁科銀一錢二分一釐八毫又歸併省衛屯丁七十一丁五分內每丁黃丁科銀三錢五分快丁科銀三錢五分**丹陽縣**人丁一萬八千一百八十二丁每丁科銀一錢**金壇縣**人丁一萬七千八百三十五丁每丁科銀一錢

宋太宗時戶主一萬六百四十七客一萬六千九百九○真宗時戶三萬三千口缺○徽宗崇寧時戶六萬三千六百五十七口一十六萬四千五百六十六○孝宗時戶六萬三千九百四十口一十二萬一千二百二十○理宗時戶一十萬八千四百口六十四萬四千一百○度宗時戶六萬二千三百五十五口三十九萬七千三百四十四元鎮江路戶一十萬三千三百一十五口六十二萬三千六百四十四明洪武四年戶八萬七千三百六十四口五十二萬二千

三百八十三〇永樂十二年戶九萬八千二百七十九口四十九萬六千六百四十四〇成化二十年戶六萬八千三百四十五口二十四萬三千六百三十七〇正德六年戶六萬七千九百七十八口二十一萬六千二百七十三〇萬曆二十四年戶六萬八千七百七十二口缺

淮安府

原額人丁肆拾柒萬陸千柒百伍拾玖丁內除原舊逃亡人丁壹拾壹萬柒千伍百玖拾捌丁伍分於順治拾肆年審增招徠共人丁肆千陸百伍丁

順治拾肆年實在人丁叁拾陸萬叁千柒百陸拾伍丁伍分又邳州集鎮異戶肆百肆拾柒丁

康熙元年審增實在人丁叄拾柒萬叄千貳百玖拾柒丁伍分

康熙陸年實在人丁叄拾柒萬叄千貳百玖拾柒丁伍分於康熙玖年除安東縣亡故流移海州淹溺人丁共六壹萬玖千玖百壹拾肆丁

康熙拾壹年實在人丁叄拾伍萬叄千叄百捌拾叄丁伍分

康熙拾陸年審增實在人丁叄拾伍萬陸千伍百肆拾捌丁伍分

康熙貳拾貳年審增實在人丁叄拾伍萬柒千叄

拾玖丁伍分內除優免本身人丁叁千叁百叁拾陸丁伍分實在畝差并不免餘丁共叁拾伍萬叁千柒百叁丁

額外歸併省外衛所原額軍丁柒千陸百柒拾玖丁伍分又清出軍丁捌百伍拾貳丁內除逃亡故絕軍丁伍千伍百貳拾丁又裁汰備倭城鋪佃戶屯丁壹百柒拾叁丁又領種屯田領駕漕船軍丁壹千伍百陸拾柒丁原無編派丁銀又於康熙拾叁年奉文減丁伍百伍拾壹丁又於康熙貳拾年審鈌鹽城縣併鹽城所軍丁貳百

肆丁

康熙貳拾貳年實在軍丁伍百壹拾陸丁伍分

以上實在當差及歸併省外衛軍丁共叁拾伍萬肆千貳百壹拾玖丁伍分

山陽縣人丁一十六萬二千六百二十一丁內每丁中中下科銀二兩五錢中下下上科銀二兩中下中中科銀一兩七錢中下下科銀一兩四錢下上上科銀一兩一錢下上中科銀九錢下上下科銀七錢下中上科銀五錢下中中科銀四錢下中下科銀三錢下下上科銀二錢下下中科銀一錢五分下下下科銀一錢又歸併省衛軍丁二十四丁五分內每丁黃丁科銀三錢五分快丁科銀三錢五分

鹽城縣人丁七萬七千四百二十七丁內每丁中下則科銀一兩一錢下上一則科銀九錢下上二則科銀八錢下上三則科銀七錢下中一則科銀

六錢下中二則科銀五錢下中三則科銀四錢下下一則科銀三錢下下二則科銀一錢下下三則科銀一錢又歸併外所軍丁九十七丁內毎丁上則科銀五錢中則科銀三錢下則科銀二錢

清河縣人丁九千六百二十五丁內毎丁九則科銀二兩七錢八則科銀二兩四錢七則半科銀二兩二錢五分七則科銀二兩一錢六則半科銀一兩九錢五分六則科銀一兩八錢五則半科銀一兩六錢五分五則科銀一兩五錢四則半科銀一兩三錢五分四則科銀一兩二錢三則半科銀一兩五分三則科銀一九錢二則半科銀七錢五分二則科銀六錢一則半科銀四錢五分一則科銀三錢朋則科銀一錢五分流寓寄住人戶二百一丁未分戶則共徵銀一百四十七兩七錢九分

安東縣人丁五千九百一十九丁內毎丁下下三則科銀一錢下下二則科銀二錢下下一則科銀三錢下中三則科銀四錢下中二則科銀五錢下中一則科銀六錢上三則科銀七錢下上二則科銀八錢下上一則科銀九錢中下三

則科銀一兩中下二則科銀一兩二錢

桃源縣

人丁一萬二千二百四十一丁內每丁成丁科銀三錢朋丁科銀二錢寄丁科銀一錢

沭陽縣

人丁一萬六千六百六十九丁內每丁上上則科銀一兩八錢上中則科銀一兩六錢上下則科銀一兩四錢中上則科銀一兩二錢中中則科銀一兩中下則科銀八錢下上則科銀六錢下中則科銀四錢下下則科銀二錢

海州

人丁四千九百三十八丁內每丁下中中一則科銀八錢下中中二則科銀七錢五分下中中三則科銀七錢下中下一則科銀六錢五分下中下二則科銀六錢下下中下三則科銀五錢五分下中上一則科銀五錢下中上二則科銀四錢五分下中上三則科銀四錢下下中一則科銀三錢五分下下中二則科銀三錢下下中三則科銀二錢五分下下下一則科銀二錢下下下二則科銀一錢五分下下下三則科銀一錢又歸併外所軍丁六十八丁例無丁徭因無屯田照丁均派軍需銀六十兩

贛榆縣

人丁一萬五千二百二十

一丁每丁人丁三萬一千一百六十三丁科銀二錢

邳州內每丁上中下一則科銀三兩五錢上中下二則科銀三兩三錢下上下一則科銀一兩六錢下上下二則科銀一兩五錢下上下三則科銀一兩四錢下中上一則科銀一兩三錢下中上二則科銀一兩二錢五分下中上三則科銀一兩二錢下中中一則科銀一兩一錢下中中二則科銀一兩下中中三則科銀九錢五分下中下一則科銀九錢下中下二則科銀八錢五分下中下三則科銀八錢下中下四則科銀七錢五分下下上一則科銀七錢下下上二則科銀六錢五分下下上三則科銀六錢下下上四則科銀五錢下下中一則科銀四錢五分下下中二則科銀四錢下下中三則科銀三錢五分下下中四則科銀三錢下下下一則科銀二錢五分下下下二則科銀二錢下下下三則科銀一錢五分又下下下三則科銀一錢四分五釐下下下四則科銀一錢又歸併外衛軍丁三百二十七丁內上中下則俱照歸併鹽城縣科則徵銀

宿遷縣人丁八千

三百七十一丁內每丁中下三則科銀一兩四錢中下二則科銀一兩二錢中下一則科銀一兩下上三則科銀九錢下上二則科銀八錢下上一則科銀七錢下中三則科銀六錢下中二則科銀五錢下中一則科銀四錢下下三則科銀三錢下下二則科銀二錢下下一則科銀一錢

睢寧縣

人丁九千五百八丁內每丁中下一則科銀三兩五錢下上一則科銀二兩四錢下中一則科銀一兩三錢下下一則科銀九錢又下上一則科銀五錢一分又下中一則科銀三錢五分又下下一則科銀二錢三分

歷代戶口府志不載明景泰三年戶九萬五千六百三十四口九十五萬五千五百五十三○弘治五年戶十萬二千四百五十三口一百萬四千一百一十二○嘉靖三十一年戶九萬八千五百三十七口九十萬三千零一○隆慶六年戶九萬九千二百三十六口八十二萬七千二百零二○萬曆二十一年戶九萬四千五百八十七口六十一萬八千七百三十一○天啓

四年戶九萬六千八百一十四
口八十二萬八千四百二十

揚州府

原額人丁叄拾柒萬伍千壹百貳拾貳丁於順治叄年拾貳年除逃亡故絕人丁玖千叄百貳拾丁於順治拾貳拾肆年審增人丁貳萬壹百陸拾柒丁

順治拾肆年實在人丁叄拾捌萬伍千玖百陸拾玖丁

康熙元年審增實在人丁叄拾玖萬柒千玖百壹拾叄丁陸分壹釐伍絲

康熙陸年實在人丁叄拾玖萬柒千玖百壹拾叄丁陸分壹釐伍絲除海門縣奉蠲逃亡人丁伍千壹丁又原優免人丁貳百肆拾捌丁

康熙拾壹年審增并海門縣裁改海門鄉歸併通州實在人丁叄拾玖萬柒千陸百陸拾叄丁陸分壹釐伍絲

康熙拾陸年審增實在人丁肆拾萬玖千壹百捌拾叄丁陸分壹釐伍絲

康熙貳拾貳年審增實在人丁肆拾壹萬伍千壹百柒拾壹丁玖分壹釐伍絲內除優免本身壹

丁叁千捌百貳丁實在當差幷不免餘丁共肆拾壹萬壹千叁百陸拾玖丁玖分壹釐伍絲

額外歸併省外衛所原額軍丁叁千柒百肆拾貳丁伍分又清出空閒官舍餘丁壹千伍百叁拾叁丁內除裁汰城操備倭樓舖門軍幷領種贍運領駕漕船軍丁貳千伍百捌拾玖丁原無編派丁銀外於康熙貳拾年審增通州歸併通州所軍丁伍丁

康熙貳拾貳年實在軍丁貳千陸百玖拾壹丁伍分

以上實在當差人丁及歸併省外衛所軍丁共肆拾壹萬肆千陸拾壹丁肆分壹釐伍絲

江都縣人丁六萬八千五百二丁每丁科銀一錢五分九釐又歸併省外衛軍丁三百八丁五分內每丁黃丁快丁俱科銀三錢五分下則官舍門丁科銀二錢又上則科銀五錢中則科銀三錢下則科銀二錢

儀眞縣人丁一萬九千二百八十二丁內每丁上上則科銀二兩五錢三分八釐上中則科銀一兩九錢上下則科銀一兩三錢一分四釐三毫中上則科銀八錢六釐一毫中中則科銀五錢五分五釐三毫中下則科銀四錢一分九釐四毫下上則科銀二錢八分下中則科銀一錢八分六釐下下則科銀九分六釐

泰興縣人丁四萬柒千三百九十九丁每丁科銀四分三釐八毫九絲八忽

高郵州人丁三萬一千五百二十丁九分一釐五絲每丁科銀二錢三分五釐又歸併省外衛軍丁七百六十二丁內

每丁黄丁快丁竈丁俱科銀三錢五分又上興則科銀五錢中則科銀三錢下則科銀二錢科

化縣人丁三萬二千九百九十八丁內每丁科銀三錢一分九釐四毫零順治十四年增丁科銀一錢又歸併外所軍丁八百五十四丁內每丁上則科銀五錢中則科銀三錢下則科銀二錢

寶應縣人丁二萬五千九百五十六丁每丁科銀二錢四分八毫又歸併省外衛軍丁八十三丁內每丁黃丁快丁俱科銀三錢五分下則科銀二錢

泰州人丁七萬一千四百丁內每丁科銀一錢二分河泊所人丁科銀二錢三分九釐三毫零又歸併外所軍丁三百二丁內上則中則下則各丁俱照歸併興化縣科則徵銀

如皐縣人丁四萬七千三百三十四丁每丁科銀五分八毫九絲零

通州人丁六萬六千九百七十八丁內每丁科銀五分海門鄉下中則科銀三錢七分四釐四毫下下則科銀一錢八分七釐二毫又歸併外所軍丁三百八十二丁內上則中則下則各丁俱照歸併興化縣科則徵銀

漢為廣陵國領縣四戶三萬六千七百七十三口十四萬七百二十二東漢為廣陵郡領縣十一戶八萬三千九百七十一口四十一萬一百九十晉領縣八戶八千八百劉宋領縣四戶七千四百四十四口四萬五千六百一十三隋為江都郡領縣十六戶十一萬五千六百一十三唐開元間揚州戶六萬一千四百十七○天寶間廣陵郡領縣七戶七萬七千一百五口四十六萬七千八百五十○貞元間戶七萬三千三百八十一口四十六萬九千五百九十四○元和間揚州戶八萬七千六百四十七宋太平興國間揚州領縣三為江都廣陵六合主戶一萬四千九百一十四客戶一萬四千七百四十一○元豐間揚州領縣三為天長江都高郵主戶二萬九千七十七客戶二萬四千八百五十五○嘉定間淮南東路戶十二萬七千三百六十九口四十萬四千二百六十一○大觀間揚州領縣二為江都天長戶三萬一千二百二口六萬二千九百七十一○紹熙間揚州領縣二為江都泰興戶三萬五千九百五十一口一十四萬

四百四十在城戶四千四百二十六口一萬九千一百三十八○嘉泰間戶三萬六千一百六十口二十萬一千八百四十九在城戶三千六百三十七口二萬一百一十七○寶祐四年戶四萬三千八百九十二口一十三萬五千七十二在城戶七千九百七十五口三萬五千九百六十七(元)戶口無考(明)洪武九年揚州府領州縣十一戶一十一萬四千七百八十二口五十七萬四千四百二十九○成化八年戶十一萬四千七十七口六十三萬五千六百十一○成化十三年戶九萬四千三百六十二口二十六萬五千五十九○正德七年戶十二萬四千九百五十六口七十四萬一千二百七十四○嘉靖四年戶一十一萬二千九百十四口七十四萬九千四百六十一○嘉靖二十一年戶一十二萬四千二百五十口六十七萬一千一十九

徐州幷屬

原額人丁壹拾柒萬玖千肆百玖拾伍丁半除逃

亡人丁玖萬貳千捌百陸拾柒丁半於順治拾
壹拾貳拾肆年審增人丁貳萬壹千伍百陸拾
丁
順治拾肆年實在人丁壹拾萬捌千壹百捌拾捌
丁於順治拾伍年審增人丁陸千肆百捌拾柒
丁又康熙元年審增人丁捌千壹百叄拾陸丁
康熙元年實在人丁壹拾貳萬貳千捌百壹拾壹
丁於康熙叄年審增人丁貳千壹百貳拾丁
康熙陸年實在人丁壹拾貳萬肆千玖百叄拾壹
丁

康熙拾壹年審增實在人丁壹拾叁萬伍千柒百捌拾叁丁於康熙拾伍年審增人丁肆千玖百陸拾陸丁

康熙拾陸年實在人丁壹拾肆萬柒百肆拾玖丁

康熙貳拾貳年審增實在人丁壹拾肆萬貳千玖拾叁丁除原優免本身人丁肆千肆百玖拾伍丁又續審出優免本身丁叁千壹百捌拾伍丁實在當差人丁壹拾叁萬肆千肆百壹拾叁丁

徐州人丁四萬七千四十八丁內每丁上上則科銀一兩一錢七分上中則科銀一兩四分上下則科銀九錢一分中上則科銀七錢八分中中則科銀六錢五分中下則科銀五錢二

分下上則科銀三錢九分下中則科銀二錢六分下下則科銀一錢三分

豐縣人丁二萬四千七百七十九丁內每丁上上則科銀九錢上中則科銀八錢上下則科銀七錢中上則科銀六錢中中則科銀五錢中下則科銀四錢下上則科銀三錢下中則科銀二錢下下則科銀一錢

沛縣人丁三萬一千三百八十四丁內上上則上中則上下則中上則中中則中下則下上則下中則下下則各丁俱照豐縣科則徵銀

蕭縣人丁九千九百五十四丁內上上則上中則上下則中上則中中則中下則下上則下中則下下則各丁俱照徐州科則徵銀

碭山縣人丁二萬一千二百四十八丁內上上則上中則上下則中上則中中則中下則下上則下中則下下則各丁俱照豐縣科則徵銀

歷代戶口州志不載明萬曆元年知州劉順之遵巡撫王宗沐行一條鞭法合田地戶口爲一通融編徵仍五年一易云

安徽布政使司轄安慶徽州寧國池州太平廬州鳳陽柒府滁和廣德叁州

原額人丁壹百肆拾捌萬陸千捌百伍拾貳丁內

除編審開除故絕逃亡人丁外

順治拾肆年審增實在人丁壹百壹拾肆萬玖千柒百貳拾壹丁柒分陸釐又於順治拾陸年鳳陽府屬歸併穎川穎上貳衛所原額人丁壹千叁百陸拾貳丁

康熙元年審增實在人丁壹百壹拾捌萬捌千玖百壹拾丁伍分壹釐

康熙陸年審增實在人丁壹百貳拾貳萬伍百叁

拾伍丁貳分陸釐
康熙拾壹年審增實在人丁壹百貳拾肆萬叄千
壹百伍拾壹丁壹釐
康熙拾陸年審增實在人丁壹百貳拾柒萬貳百
貳拾肆丁壹釐
康熙貳拾貳年審增實在人丁壹百貳拾捌萬玖
千玖百伍拾柒丁叄分壹釐內除優免人丁貳
萬壹千肆百叄拾壹丁實在當差人丁壹百貳
拾陸萬捌千伍百貳拾陸丁叄分壹釐又徽州
府婺源縣有江西樂平德興貳縣寄莊人丁捌

拾柒丁又滁州全椒縣鹽鈔陸千陸百柒拾捌
口共該丁徭銀壹拾玖萬捌千柒百玖拾貳兩
壹錢捌分柒釐捌毫貳絲肆忽貳微肆纖伍沙
叁埃肆渺肆漠鹽鈔該銀肆拾玖兩捌錢捌分
伍釐伍絲叁忽貳微壹纖柒沙貳塵
額外歸併省外衛原額黄快竈併上中下三則官
舍閒丁共玖萬貳千玖百貳拾陸丁又新增人
丁壹百玖拾肆丁內除篤運屯丁領佃納糧不
納丁銀併故絕逃亡各丁共伍萬叁千玖百柒
拾捌丁伍分

康熙貳拾貳年實在屯丁叁萬玖千壹百肆拾壹
丁伍分共該銀壹萬貳千肆百柒拾叁兩叁錢
玖分貳釐伍毫
以上實在當差人丁寄莊人丁及歸併省外衛
屯丁共壹百叁拾萬柒千柒百伍拾肆丁捌分
壹釐鹽鈔陸千陸百柒拾捌口

安慶府

原額人丁肆萬玖千陸百壹拾柒丁伍分內除編
審開除故絕逃亡外見在人丁貳萬柒千陸拾
丁柒分陸釐

順治拾肆年審增併清出隱漏共實在人丁叁萬
叁千叁百柒拾肆丁貳分陸釐
康熙元年審增實在人丁肆萬壹百陸拾叁丁壹
釐
康熙陸年審增實在人丁肆萬壹千肆百肆丁柒
分陸釐
康熙拾壹年審增實在人丁肆萬貳千壹百叁拾
伍丁伍分壹釐
康熙拾陸年審增實在人丁肆萬貳千捌百捌拾
肆丁伍分壹釐

康熙貳拾貳年審增實在人丁肆萬叁千伍百肆拾陸丁叁分壹釐內除優免人丁貳千壹百叁拾叁丁實在當差人丁肆萬壹千肆百壹拾叁丁叁分壹釐

懷寧縣人丁一萬四千二百四十八丁每丁科銀一錢六分八釐三毫零　桐城縣人丁八千一百七十三丁每丁科銀三錢五分八釐七毫零　潛山縣人丁五千六十四丁每丁科銀三錢一分一毫零　太湖縣人丁五千五百六十二丁每丁科銀二錢九分五釐零　宿松縣人丁四千六百八十二丁三分一釐每丁科銀二錢二分六釐三毫零　望江縣人丁三千六百八十四丁每丁科銀二錢七分四釐一毫零

漢盧江郡統縣十二戶十二萬四千三百八十三口四十五萬七千三百二十三東漢盧江郡

統縣十四戶十萬一千三百九十二口四十二
萬四千六百八十三劉宋廬江郡統縣三戶一
千一百零九口一萬一千九百九十七隋同安
郡統縣五戶二萬一千七百六十六唐同安郡
統縣五戶三萬五千三百五十三口一十八萬
六千三百九十八宋安慶府統縣五戶一十二
萬八千三百五十口三十四萬一千八百六十
六元安慶路統縣六戶三萬五千口二十一萬
九千四百九十明安慶府統縣六洪武年間戶
五萬二千三十八口四十萬一千六百九十九
○永樂年間戶五萬七百二口四十二萬一百
四十五○宣德年間戶五萬五百六十一口四
十三萬二千八百六○正統年間戶四萬九千
三百六十二口四十三萬五千六百一十九○
景泰年間戶四萬七千九十口四十九萬七千
七百九十○天順年間戶四萬五千九百三十
六口五十三萬一千九百三十四○成化年間
戶四萬六千一百五十一口五十八萬三千二
百四十八○弘治年間戶四萬八千四百七十
九口六十二萬六千六百八十三○正德年間

戶四萬六千九百三十口六十萬一千五百二
十六〇嘉靖年間戶四萬六千五百一十四口
五十四萬九
千三百四十

徽州府

原額人丁貳拾萬伍千柒百捌拾陸丁

順治拾肆年審增實在人丁貳拾壹萬叁千叁百
肆拾陸丁

康熙元年審增實在人丁貳拾壹萬肆千捌百玖
拾肆丁

康熙陸年實在人丁貳拾壹萬肆千捌百玖拾肆
丁

康熙拾壹年審增實在人丁貳拾壹萬陸千壹百叁拾陸丁

康熙拾陸年實在人丁貳拾壹萬陸千壹百叁拾陸丁

康熙貳拾貳年審增實在人丁貳拾壹萬陸千肆百伍拾丁內除優免人丁叁千叁百柒拾肆丁實在當差人丁貳拾壹萬叁千柒拾陸丁又江西樂平德興二縣寄莊人丁捌拾柒丁

歙縣人丁七萬四千二百九十九丁每丁科銀一錢五釐四毫零　休寧縣人丁六萬五千一百九十三丁每丁科銀一錢一分八釐四毫零　婺源縣人丁三萬二千

二百三十八丁每丁科銀一錢四釐五毫零祁
寄莊人丁八十七丁每丁科銀一錢三釐
門縣人丁一萬八千八百四十二丁每
丁科銀一錢一分七釐七毫零黟縣人丁
一萬一千八百九十一丁每
丁科銀一錢二分二毫零績溪縣人丁一萬六百一十
三丁每丁科銀一錢二分九毫零
歷朝戶口府志不載明成化十八年戶口一十
二萬九千九百五十〇嘉靖四十一年戶口
十三萬二百二十八
皇清軍民匠雜役等戶共一十三萬九百八十七內
歙縣戶四萬七千八十一休寧縣戶四萬三千
五百一十四婺源縣戶一萬四千五百七十五
祁門縣戶七千一十黟縣戶四千三百三十一
績溪縣戶一萬四千四百七十六口查府縣志
止載男子成丁數其不成丁及婦女口數不載
故無
考

寧國府

原額人丁伍萬玖千伍百壹拾叁丁伍分

順治拾肆年審增實在人丁陸萬壹千伍百伍丁伍分

康熙元年審增實在人丁陸萬壹千陸百叁丁

康熙陸年實在人丁陸萬壹千陸百叁丁

康熙拾壹年審增實在人丁陸萬壹千陸百陸拾貳丁

康熙拾陸年審增實在人丁陸萬壹千陸百玖拾柒丁

康熙貳拾貳年審增實在人丁陸萬壹千柒百壹

拾丁內除優免人丁叁千捌百壹拾玖丁實在當差人丁伍萬柒千捌百玖拾壹丁

宣城縣人丁二萬七千五百四十七丁每丁科銀二錢一分五釐南陵縣人丁八千四百六十三丁每丁科銀二錢三分涇縣人丁八千六百二十九丁五分每丁科銀二錢三分寧國縣人丁六千六百七十一丁每丁科銀二錢三分旌德縣人丁四千一百九十六丁每丁科銀二錢四分太平縣人丁二千三百八十四丁五分每丁科銀二錢六分

［漢］丹陽郡統縣十七戶一十萬七千五百四十一口四十萬五千一百［東漢］丹陽郡統縣十六戶一十三萬六千五百一十八口六十三萬五百四十五［晉］宣城郡統縣十一戶一萬三千五百［唐］武德宣州統縣八戶二萬二千五百三十七口九萬五千七百五十三〇天寶縣九戶一

十二萬一千二百口八十八萬四千九百八十五〔宋〕宣州統縣六崇寧戶十四萬七千四十口四十七萬七百四十九〔元〕寧國路統縣六戶二十三萬二千五百三十八口一百一十六萬二千六百九十〔明〕寧國府統縣六嘉靖間戶五萬二千七十七口三十九萬二千五百七十六

池州府

原額人丁貳萬捌千玖百陸拾貳丁

順治拾肆年審增實在人丁貳萬玖千柒百玖拾貳丁

康熙元年審增實在人丁叁萬叁百捌拾丁

康熙陸年審增實在人丁叁萬伍百柒拾貳丁

康熙拾壹年審增實在人丁叁萬陸百壹丁

康熙拾陸年審增實在人丁叁萬壹千伍百肆拾叁丁

康熙貳拾貳年審增實在人丁叁萬壹千柒百肆拾伍丁內除優免人丁貳千叁拾貳丁實在當差人丁貳萬玖千柒百壹拾叁丁

貴池縣人丁一萬二千七百四十六丁每丁科銀三錢一釐五毫零　青陽縣人丁五千一百七十七丁每丁科銀二錢四分九毫零　銅陵縣人丁四千三百五十七丁每丁科銀二錢三分八釐八毫零　石埭縣人丁二千八百二十七丁每丁科銀三錢五分五釐九毫零　建德縣人丁二千六百四十一丁每丁科銀三錢四分二釐二毫零　東流縣人丁一千九百六十五丁每丁科銀三錢七分四釐一毫零

唐宣州領縣八戶二萬二千五百三十七口九萬五千七百五十三○天寶中領縣九戶一十二萬一千二百四口八十八萬四千九百八十五後改池州領縣四戶一萬九千口八萬七千九百六十七宋以下府志不載

太平府

原額人丁伍萬伍百玖拾玖丁

順治拾肆年審增實在人丁伍萬貳千叁百玖拾貳丁

康熙元年審增實在人丁伍萬肆千伍百貳丁

康熙陸年審增實在人丁伍萬陸千叁百肆拾伍丁

康熙拾壹年審增實在人丁伍萬陸千陸百伍拾壹丁

康熙拾陸年審增實在人丁伍萬柒千肆百捌拾壹丁

康熙貳拾貳年審增實在人丁伍萬捌千貳拾捌丁內除優免人丁壹千貳百陸丁實在當差人丁伍萬陸千捌百貳拾貳丁

額外歸併省衞原額黃快併下則官舍等丁共貳百壹拾壹丁伍分內除屯丁領佃納糧不納丁銀共丁肆丁

康熙貳拾貳年實在屯丁貳百柒丁伍分
以上實在人丁併歸併省衛屯丁共伍萬柒千
貳拾玖丁伍分
當塗縣人丁三萬三千八百一十四丁每丁科
銀二錢又歸併省衛黃快併下則官舍
等丁八十六丁黃丁每丁科銀三錢協濟銀五
分快丁每丁科銀三錢協濟銀五分下則官舍
開丁每丁科銀二錢蕪湖縣人丁一萬七千一百五十二
丁每丁科銀二錢又歸併省
衛黃快丁一百二十一丁五分
各丁俱照當塗縣科則徵銀繁昌縣人丁五千八百
五十六丁每
丁科銀二錢
漢唐俱無考宋祥符天聖間戶五萬四千六百
七十六口八萬六千十六〇崇寧間戶五萬三千
二百六十一口八萬一百三十七〇淳熙間戶
三萬五千五十六口五萬八千六百三十九元

戶三萬二千三百四十五口二十一萬五千八百二十明洪武二十四年戶三萬七千五百八十九口二十三萬二千九百九十八〇永樂十年戶三萬四千五百二十六口二十萬七千七百二十六〇嘉靖元年戶二萬九千九百三十五口一十七萬五千二百零五

盧州府

原額人丁叁拾陸萬捌千貳百貳拾柒丁內除編審開除故絕逃亡人丁外見在人丁貳拾叁萬叁千玖百捌拾伍丁

順治拾肆年審增實在人丁貳拾肆萬貳千伍拾壹丁

康熙元年審增併節年招徠實在人丁貳拾伍萬

壹千捌百陸丁
康熙陸年審增併節年招徠實在人丁貳拾陸萬
肆千壹拾柒丁
康熙拾壹年審增實在人丁貳拾柒萬叁百柒丁
康熙拾陸年審增實在人丁貳拾捌萬壹千肆百
肆拾丁
康熙貳拾貳年審增實在人丁貳拾捌萬玖千捌
百捌拾壹丁內除優免人丁壹千柒百叁拾丁
實在當差人丁貳拾捌萬捌千壹百伍拾壹丁
額外歸併省外衛原額黃快竈併上中下三則各

丁共壹萬貳千貳百貳拾玖丁伍分新增人丁叁丁內除駕運屯丁併領佃納糧不納丁銀及故絕逃亡各丁共丁柒千柒百玖拾玖丁

康熙貳拾貳年實在屯丁肆千肆百叁拾叁丁伍分

以上實在當差人丁及歸併省外衛屯丁共貳拾玖萬貳千伍百捌拾肆丁伍分

無爲州人丁四萬九千八百四十二丁每丁科銀一錢又歸併省衛屯丁共二千九百八十六丁黄丁每丁科銀三錢協濟銀五分快丁每丁科銀三錢協濟銀五分竈丁每丁科銀三錢上則官舍開丁每丁科銀五錢中則官舍開丁每丁科銀三錢下則官舍開丁每丁科銀

二錢六安州人丁三萬二百四十五丁每丁科銀一錢二分又歸併外衛屯丁六百八十七丁上中下三則丁俱照無爲州歸衞科徵合肥縣人丁一十四萬四千七百五十四丁每丁科銀五分又歸併省外衞快丁上中下各則丁共一百五十七丁快丁併上中下三則丁俱照無爲州歸衞科徵舒城縣人丁一萬二千六百八十九丁每丁科銀一錢廬江縣人丁一萬三千九百七十丁每丁科銀五分巢縣人丁二萬八千二百四十二丁每丁科銀八分又歸併省衞黃快竄併下則等丁共六百三丁五分黃快竄併下則閒丁俱照無爲州歸衞科徵英山縣人丁一千五百丁每丁科銀二錢一分二釐霍山縣人丁六千九百九丁每丁科銀一錢二分

歷朝無考明萬曆年間戶三萬九千七百口三十八萬二千八百四十八〇崇禎年間戶四萬二千八百八十口四十一萬四千三百四十

鳳陽府

原額人丁伍拾貳萬貳千叁百壹拾捌丁伍分內除編審開除故絕逃亡人丁外見在人丁叁拾萬壹千壹百柒拾玖丁

順治拾肆年審增實在人丁叁拾壹萬柒千玖拾陸丁又於順治拾陸年歸併潁川潁上二衞所原額人丁壹千叁百陸拾貳丁

康熙元年審增實在人丁叁拾叁萬貳千玖百陸拾壹丁伍分

康熙陸年審增實在人丁叁拾肆萬伍千叁百叁

拾陸丁伍分
康熙拾壹年審增實在人丁叁拾伍萬陸千柒百
貳拾貳丁伍分
康熙拾陸年審增併節年招徠清出隱漏實在人
丁叁拾陸萬玖千貳百貳拾玖丁伍分
康熙貳拾貳年審增實在人丁叁拾柒萬肆千伍
百陸拾玖丁內除優免人丁肆千捌百伍拾玖
丁實在當差人丁叁拾陸萬玖千柒百壹拾丁
額外歸併省外衛原額黃快竃併上中下三則閏
丁共叁萬伍千叁拾丁伍分新增人丁壹百玖

拾壹丁內除駕運屯丁領佃不納丁銀併故絕逃亡各丁共貳萬叁千玖百貳丁伍分

康熙貳拾貳年實在屯丁壹萬壹千叁百壹拾玖丁

以上實在當差人丁併歸併省外衛屯丁共叁拾捌萬壹千貳拾玖丁

鳳陽縣人丁九千九百九十三丁每丁科銀三錢七分三釐三毫零又歸併外衛屯丁二百六十九丁上則每丁科銀五錢中則每丁科銀三錢下則每丁科銀二錢

臨淮縣人丁一萬三千三百丁每丁科銀二錢八分三釐零又歸併外衛屯丁五十六丁上中下三則人丁俱照鳳陽縣歸衛科徵

懷遠縣人丁一萬三千六百七十一丁每丁科銀四錢

四分二釐九毫零又歸併外衛屯丁四百二十三丁上中下三則人丁俱照鳳陽縣歸衛科徵定遠縣人丁三萬五千七百六十九丁每丁科銀一錢二分又歸併省外衛屯丁四千二百九十五丁人丁每丁科銀二錢六分上中下三則人丁俱照鳳陽縣歸衛科徵五河縣人丁二千四百丁五分每丁科銀五錢一分九釐八毫零又歸併洪塘所屯丁六十六丁上中下三則人丁俱照鳳陽縣歸衛科徵虹縣人丁三千八百一丁每丁科銀四錢六分二釐五毫零壽州人丁三萬六千二百八十二丁五分每丁科銀二錢又歸併外衛屯丁九百四十三丁上中下三則人丁俱照鳳陽縣歸衛科徵蒙城縣人丁二萬九千五百六十二丁每丁科銀一錢一分又歸併外衛屯丁九丁中下二則人丁俱照鳳陽縣歸衛科徵霍丘縣人丁該二萬一千四百九十九丁每丁科銀五分又歸併外衛屯丁九十六丁上中下三則人丁俱照鳳陽縣歸衛科徵泗州人丁三萬九十丁每丁科銀三錢一

分一釐一毫零又歸併省衛屯丁二十丁五分黃丁每丁科銀三錢協濟銀五分快丁每丁科銀三錢協濟銀五分

盱眙縣

人丁一萬八千二百八十九丁每丁科銀一錢五分又歸併省衛屯丁二百八十四丁黃快丁俱照泗州歸衛科徵

天長縣

人丁一萬一千九百五十九丁每丁科銀二錢一分四釐六毫零又歸併省衛屯丁四千七百一十丁五分黃快丁俱照泗州歸衛科徵寬丁每丁科銀三錢協濟銀五分寬丁每丁科銀三錢無協濟上中下三則人丁俱照鳳陽縣歸衛科徵

宿州

人丁二萬六千五百丁每丁科銀二錢七釐二毫零

靈璧縣

人丁二萬四千一百七十一丁每丁科銀三錢三分三釐一毫零

潁州

人丁四萬一千一百六十五丁上則人丁每丁科銀六錢中則人丁每丁科銀三錢下則人丁每丁科銀一錢又歸併潁川衛屯丁二千九百九十八丁上丁每丁科銀二錢一分中丁每丁科銀一錢八分中則中丁每丁科銀一錢五分中則下丁每丁科銀一錢二分下則上丁每丁

科銀九分下則中丁每丁科銀六分下則下丁每丁科銀三分**潁上縣**人丁三千七百四十四丁每丁科銀二錢八分一釐三毫零又歸併潁上所屯丁一千二百五十三丁中中丁每丁科銀五錢四分中下丁每丁科銀四錢四分下上丁每丁科銀三錢四分下中丁每丁科銀二錢四分下下丁每丁科銀一錢四分**太和縣**人丁一萬七千一百一十六丁每丁科銀九分五釐零**亳州**人丁二萬六千一百四十七丁每丁科銀一錢四分四釐四毫零又歸併外衛屯丁一百四十七丁上中下三則人丁俱照鳳陽縣歸衛科徵

歷代戶口府新志不載明戶六萬三千四十戶口四十六萬四千二百三十八口

滁州併屬

原額人丁肆萬柒千柒百壹拾貳丁內除編審開除故絕逃亡人丁外見在人丁肆萬壹千玖百

柒拾叁丁伍分

順治拾肆年實在人丁肆萬壹千玖百柒拾叁丁伍分

康熙元年審增實在人丁肆萬貳千肆丁伍分

康熙陸年實在人丁肆萬貳千肆丁伍分

康熙拾壹年審增實在人丁肆萬貳千貳拾肆丁伍分

康熙拾陸年實在人丁肆萬貳千貳拾肆丁伍分

康熙貳拾貳年實在人丁肆萬貳千貳拾肆丁伍分內除優免人丁玖百伍拾柒丁實在當差人

丁肆萬壹千陸拾柒丁伍分

鹽鈔陸千陸百柒拾捌口

額外歸併省衛原額黄快竈併上中下三則等丁

共貳萬玖千叁百捌拾貳丁内除屯丁領佃納

糧不納丁銀併　題豁逃亡各丁共壹萬叁千

貳百伍拾伍丁

康熙貳拾貳年實在屯丁壹萬陸千壹百貳拾柒

丁

以上實在當差人丁併歸併省衛屯丁共伍萬

柒千壹百玖拾肆丁伍分

滁州人丁一萬一千八百九十一丁伍分每丁科銀四錢九分二釐零又歸併省衛屯丁七千七百二十七丁黃丁每丁科銀三錢協濟銀五分快丁每丁科銀三錢協濟銀五分窩鼠丁每丁科銀三錢協濟銀五分窩鼠丁每丁科銀三錢無協濟上則官舍閒丁每丁科銀五錢中則官舍閒丁每丁科銀三錢下則官舍閒丁每丁科銀二錢人丁每丁科銀二錢六分**全椒縣**人丁一萬九千九百一十八丁每丁科銀二錢七分鹽鈔六千六百七十八口每口科鈔七釐四毫零又歸併省衛屯丁四千三百九十八丁快丁窩鼠丁併上中下三則閒丁俱照滁州歸衛科徵聽繼丁每丁**來安縣**人丁九千二百科銀三錢協濟銀五分五十八丁每丁科銀二錢九分四釐一毫零又歸併省衛屯丁四千二丁黃快丁窩鼠丁無協濟併上中下三則閒丁人丁俱照滁州歸衛科徵又窩鼠丁每丁科銀三錢一分五釐

滁州【漢】無考【唐】領清流全椒二縣戶四千六百八十九口二萬一千五百三十五〇天寶間領

全椒清流永陽三縣戶二萬六千四百八十六口十五萬二千三百七十四〔宋〕嘉泰間領縣三主客戶二萬九千八百八十九口二十三萬六千一百五十七〔元〕皇慶間領縣三戶二萬九千九百八十六口無考〔明〕洪武初民戶四千一百四十三口二萬二千一百七十七客戶二百四十九口二千四百四十六○嘉靖間戶二千二百五十二口一萬八千三百一十四時因析置來安全椒故其數減於前○萬曆三十一年全書止開丁一萬六千四百七十七每丁徵銀三錢一分戶口弗詳崇禎丙子流寇作亂殺傷有司不敢報減雖絕丁於見丁名下每丁徵至五錢二分零全椒〔明〕洪武十四年戶一千四百六十六口一萬二百六十一○永樂元年戶一千四百三十六口一萬七百八十九○弘治元年戶一千七百八十七口一萬五千五十六○嘉靖十一年戶二千一百八十七口一萬九千一百九十七○萬曆六年戶二千零八口六千七百七十六○來安〔宋〕元豐年主戶二萬九千九百三十二客戶一萬三百六十二口缺○

元符年主戶二萬六千六百二十口五萬二千二百七十三客戶一萬三千五十七口二萬六百二十九○嘉泰年主戶一萬一千六百二十口一十萬七千五百七十九客戶一萬八千二百六十九口一十二萬八千五百七十八以上輿清流全椒共數〔元〕皇慶戶二千六十一口缺○〔明〕洪武二十九年戶九百七十口六千九十三○永樂元年官戶八民戶三百五十一軍戶五百五十七力士戶一十二打捕戶一站戶七僧戶三共口六千七百八十八○弘治元年官戶三十五軍戶八百三民戶四百六十一雜役戶一十九共口一萬一千九百二○嘉靖三十一年官戶五十四軍戶八百八十六民戶五百九十五醫戶一馬站戶三皮匠戶一木匠戶一力士戶一十二僧戶二共口一萬八千四百五十五○萬曆四十一年官戶五十一軍戶九百六十五民戶五百四十九醫戶二馬站戶三皮匠戶一木匠戶三力士戶一十二僧戶二共口一萬三千五百二十七○崇禎四年軍戶九百十十民戶五百三十官戶三十五醫獸戶二馬站

戶二皮匠戶一木匠戶三僧戶二共戶一千五
百四十五口一萬六十八
皇清順治年軍戶九百八十民戶六百二十醫戶二
馬站戶三皮匠戶一木匠戶三僧戶一共戶一
千六百一十口一萬三千六百一十六○康熙
年間軍戶一千一百一十二民戶六百二十八
醫獸戶二馬站戶三皮匠戶一木匠戶三投誠
安置戶四共戶一千七百五十三口一萬三千
一百
零八

和州并屬

原額人丁捌萬伍千伍百壹拾捌丁

順治拾肆年審增實在人丁捌萬捌千叁百玖拾
捌丁

康熙元年審增實在人丁玖萬捌百叁丁

康熙陸年審增實在人丁玖萬肆千伍百陸拾伍
丁
康熙拾壹年審增實在人丁玖萬柒千壹百叁拾
捌丁
康熙拾陸年審增實在人丁玖萬柒千玖百玖拾
伍丁
康熙貳拾貳年審增實在人丁壹拾萬貳千貳百
壹拾丁內除優免人丁伍百柒拾伍丁實在當
差人丁壹拾萬壹千陸百叁拾伍丁
額外歸併省衞原額黄快竈弁上中下叁則各丁

壹萬陸千柒拾貳丁伍分內除屯丁領佃納糧
不納丁銀共丁玖千壹拾捌丁
康熙貳拾貳年實在屯丁柒千伍拾肆丁伍分
以上實在當差人丁併歸併省衛屯丁共壹拾
萬捌千陸百捌拾玖丁伍分

和州人丁七萬九千九百九十二丁每丁科銀
一錢又歸併省衛屯丁五千四百六十八
丁伍分黃丁每丁科銀三錢協濟銀五分快丁
每丁科銀三錢協濟銀五分竄丁每丁科銀三
錢協濟銀五分竄丁每丁科銀三錢無協濟竄
丁每丁科銀二錢上則官舍閒丁每丁科銀五
錢中則官舍閒丁每丁科銀三錢　含山縣人丁
下則官舍閒丁每丁科銀二錢　二萬
一千六百四十三丁每丁科銀一錢三分五釐
又歸併省衛屯丁一千五百八十六丁黃快丁

有協濟竄丁無協濟併中下二則門丁俱照和州歸衛科徵

和州漢晉無考劉宋歷陽郡戶三千一百五十六口一萬九千四百七十唐和州戶三萬四千七百九十四口一十二萬二千一十三宋和州戶三萬四千一百零四口六萬六千三百七十一明洪武二十四年戶六千七百六十九口四萬六千一百五十一○永樂十年戶五千八百七十五口五萬一千二百七十六○嘉靖四十一年戶五千四百七十四口七萬六千七百七十八○隆慶六年戶五千七百四十五口七萬七千六百五十二○萬曆二十一年戶缺口四萬八千一百九十一○崇禎十年戶缺口六萬五千五百三十四○含山明洪武二十四年戶二千三百三十一口一萬七千

廣德州併屬

原額人丁陸萬捌千伍百玖拾捌丁伍分

順治拾肆年審增實在人丁陸萬玖千柒百玖拾叁丁伍分

康熙元年實在人丁陸萬玖千柒百玖拾叁丁伍分

康熙陸年實在人丁陸萬玖千柒百玖拾叁丁伍分

康熙拾壹年實在人丁陸萬玖千柒百玖拾叁丁伍分

康熙拾陸年實在人丁陸萬玖千柒百玖拾叁丁伍分

康熙貳拾貳年實在人丁陸萬玖千柒百玖拾叁丁伍分內除優免人丁柒百肆拾陸丁實在當差人丁陸萬玖千肆拾柒丁伍分

廣德州人丁四萬三千四百一十九丁每丁科銀一錢一分三釐七毫零

建平縣人丁二萬五千六百二十八丁五分每丁科銀一錢四分九釐一毫零

廣德(宋)戶三萬三千二百有二主戶三萬三千零七客戶一百七十五口四萬六千三十有九內主四萬五千七百四十客二百九十有九(元)戶三萬三千二百一十九內南三萬三千一百一十三北一百零六口一十五萬二千六百六十二內南一十五萬二千三百九十二北二百七十(明)洪武二十四年戶二萬九千九百零五口一十六萬七千八百八十四〇弘治十五年戶二萬八千九百五十五口一十四萬二百五十八〇嘉靖元年戶二萬九千二百九十五口

一十一萬八千六百八十七○建平(宋)戶八千八百七十二口一萬五千一百六十九(元)戶二萬三千五百七十口一十二萬一千六百六十六(明)洪武二十四年戶一萬五千一百九十八口八萬一千九百六十八○永樂十一年戶一萬六千九百六十五口八萬八千四十三○萬曆二十一年戶共一萬一千四百內軍戶三百三十五民戶一萬九百三十九僧戶二十五陰陽戶二十一道戶五匠戶六十八醫戶二捕戶五口共六萬八千二百八十四

江南都使司

原額屯丁伍萬捌千貳百叁拾陸丁半內除遠年逃亡故絕審鈌屯丁壹萬柒千叁百肆拾玖丁奉文清出空閒官舍并領佃及各年審增屯丁捌千陸百貳拾叁丁

康熙貳拾貳年實在屯丁肆萬玖千伍百壹拾丁半內除領佃領運等項屯丁叁萬玖千叁百捌拾捌丁半例不徵丁銀外實該屯丁壹萬壹百貳拾貳丁共該銀貳千柒百叁拾柒兩玖錢陸分

又原六安鳳陽左前後懷遠壽州武平洪塘高郵鹽興泰通松江各衛所原額屯丁貳萬壹千肆百玖拾柒丁半內除逃亡人丁伍千叁百陸丁

又邳州衛三則閑丁叁百貳拾柒丁歸併邳州

徵輸外

康熙貳拾貳年實在併衛屯丁壹萬伍千捌百陸拾肆丁半俱係領運領佃屯田納糧原無丁銀

蘇州衛

原額屯丁壹千叁百貳拾陸戶內㨾田壹拾壹戶

康熙貳拾貳年實在屯丁壹千叁百貳拾陸戶領

運納糧不納丁銀

太倉衛

原額屯丁壹千壹百伍拾叁戸內領運屯丁壹百壹拾捌名

康熙貳拾貳年實在屯丁壹千壹百伍拾叁名領運納糧不納丁銀

鎮海衛

原額屯丁玖百叁拾肆名

康熙貳拾貳年實在屯丁玖百叁拾肆名領運納糧不納丁銀

金山衛

原額屯丁玖百貳拾柒丁

康熙貳拾貳年實在屯丁玖百貳拾柒丁領運納糧不納丁銀

額外歸併松江所軍丁柒百玖拾壹丁

康熙貳拾貳年實在軍丁柒百玖拾壹丁領運納糧不納丁銀

鎮江衛

原額屯丁叁千玖百陸拾壹丁半

康熙貳拾貳年實在屯丁叁千玖百陸拾壹丁半

領運納糧不納丁銀

淮安衛

原額軍丁陸千柒百貳拾名內除逃亡故絕軍丁伍千柒拾肆名清出空閑官舍叁百柒拾肆名

康熙貳拾貳年實在軍丁貳千貳拾丁內除運糧軍丁壹千伍百捌拾捌丁門軍伍拾捌丁例不徵丁銀外實該清出軍丁叁百柒拾肆丁（內每丁中則科銀三錢下則科銀二錢）

額外歸併邳州衛原額屯丁陸千柒百捌拾叁戶內除逃亡故絕軍丁伍千叁百陸戶又三則納

銀軍丁叁百貳拾柒戶奉文歸併邳州徵輸外
康熙貳拾貳年實在軍丁壹千壹百伍拾丁內領
運軍丁壹千壹百貳拾丁門軍叁拾丁俱不徵
丁銀

大河衛

原額軍丁捌千玖百柒拾戶內除逃亡故絕軍丁
肆千捌百柒戶又於順治拾肆年編審除故絕
軍丁肆拾貳丁
康熙貳拾貳年實在軍丁肆千壹百貳拾壹丁內
除領運軍丁叁千貳百陸拾叁丁門軍肆拾丁

例不徵丁銀外實該軍丁捌百壹拾捌丁內每丁中則科銀三錢下則科銀二錢

揚州衛

原額軍丁叁千貳百玖拾玖名於各年清出審增官舍閑丁壹百伍拾名

康熙貳拾貳年實在軍丁叁千肆百肆拾玖丁內除領運幷領種屯田軍丁叁千貳百玖拾玖丁例不徵丁銀外實該官舍閑丁壹百伍拾丁內每丁中則科銀三錢下則科銀二錢

額外歸併高郵鹽城興化泰州通州五衛所原額

軍丁伍千壹百陸拾伍名

康熙貳拾貳年實在軍丁伍千壹百陸拾伍丁俱係領種屯丁領運漕船並無編派丁銀

儀真衛

原額軍丁叁千叁百伍拾柒名奉文清出空閑軍丁伍百壹拾捌名

康熙貳拾貳年實在軍丁叁千捌百柒拾伍丁内除領種屯田領運漕船軍丁叁千叁百伍拾柒丁例不徵丁銀外實該空閑軍丁伍百壹拾捌丁内每丁上則科銀五錢中則科銀三錢下則科銀二錢

安慶衛

原額屯丁壹千玖百壹拾壹丁內除逃亡屯丁叁拾捌丁於各年清出審增三則閑丁叁百伍拾壹丁

康熙貳拾貳年實在屯丁貳千貳百貳拾肆丁內除領運屯丁壹千捌百柒拾叁丁係不徵丁銀外實該三則閑丁叁百伍拾壹丁內每丁上則科銀五錢中則科銀三錢下則科銀二錢

新安衛

原額屯丁肆千伍百柒丁於康熙貳拾壹年審增

中則人丁壹百捌拾伍丁
康熙貳拾貳年實在屯丁肆千陸百玖拾貳丁內
除領佃屯丁肆千伍百柒丁例不徵丁銀外實
該中則人丁壹百捌拾伍丁每丁科銀三錢

宣州衛

原額屯丁叁百丁按撥屯丁壹百叁拾貳丁於康
熙拾陸年審增中則人丁壹百壹拾柒丁
康熙貳拾貳年實在屯丁伍百肆拾玖丁內除領
佃屯丁肆百叁拾貳丁例不徵丁銀外實該中
則人丁壹百壹拾柒丁每丁科銀三錢

建陽衛

原額屯丁貳千伍百壹丁於康熙拾陸年貳拾壹

年審增人丁陸丁

康熙貳拾貳年實在屯丁貳千伍百柒丁內除運

糧屯丁壹千貳百捌拾丁例不徵丁銀外實該

屯丁壹千貳百貳拾柒丁每丁科銀二錢八分

廬州衛

原額屯丁貳千捌百肆拾玖丁內除逃絕屯丁壹

千捌拾壹丁於各年清出審增三則開丁貳百

柒拾捌丁

康熙貳拾貳年實在屯丁貳千肆拾陸丁內除領
運屯丁壹千柒百陸拾捌丁例不徵丁銀外實
該三則閒丁貳百柒拾捌丁內毋丁上則科銀五錢中則科銀三錢下則科銀二錢
額外歸併六安衞屯丁陸百陸拾柒丁
康熙貳拾貳年實在屯丁陸百陸拾柒丁俱係駕
運原無編派丁銀
鳳陽衞
原額屯丁壹千壹百壹拾柒丁內除遠年逃亡故
絕屯丁伍百陸拾柒丁於各年清出寄增三則

閑丁貳百柒拾伍丁

康熙貳拾貳年實在屯丁捌百貳拾伍丁內除領運屯丁伍百伍拾丁例不徵丁銀外實該三則閑丁貳百柒拾伍丁內每丁上則科銀五錢中則科銀三錢下則科銀二錢

額外歸併鳳陽左懷遠衛共屯丁叄千壹百貳拾丁

康熙貳拾貳年實在屯丁叄千壹百貳拾丁俱係輪流駕運並無編派丁銀

鳳陽右衛

原額屯丁捌百叁拾玖丁內除遠年逃亡故絕屯丁壹百柒拾叁丁於各年清出畱增三則閑丁肆百玖拾叁丁

康熙貳拾貳年實在屯丁壹千壹百伍拾玖丁內除領運屯丁陸百陸拾陸丁捌不徵丁銀外實該三則閑丁肆百玖拾叁丁內每丁上則科銀五錢中則科銀三錢下則科銀二錢

額外歸併鳳陽前衛洪塘所共屯丁捌百肆拾壹丁

康熙貳拾貳年實在屯丁捌百肆拾壹丁俱係輪

流駕運並無編派丁銀

鳳陽中衛

原額屯丁壹千叁百壹拾柒丁內除逃亡故絕屯丁陸百捌拾貳丁於各年清出審增三則閑丁貳百伍拾壹丁

康熙貳拾貳年實在屯丁捌百捌拾陸丁內除領運屯丁陸百叁拾伍丁例不徵丁銀外實該三則閑丁貳百伍拾壹丁內每丁上則科銀五錢中則科銀三錢下則科銀二錢

額外歸併鳳陽後衛屯丁肆百叁拾肆丁

康熙貳拾貳年實在屯丁肆百叁拾肆丁領佃駕運原無編泒丁銀

長淮衛

原額屯丁柒百叁拾柒丁內除逃亡故絕屯丁肆百玖拾柒丁於各年清出審增三則閑丁叁百陸拾壹丁

康熙貳拾貳年實在屯丁陸百壹丁內除領運屯丁貳百肆拾丁例不徵丁銀外實該三則閑丁叁百陸拾壹丁內每丁上則科銀五錢中則科銀三錢下則科銀二錢

額外歸併壽州衛屯丁貳千陸百貳拾陸丁半

康熙貳拾貳年實在屯丁貳千陸百貳拾陸丁半
輪流駕運原無編泒丁銀

宿州衛

原額屯丁貳千柒百捌拾伍丁內除逃亡故絶屯丁壹千柒百捌拾叁丁於各年清出審增三則并領佃人丁壹千叁百柒拾叁丁

康熙貳拾貳年實在屯丁貳千叁百柒拾伍丁內除領佃屯丁壹千伍百肆拾貳丁例不徵丁銀外實該三則閑丁捌百叁拾叁丁內每丁上則科銀五錢中則科銀三錢下則科銀二錢

額外歸併武平衛屯丁壹千柒拾丁

康熙貳拾貳年實在屯丁壹千柒（分）丁輪流駕運

原無編派丁銀

泗州衛

原額屯丁肆千壹百捌拾貳丁於各年清出審增

三則閑丁貳千肆百伍拾柒丁

康熙貳拾貳年實在屯丁陸千陸百叁拾玖丁內

除領運屯丁肆千壹百捌拾貳丁例不徵丁銀

外實該三則閑丁貳千肆百伍拾柒丁內併丁上則科銀五錢中則科銀三錢下則科銀一錢

徐州衛

原額屯丁叁千捌百肆拾玖丁內除故絕逃亡屯丁貳千貳百叁拾丁於康熙貳拾壹年審增三則人丁貳百陸拾陸丁

康熙貳拾貳年實在屯丁壹千捌百捌拾伍丁內除領運屯丁壹千陸百壹拾玖丁例不徵丁銀外實該三則閑丁貳百陸拾陸丁內每丁上則科銀五錢中則科銀三錢下則科銀二錢

滁州衛

原額屯丁伍百陸拾叁丁內除故絕屯丁叁百柒

拾伍丁奉文清出三□□壹千□百陸拾捌

丁

康熙貳拾貳年實在屯丁壹千叁百伍拾陸丁內

除領運屯丁壹百捌拾捌丁例不徵丁銀外實

該三則閑丁壹千壹百陸拾捌丁內每丁上則科銀五錢中則科銀三錢下則科銀二錢

江南通志卷之第十六終

江南通志卷第十七

田賦

在昔則壤成賦揚州厥土居下下而厥賦錯出於下上之間先儒謂水淺土薄其賦反踰下中者則全資人力也迨後地狹人稠小民勤耕鑿謹輸將遂漸科上上之賦揆諸庶土交正詎應爾耶漢初田租十五稅一東漢行十一之稅晉唐與五季增減不常至宋更定稅法江浙每畝不過壹斗公私便之元仍宋額末流幾四倍矣明賦失均中吳偏重然逋徵無實於生聚奚裨乎

皇清出民湯火首罷勝國無藝之征司會所登科條悉準萬曆民力用蘇語云原大則饒衡緩急而劑盈虛固賴乎斟酌元氣者矣志田賦

江南　江蘇布政司
　　　安徽布政司

原額田地山塘蕩漊塹塗埄墩灘塌雜產并馬田雲霧荒山共壹百壹拾伍萬柒千叁百叁拾叁頃肆拾伍畝柒釐玖絲伍忽貳微貳纖陸沙又草山叁千貳拾里柒毫屋基壹百陸拾貳間半桑絲壹千陸百陸拾叁兩陸錢內除減去水占并久不起科徵山河沉湖挑堤公占義塚及挖

廢等項田塘地灘溝柒千玖百玖拾柒頃玖拾畝壹分伍釐柒毫陸絲又坍海坍江荒蕪田地除開墾外實共壹拾捌萬柒千捌百壹拾肆頃伍拾貳畝柒分伍釐玖毫陸忽又除荒草山壹千貳百玖拾里陸分貳釐壹毫柒絲又松江府滁州折實去田山塘蕩漊壹千叁百柒拾伍頃伍拾陸畝捌分伍釐玖毫玖絲壹忽額外陞科幷城濠地折實共田地肆頃柒拾壹畝貳分捌釐伍毫捌絲

順治拾肆年實在田地等項玖拾陸萬壹百伍拾

項壹拾陸畝伍分捌釐壹絲捌忽貳微貳纖陸
沙草山壹千柒百貳拾玖里叁分捌釐伍毫叁
絲屋基壹百陸拾貳間半桑絲壹千陸百陸拾
叁兩陸錢於順治拾陸年鳳陽府屬歸併潁川
潁上二衛所原額屯田捌千貳百叁拾叁頃伍
拾柒畝伍分內除民衛續拋荒田地壹萬柒千
壹百肆拾伍頃貳拾壹畝捌分肆釐壹毫陸絲
貳忽又節年奉豁坍江坍海遷沙缺額版荒堤
占丈減棄廢積荒等項田地玖千柒百玖拾肆
項壹拾畝貳分叁釐玖毫玖絲貳忽壹纖捌沙

捌塵陸埃又和州屬折實去田地山塘壹千陸
百貳頃玖拾玖畝伍分陸釐貳毫肆絲玖忽伍
微捌纖肆沙肆塵伍埃壹渺捌漠於順治拾陸
年起至康熙拾柒年共陞科額内墾荒田地陸
萬伍千伍百肆拾玖頃玖拾貳畝貳分壹釐貳
毫陸絲捌忽壹微玖纖又清出草山捌百陸拾
叁里柒分貳釐壹毫又節年陞增丈增清出溢
額幷蘆洲歸入民田地山塘蕩塗灘塌溝埂共
壹萬肆百陸拾肆頃柒拾伍畝陸分陸毫伍絲
捌忽叁微貳纖捌沙

康熙拾柒年實在成熟并陞丈增清出等項田地共壹百壹萬伍千捌百伍拾陸頃壹拾畝貳分伍釐伍毫肆絲壹忽壹微肆纖陸塵捌埃捌渺貳漠草山貳千伍百玖拾叁里壹分陸毫叁絲屋基壹百陸拾貳間半桑絲壹千陸百陸拾叁兩陞錢內於康熙貳拾年奉豁坍荒挑廢并堤占水沉新荒田地貳千貳百玖拾陸頃陸拾貳畝肆分壹釐柒毫壹忽又廬州鳳陽二府屬折實去田地山塘貳萬陸千叁百壹拾壹頃壹拾捌畝捌分肆釐伍毫陸絲柒忽捌微肆纖壹沙

叁塵叁埃叁渺柒漠於康熙拾捌年至貳拾貳
年陞科額內墾荒復沙棄廢復業田地蘆岸泥
灘共貳千壹百貳拾頃玖拾柒畝柒分玖釐貳
毫壹絲貳忽貳微又節年額外丈增清出墾荒
新漲蘆洲歸漕等項田地壹千玖拾貳頃玖拾
貳畝貳分陸釐壹毫叁絲壹忽肆微肆纖壹塵
柒埃叁渺柒漠又鳳陽府清出溢額積荒田地
伍百陸拾捌頃柒拾柒畝肆分捌釐貳毫伍絲
康熙貳拾貳年實在成熟并額外丈增等項田地
共玖拾玖萬肆百陸拾貳頃壹拾玖畝肆釐陸

毫壹絲伍忽玖微叁纖玖沙伍塵貳埃捌渺貳
漠草山貳千伍百玖拾叁里壹分陸毫叁絲屋
基壹百陸拾貳間半桑絲壹千陸百陸拾叁兩
陸錢

共該折色起存連閏幷雲霧荒山租鈔銀伍百柒
萬柒千陸百捌拾兩玖錢叁釐肆毫貳絲叁忽
壹微陸纖玖沙玖塵伍埃伍渺貳漠伍逡柒巡
又不在丁田派徵魚課羨餘厰租抵解正項銀
貳千玖拾肆兩玖錢壹分捌釐陸毫捌絲本色
米貳百捌拾伍萬柒千壹百壹拾石壹斗肆升

玖合伍勺捌抄肆撮陸圭叁粒貳穎伍黍玖稷
玖糠柒粃伍粞麥柒萬伍千貳拾柒石陸斗玖
升柒合貳勺貳抄柒撮叁圭肆粟玖顆叁穎肆
黍陸稷捌糠豆貳萬捌千肆百壹拾玖石叁斗
陸合肆勺伍抄捌撮貳粟伍粒捌顆伍黍陸稷
外不在丁田徵解草蕩租匠班商稅漁課門攤義
米折役田租蘆灘絲綿蔴布民山茶引租錢鈔
城濠牧象草蕩鰣鮓門面江天河篷租更名丁
田并船梔商稅等鈔龍江裡外河泊所等項共
銀捌萬捌千叁百陸拾玖兩壹錢柒分陸釐捌

毫貳絲貳忽捌微伍沙壹塵貳埃伍渺壹漠壹逡壹巡安寧等屬遇閏加銀叁百捌拾叁兩壹錢陸分叁釐柒毫伍絲伍忽捌微貳纖貳沙陸塵壹埃伍渺捌漠又錢叁萬叁千陸百柒拾伍文伍分和州遇閏加錢柒百伍拾捌文壹分米壹千肆百伍拾陸石壹斗柒升玖合肆勺捌抄玖撮壹圭叁粒捌顆壹穎叁黍柒稷麥貳拾伍石陸斗肆升肆合壹勺肆抄捌撮伍圭貳粟貳粒陸顆陸穎肆黍貳稷

額外歸併省外衛所原額屯田地肆萬貳千柒拾

壹頃叁拾捌畝柒分陸毫叁絲柒微陸纖貳沙
柒塵肆埃伍渺肆漠貳溟玖菸內有積荒奉豁
圈田坍江除開墾外仍存積荒坍江圈田地共
伍千叁百肆拾叁頃壹拾肆畝壹分捌釐伍毫
柒絲捌忽伍微伍纖貳沙捌埃柒渺肆漠陸溟
又和州改併及節年丈增清出田地陸千叁百
玖拾頃貳拾捌畝叁分貳釐陸毫肆絲貳忽柒
微貳纖壹沙陸塵伍埃貳漠內除揚州府寶應
縣併高郵衛低淤水田折去田壹拾貳頃伍拾
貳畝捌分柒釐伍毫貳絲玖忽貳微玖纖叁沙

陸廛陸渺叁漠

康熙貳拾貳年實在成熟并丈增清出田地肆萬叁千壹百伍伍頃玖拾玖畝玖分柒釐壹毫陸絲伍忽陸微叁纖捌沙柒塵壹渺捌漠陸濵玖茲共該折色銀柒萬捌千捌拾伍兩捌錢肆分陸釐捌毫肆絲肆忽叁微肆纖捌沙貳塵玖埃肆渺肆漠壹逡捌巡折色豆貳千伍百玖拾陸石捌斗貳升玖合捌勺肆抄肆圭陸粟每石折銀柒錢共該豆折銀壹千捌百壹拾柒兩柒錢捌分捌毫捌絲捌忽叁微貳纖貳沙本色米壹拾肆

萬叄千叄百貳石叄斗柒升伍合壹勺伍抄叄
撮陸圭捌粟陸粒叄顆玖穎貳黍壹稷伍糠伍
粃麥肆千肆百陸拾陸石捌斗陸升捌合捌勺
陸抄捌撮伍圭貳粟伍粒壹顆陸穎叄稷伍糠
伍粃豆伍拾陸石貳斗玖升
外不在丁田徵解房地集租火藥楞木等銀貳千
陸百肆拾肆兩壹錢玖分柒釐捌毫貳絲捌忽
伍微肆纖叄沙伍塵制錢拾千文
江蘇布政使司轄江寧蘇州松江常州鎮江淮安揚州柒府徐州壹州
原額田地山塘蕩漊壍塗埲墩灘塌雜產共柒拾

壹萬玖千捌百叁拾陸頃陸拾柒畝貳分陸釐伍毫伍絲伍忽伍微玖纖屋基壹百陸拾貳間半內除明季減去水占并久不起科微山河沉湖挑堤公占義塚等地柒千陸百肆拾肆頃玖畝貳分肆釐柒毫陸絲又於順治捌年拾年拾叁拾肆年除坍海坍江無主荒地陸萬玖千伍百叁頃玖拾肆畝玖分玖釐又松江府屬折實去田山蕩漊壹千玖拾柒頃壹拾壹畝柒分壹毫柒絲於順治拾肆年壓出并城濠地折實田叁頃玖拾玖畝玖分肆釐玖毫捌絲

順治拾肆年實在田地等項陸拾肆萬壹千伍百玖拾伍頃伍拾壹畝貳分柒釐陸毫伍忽伍微玖纖屋基壹百陸拾貳間半内於順治拾陸年起至康熙拾叁年奉豁坍江坍海遷沙缺額版荒堤占丈減棄廢積荒等項田地玖千柒百玖拾肆頃壹拾畝貳分叁釐玖毫玖絲貳忽壹纖捌沙捌塵陸渺於順治拾陸年起至康熙拾柒年共陞科額内墾荒田地貳萬叁千叁百捌拾壹頃玖拾玖畝陸釐肆毫絲陸忽伍微肆纖捌沙又於順治拾陸年起至康熙拾柒年陞增

丈增清出幷蘆洲歸入民田地山塘蕩塗灘塌溝埂共壹萬壹百伍拾玖頃叁拾壹畝壹分叁釐壹毫捌絲陸忽玖微柒纖

康熙拾柒年實在成熟幷陞丈增清出及歸併海門鄉等項田地陸拾陸萬伍千叁百肆拾貳頃柒拾壹畝貳分叁釐貳毫肆絲柒忽捌纖玖沙壹塵肆渺屋基壹百陸拾貳間半內於康熙貳拾年奉豁坍荒挑廢田地貳千貳百玖拾叁頃伍拾柒畝伍分陸釐叁毫壹忽於康熙拾捌拾玖貳拾年貳拾貳年陞科墾荒復沙廢棄復業

等項田地蘆岸泥灘共捌百陸拾壹頃壹拾捌畝捌分壹釐伍毫陸絲壹忽又於康熙拾捌拾玖貳拾貳拾壹年額外丈增清出墾荒新漲幷蘆洲歸漕共田地玖百玖拾陸頃肆拾貳畝貳分捌釐玖毫捌絲捌忽貳微

康熙貳拾貳年實在成熟田地等項共陸拾陸萬肆千玖百陸頃柒拾肆畝柒分柒釐肆毫玖絲伍忽貳微捌纖玖沙壹塵肆渺屋基壹百陸拾貳間半

共該折色起存連閏銀叁百陸拾玖萬陸千壹百

貳拾伍兩捌錢貳分肆釐柒毫肆絲捌忽貳微
貳纖壹沙貳塵伍渺壹漠陸埃伍逡柒巡本色
米貳百肆拾伍萬貳拾玖石玖斗柒升玖抄伍
撮陸圭肆粟叁顆肆粒叁黍肆稷貳禾玖糠柒
粃伍粞麥陸萬肆千壹石叁斗柒升肆合伍勺
肆抄捌撮壹圭陸粟肆粒叁黍叁稷叁禾捌糠
豆伍千壹百捌拾叁石叁斗壹升貳合肆勺貳
抄叁撮捌粟叁顆陸粒叁黍叁稷
外不在丁田徵解草塲租匠班商稅漁課門攤義
米折役用租蘆灘絲綿蔴布民山茶引租錢鈔

幷船梔商稅等鈔龍江裏外河泊所等項連閏銀伍萬伍千玖百貳拾柒兩壹錢柒分肆釐陸毫貳絲貳忽壹微肆纖捌沙叁塵伍渺叁漠柒埃壹逡壹巡又租錢貳萬壹千陸百文

額外歸併省外衞原額田地壹萬肆千肆百壹拾壹項壹拾肆畝壹分壹釐肆毫玖絲柒忽柒微貳纖伍沙陸塵壹渺壹漠貳濵玖茫內有積荒奉豁圈田坍江除開墾外仍存積荒坍江圈田地捌百壹拾壹項肆拾肆畝玖分肆釐叁毫叁絲叁忽伍微玖沙柒渺貳漠伍埃陸濵又增入

和州改併及各年丈增清出田地玖百叁頃肆
拾貳畝柒分貳釐叁毫捌絲柒忽捌微柒纖陸
沙肆塵內除揚州府寶應縣併高郵衛抵淤水
田折去田壹拾貳頃伍拾貳畝捌分柒釐伍毫
貳絲玖忽貳微玖纖叁沙陸塵陸漠叁埃
康熙貳拾貳年實在田地壹萬肆千肆百玖拾頃
伍拾玖畝貳釐貳絲貳忽柒微玖纖玖沙叁塵
叁渺貳漠壹埃陸溟玖茫
共該折色銀貳萬肆千壹百柒兩伍錢陸釐伍毫
玖絲伍忽捌微貳纖玖沙柒塵肆渺叁漠肆埃

玖逡貳巡本色米伍萬陸千伍拾陸石陸斗叁
升伍合陸勺叁抄壹撮玖圭壹粟貳顆玖粒玖
黍貳稷陸禾麥伍百貳拾壹石陸斗玖升叁合
貳勺豆伍拾陸石貳斗玖升
外不在丁田徵解房地租等項銀貳千壹百貳兩
玖錢肆分柒釐肆毫叁絲貳忽陸微陸纖
江寧府
原額田地山塘灘塌雜產共陸萬捌千伍百肆拾
柒項捌畝玖分貳釐陸毫伍忽貳微又於順治
拾肆年陞出田叁項捌拾叁畝陸分柒釐

順治拾肆年實在田地等項陸萬捌千伍百伍拾項玖拾貳畝伍分玖釐陸毫伍忽貳微内除康熙伍年丈減地壹拾柒項捌拾貳畝伍分柒釐貳毫叁絲柒忽捌微壹纖捌沙捌塵陸渺又增順治拾柒年康熙叁肆伍年玖年拾陸年陞增又丈清出田地山塘灘場溝埂共伍百肆拾貳項叁拾伍畝捌分玖釐肆毫壹絲捌忽柒微肆纖

康熙拾柒年實在田地等項陸萬玖千柒拾伍項肆拾伍畝玖分壹釐柒毫捌絲陸忽壹微貳纖

壹沙壹塵肆渺

康熙貳拾貳年實在田地等項陸萬玖千柒拾伍

頃肆拾伍畝玖分壹釐柒毫捌絲陸忽壹微貳

纖壹沙壹塵肆渺

共該折色起存連閏銀叁拾萬壹千肆百叁拾貳

兩貳錢柒分捌釐柒毫捌絲捌忽貳微陸纖伍

沙陸塵肆漠叁埃本色米壹拾陸萬叁千伍拾

伍石肆斗貳升叁合肆勺伍抄肆撮玖圭肆粟

柒顆玖粒捌黍豆肆千貳百玖拾肆石捌斗玖

升柒合玖勺叁抄陸撮貳圭玖粟陸顆玖粒玖

黍

外不在丁田徵解草蕩租并丈增匠班商稅漁課

鈔連閏銀肆千叁百捌拾伍兩壹錢柒分貳釐

叁毫壹絲貳忽肆微肆沙貳塵玖渺肆漠制錢

貳萬壹千陸百文又不在縣額本省都稅等司

管收商稅船鈔龍江裏外河泊所漁課鈔蔴膠

價值連閏銀柒千陸百叁拾叁兩捌錢伍分伍

釐陸毫叁微伍纖

額外歸併省衞原額田地共壹萬壹千玖百捌頃

伍畝柒分貳釐壹毫陸絲捌忽玖微貳纖伍沙

陸塵壹渺壹漠貳溟玖逡內查有積荒奉豁圖
田除節年開墾抵補外仍存積荒圖田地捌百
柒頃柒拾叁畝伍分玖釐叁絲柒忽伍微玖沙
柒渺貳漠伍埃陸溟又增入和州改併及各年
丈增清出田地壹百貳拾陸頃捌拾陸畝肆分
柒釐貳毫壹絲柒忽捌微柒纖陸沙肆塵
康熙貳拾貳年實在成熟田地共壹萬壹千貳百
貳拾柒頃壹拾捌畝陸分叁毫肆絲玖忽貳微
玖纖貳沙玖塵叁渺捌漠肆埃陸溟玖逡
共該徵新增協濟米折等銀壹萬伍千叁百肆拾

陸兩伍錢捌分叁釐叁毫玖絲叁忽貳微捌纖陸沙叁塵伍渺叁漠壹埃伍渶陸茫本色米伍萬伍千捌百貳拾伍石柒斗叁升肆合叁勺叁抄柒撮捌圭叁粟貳顆玖黍陸稷陸秕豆伍拾陸石貳斗玖升

外不在丁田徵解房地租集租火藥等銀貳千壹百貳兩玖錢肆分柒釐肆毫叁絲貳忽陸微陸纖

上元縣原額田地山塘灘塌雜產八千八百九頃八十一畝八分四釐四毫一絲今實在并陞丈增田地共八千八百一十頃八十畝四分四釐九毫四絲六忽內每畝上鄉田科銀

五分一毫零五銀一釐七毫零米四升四抄零豆八勺一零五米一合七勺零下鄉田科銀四分六釐二毫零五銀一釐五毫零米三升五合八勺零豆七勺零五米一合五勺零原荒田科荒白銀一分七釐六毫九絲告攺荒田科荒白銀一分六釐二毫五絲上鄉地科銀二分七釐四毫零五銀九毫零米二升二合三勺零豆四勺零五米九勺零下鄉地科銀二分四釐二毫零五銀八毫零米一升八合五勺零豆二勺零五米八勺零蘆地科銀五分四釐八毫零五銀一釐九毫零米四升四合七勺零豆九勺零五米一合九勺零草場地科銀四釐四毫零五銀一毫零米三合六勺零豆七抄零五米一勺零原荒地科荒白銀一分告攺荒地科荒白銀八釐七毫五絲山塘雜產科銀七釐八毫零五銀二毫零米六合三勺零豆一勺零五米二勺零告攺荒灘塌科荒白銀二釐五毫外不在丁田徵解草場租并丈增銀二百二十八兩五錢五毫六絲九忽匠班銀九兩學租銀一百三十二兩九錢二分四釐一毫又歸併省衞實在成熟田

地一千二百四十四頃八十一畝七分四釐九毫五絲八忽九微四沙五塵二渺二漠六埃內每畝比田科米八升六合四勺銀九釐二毫三絲二忽科田科米五升八合三勺二抄銀六釐七毫四絲九忽六微增田餘田俱科米五升八合三勺二抄銀一釐七毫四絲九忽六微久荒成熟田科米五升八合三勺二抄銀一釐七毫四絲九忽六微租豆地科豆一斗三升久荒折糧比田科銀二分久荒折糧增田科銀一分五毫荒比田科銀二分六釐六毫四絲荒科田科銀一分八釐五毫荒增田科銀一分三釐五毫荒增餘田科銀一分七釐五毫零投誠開墾荒田科沙壓銀三分六毫四絲開墾營基地科銀一分三釐五毫沙壓地科銀一分六釐二毫田塘租地科租銀五分草塲田地科租銀四分苜蓿田地一則科租銀七分一則科租銀五分荒山科租銀三分荒山塘科租銀二分荒石山一則科租銀一分一則科租銀五釐一則科租銀四釐一則科租銀二釐投誠開墾天地壇神機厨房營馬羣等田一則科壓租銀六分一則科

壓租銀三分外不在丁田徵解房租銀一千一百一十五兩四錢四分五釐七毫九絲九忽火藥銀三兩三錢柒釐二毫三絲三忽二微八纖

江寧縣原額田地山塘雜產七千四百四十八頃六十畝一分二毫七絲四忽今實在并壓丈增田地共七千五百五十九頃九十七畝四分九釐三毫六絲一忽八微內每畝民徵熟田科銀四分三釐三毫零五銀一釐七毫零米四升七勺零豆九勺零五米一合七勺零斛隱田科銀四分七釐四毫零五銀一釐九毫零米四升四合六勺零豆一合零五米一合九勺零荒田科荒白銀一分八釐八毫零荒灘田科荒白銀一分民徵熟地科銀二分一釐九毫零五銀八毫零米貳升六勺零豆四勺零五米八勺零斛隱地科銀二分五釐一毫零五銀一釐零米二升三合六勺零豆五勺零五米一合零荒地科荒白銀一分荒灘地科荒白銀五釐山塘科銀六釐二毫零五銀二毫零米五合九勺零豆一勺零五米二勺零外不在丁田徵解草塲租并丈增銀二百六十九兩四錢八分二釐

三毫五絲六微四塵匠班銀一兩三錢五分學租銀一百一十八兩八錢三分五釐四毫租錢二萬一千六百文坊廂房地荒灘租銀四十四兩五錢九分一釐二毫四絲一忽一微又歸併省衛實在成熟田地九百一十九頃七十八畝六分一釐五毫四絲三忽九微八纖一沙五塵九渺二漠一埃內每畝比田科田增田餘田科則與歸併上元縣同久荒折糧比田科銀二分六釐六毫四絲久荒折糧科田科銀一分八釐五毫久荒折糧增田餘田俱科銀一分三釐五毫沙壓折糧比田投誠墾荒田俱科銀三分六毫四絲沙壓折糧餘田科銀一分六釐二毫沙壓折糧田科銀九釐草塲田地一則科租銀八分一則科租銀六分五釐一則科租銀陸分一則科租銀五分一則科租銀四分一則科租銀三分草塲田併蘆地科租銀二分草塲併灘地科租銀一分草塲地一則科租銀六釐一則科租銀五釐草塲溝埂基地科租銀二釐苜蓿地一則科租銀七分一則科租銀六分一則科租銀五分四釐田塘租地并未豁圈地科租銀五

分外不在丁田徵解房地灘租銀五百七兩五錢四分一釐八毫七絲二忽火藥銀一錢六分五釐七毫二絲二微一纖

句容縣

原額田地山塘蘆蕩草塌一萬四千四百九十九頃四十二畝一毫今實在幷陞丈增田地共一萬四千五百頃七十二畝八分八釐四毫內每畝徵田科銀五分九釐六毫零五銀一釐八毫零米四升二合九勺零豆六勺零五米一合八勺零荒田科米白銀四分一釐二毫五絲徵地科銀二分六釐零五銀八毫零米一升八合六勺零豆二勺零五米八勺零荒地科荒白銀二分八釐七毫五絲山科銀五釐四毫零五銀一毫零米三合八勺零豆五抄零五米一勺零塘科銀八釐七毫零五銀二毫零米六合三勺零豆九抄零五米二勺零蘆蕩草塌科銀八釐七毫零五銀二毫零米六合三勺零豆九抄零五米二勺零外不在丁田徵解草塲租幷丈增銀六百一十三兩一錢一分六釐一毫四絲一忽三微七沙二塵匠班銀二百六十九兩五錢五分學租銀二百二兩八錢五分七釐七毫又歸併

省衛實在成熟田地四十七頃七十九畝八分二釐七毫四絲內每畝比田科田增田餘田科則與歸併上元縣同久荒折糧比田科銀二分五釐久荒折糧科田科銀一分八釐五毫久荒坍江比田科銀二分六釐六毫四絲久荒坍江增田餘田俱科銀一分三釐五毫投誠開墾荒田科沙壓銀三分六毫四絲

溧陽縣

原額田地山塘一萬六千四百七十頃四畝九分八釐二毫今實在并陞丈增田地共一萬六千四百七十頃九十七畝九分七釐八毫六絲一忽八微內每畝徵田科銀五分九毫零五銀二釐零米四升八合零豆一合一勺零五米二合零沙荒田科銀四分七釐九毫零五銀一釐八毫零米四升三合五勺零豆一合零五米一合八勺零夾荒田科銀三分六釐八毫零五銀一釐一毫零米二升六合九勺零豆六勺零五米一合一勺零坐荒田科荒白銀一分八釐七毫零徵地科銀一分九釐七毫零五銀七毫零米一升八合五勺零豆四勺零五米七勺零山塘科銀三釐二毫零五銀一毫零米三合零豆

七抄零五米一勺零外不在丁田徵解匠班銀三十一兩五五分學租銀一百五十一兩三錢一分二釐

溧水縣

原額田地山塘溝蕩一萬五百七十九頃八十一畝六釐四毫今實在幷丈增田地共一萬九百七十四頃五十六畝四分四釐一毫四絲一微四纖內每畝徵田科銀八分二釐一毫零米五合一勺零豆八勺零荒銀一分五釐九毫七絲廢田科荒白銀五釐三毫三絲湖灘草蕩科荒白銀三釐二毫徵地科銀二分六釐六毫零米一合六勺零豆二勺零荒地科銀一分三釐三毫零米八勺零豆一勺零山塘科銀七釐四毫零米四勺零豆七抄零溝蕩科銀三釐七毫零米二勺零豆三抄零外不在丁田徵解草蕩租幷丈增銀九十兩四分九釐九毫六絲九忽六纖二沙一塵匠班銀一十二兩二錢七分一釐五毫漁戶銀一百五十兩五錢八分六釐七毫三絲五忽九微五纖學租銀六十二兩九分九釐四毫

高淳縣

原額田地山塘草蕩柳墩七千三百三十九頃六十六畝八分五釐一毫今實

在幷丈增田地共七千三百四十一頃一十一畝八分五釐壹毫內每畝徵田科銀八分九釐五毫零米二合四勺零豆一合五勺零荒田科銀一分一毫零米二勺零豆一勺零徵地科銀二分五釐四毫零米七勺零豆四勺零湖熟地科銀一分二釐二毫零米三勺零豆二勺零草塲地科銀五釐零米一勺零豆九抄零山塘柳墩科銀四釐零米一勺零豆七抄零外不在丁田徵解草塲租銀二百七十二兩四錢四分八釐匠班銀三十兩一錢五分漁戶出辦連閏銀三百一十一兩三錢二分五毫九絲一忽二微五纖象湖租銀五十九兩五錢九分五毫窰治鈔折銀七分六釐八毫二絲五忽原額八微學租銀三十一兩九錢四釐

江浦縣

田地山塘基塲水漾泥灘二千三百九十六頃四十四畝一分五釐三絲六忽二微今實在幷陞增田地共二千三百八十頃八十畝九分七釐八毫六忽三微八纖一沙一塵一渺內每畝徵田科銀六分四釐八毫零五銀一釐九毫零米三升九合七勺零五米一合九勺零廢荒田科銀

一分一釐九毫零五銀三毫零米七合三勺零五米三勺零滰荒田科荒白銀二分五釐七毫高田科荒白銀一分四釐一毫零徵地科銀三分五釐二毫零五銀一釐零米二升一合五勺零五米一合零基地科銀二分八釐一毫零五銀八毫零米一升七合二勺零五米八勺零在鄉基地科銀一分四釐零五銀四毫零米八合六勺零五米四勺零滰荒地科荒白銀一分一釐七毫零低窪地科荒白銀六釐七毫二絲山科銀一分一釐九毫零五銀三毫零米七合三勺零五米三勺零荒山科銀五釐九毫零五銀一毫零米三合六勺零五米一勺零塘科銀二分二釐九毫零五銀六毫零米一升四合零五米六勺零荒塘科銀一分一釐四毫零五銀三毫零米七合零五米三勺零水漾泥灘科荒白銀三釐外不在丁田徵解草塲田地租幷丈增銀一百九十四兩五錢二分二釐七毫七絲八忽八微九纖四沙四渺四漠匠班銀三兩六錢三分六釐學租銀八十兩一錢八分一釐五毫二絲八忽又歸併省衞實在成熟田地一千八

百九十八頃二十七畝四分一釐七毫八絲四
忽七微八纖八沙五塵五渺三漠三埃內每畝
比田科田增田餘田科則與歸併上元縣同開
墾營基地科米五升八合三勺二抄銀一釐七
毫四絲九忽六微坍江徵糧田科米四合一勺
四撮銀一毫二絲零坍江折色田科銀九毫五
絲沙壓折糧比田科銀三分六毫四絲沙壓折
糧科田科銀二分一釐二毫沙壓增田科銀一
分六釐二毫沙壓折糧餘田一則科銀一分六
釐二毫一則科銀一分三釐五毫沙壓折糧田
科銀九釐投誠開墾田科沙壓銀三分六毫四
絲久荒折糧比田一則科銀二分六釐六毫四
絲一則科銀二分久荒折糧科田一則科銀一
分八釐五毫一則科銀一分三釐五毫久荒折
糧增田餘田俱科銀一分三釐五毫久荒折色
增田一則科銀一分六釐三毫一則科銀九釐
久荒增餘田科銀一分六釐二毫零草塲田一
則科租銀八分一則科租銀六分草塲地一則
科租銀五分三釐一則科租銀五分一則科租
銀四分五釐一則科租銀四分一則科租銀三

分一則科租銀二分八釐一則科租銀二分五釐一則科租銀二分一則科租銀一分七釐一則科租銀一分六釐一則科租銀一分五釐一則科租銀一分三釐一則科租銀一分二釐一則科租銀一分一則科租銀九釐一則科租銀八釐一則科租銀六釐一則科租銀五釐一則科租銀三釐一則科租銀二釐苜蓿田地科租銀七分租地科租銀五分外不在丁田徵解蘆麥地銀一十八兩一錢七分二釐五毫八絲七忽房地租銀一百一十三兩六錢九分七釐九毫火藥銀八兩九錢二分四釐三毫六絲四忽二微八纖

六合縣

原額田一千三頃二十七畝九分三釐八絲五忽今實在幷墾丈增田一千三百十六頃四十七畝八分四釐一毫七絲內每畝徵田科銀九分五釐四毫零五銀九毫零米二升一合四勺零五米九勺零軍馬田科銀一分七釐撒餘田科銀六分八釐三毫零荒白田科銀四分四釐外不在丁田徵解商稅幷昌平州銀八十七兩四錢九分九釐六毫草塲租幷丈增銀五百九十四兩二錢三分五釐

八毫二絲四微九纖六沙八塵匠班銀九錢九釐漁戶出辦連閏銀六兩三錢八分一釐九毫六絲九微四纖三沙七塵五渺桅鈔銀三十二兩七錢六分六釐六毫餘鈔銀三十三兩六錢五分二釐四毫商稅協濟銀二百一十三兩四錢九分二釐六毫學租銀四十四兩八錢二分九釐又歸併省衛實在成熟田地七千一百一十六頃五十畝九分九釐三毫二絲一忽六微一纖八沙二塵七渺四埃六溟九漠內每畝比田科田增田餘田科則與歸併上元縣同又科田一則科米三升二合四勺銀五釐九毫七絲二忽久荒比田久荒科田久荒增田久荒餘田科則與歸併江寧縣同又久荒科田一則科銀二分六釐六毫又久荒餘田一則科銀一分六釐二毫沙壓科田沙壓餘田俱科銀一分六釐二毫投誠開墾荒田并教場地科銀三分六毫四絲草塲田一則科租銀八分一則科租銀六分一則科租銀五分一則科租銀四分一則科租銀三分五釐一則科租銀三分二釐一則科銀二分一則科銀二分五釐草塲田地溝埂塘

沙灘科租銀二分一釐草塲田地科火藥銀二分一釐草塲田地一塘并荒地科租銀二分草塲田地一則科租銀一分五釐一則科租銀一分一則科租銀五釐一則科租銀三釐一則科租銀二釐流塘田科銀四分田塘租地科銀五分外不在丁田徵解房地租銀一百三十八兩八錢七分九毫二絲八忽集租銀一百七十八兩四錢九分九釐火藥銀一十八兩三錢二分二釐二絲八忽八微九纖

歷朝田賦府志不載（明）洪武年間共田土七萬二千七百一頃二十五畝零（夏稅）麥一萬一千二百六十石零絹一千四百六疋零（秋糧）米三十二萬六百一十六石零○弘治年間官民田土六萬九千九百七十四頃八畝一分八釐五毫一絲（夏稅）小麥一萬一千六百五十四石四斗四升五勺零絲綿農桑絲共折絹一千三百五十七疋零（秋糧）米二十一萬四千九百六十四石五斗八升一勺一抄○嘉靖十六年巡撫歐陽鐸均攤平米共三十五萬四千三百四十二石一斗六升九合五勺零內（夏稅）平米三萬

六千一百六十五石二斗九合一勺（秋糧）平米一十八萬六千四百三十二石一斗二升一合八勺里甲雜泒平米一十三萬一千七百四十四石八斗三升二合三勺○萬曆三年官民田土六萬九千四百五頃二畝五分九釐八毫零共平米三十三萬一千七百六十一石六斗六升四合四勺零內起運平米三十萬九千二百四十三石六斗一升六合二勺零存留平米一萬四千四百二十八石八斗五升五合七勺零泒剩平米八千八十九石一斗九升四合五勺零又荒白銀五千一百六十三兩四錢七分九釐九毫零准平米一萬三百二十六石九斗五升九合零

蘇州府

原額田地山蕩塹漊灘塗玖萬伍千肆百柒拾壹頃叁拾叁畝陸分陸釐屋基壹百陸拾貳間半

內除順治捌年拾肆年丈報坍海荒田公占屋
基地叁拾肆頃壹畝捌分陸釐
順治拾肆年實在田地等項玖萬伍千肆百叁拾
柒頃叁拾壹畝捌分屋基壹百陸拾貳間半內
除康熙元年伍年棄沙缺額丈坍田地塗貳千
叁百肆拾陸頃貳拾陸畝肆分柒毫又增順治
拾捌年康熙伍年柒年拾壹拾肆拾伍拾陸拾
柒年報陞丈增蘆灘歸漕清出田地蕩灘塗貳
千伍百肆拾伍頃玖拾柒畝陸分肆釐捌毫
康熙拾柒年實在田地等項玖萬伍千陸百叁拾

柒頃叁畝肆釐壹毫屋基壹百陸拾貳間半又
除康熙貳拾年奉豁坍没版荒挑廢田蕩灘塗
壹千肆百陸拾頃陸拾叁畝陸毫
康熙貳拾貳年實在田地等項玖萬肆千壹百柒
拾陸頃肆拾畝叁釐伍毫屋基壹百陸拾貳間
半
共該徵折色稅糧地畝徭里連閏銀壹百貳拾柒
萬壹千捌百壹拾肆兩柒錢貳分玖釐捌毫捌
絲肆忽伍微叁纖壹沙柒塵叁渺捌漠玖埃壹
逡壹巡本色米壹百陸萬肆千貳百陸拾肆石

貳斗貳升叄合陸勺壹抄玖撮陸圭玖粟柒顆
叄黍肆稷陸糠叄粃豆捌百捌拾捌石肆斗壹
升肆合肆勺捌抄陸撮柒圭捌粟陸顆陸粒肆
黍叄稷麥貳千叄百陸拾捌石貳斗柒升捌合
肆勺玖抄肆撮柒粟玖顆伍粒捌黍陸稷伍糠
外不在丁田徵解匠班綱租沐庄皇庄籽粒義租
等銀陸千叄百貳兩柒錢貳分壹釐叄毫陸絲
壹忽

吳縣原額田地山蕩七千一百四十六頃五十
三畝八分六釐一毫除公占外今實在幷
丈增陞增清出田地山蕩七千一百六十九頃
一畝八分九釐五毫田共三則一則三斗四升

四合一則一斗七升二合一則一斗地共十則
一則八斗五升六合一則三斗一則二斗八升
四合一則二斗五升一則二斗三升一則二斗
一則一斗五升一則六升三合一勺一則五升
一則一升五合山共三則一則五升三合五勺
一則三升二合一勺一則一升五合蕩共七則
一則二斗五升一則二斗一則一斗五升一則
一斗一則五升一則三升一則一升五合共平
米一十五萬七千二百二十八石七斗四升五
合六勺九抄三撮二圭每石驗泒稅糧銀三錢
六分一釐三毫零十銀三分八釐零本色米四
斗七升九合五勺零豆三勺六抄零麥九勺六
抄零五米一升九合零田地并折實山蕩每畝
驗泒地畝銀九釐二毫八絲零徭里銀一分九
釐九毫八絲零外不在丁田徵解匠班銀七百
五十一兩九錢五分義租抵給經費并解南贴
役銀二千一百九十一兩　原額田地塹
六錢六分七釐二毫一忽　長洲縣　漊山蕩一萬
三千二百六十一頃六十五畝五分四釐今實
在并陞增淸丈增田地塹漊山蕩一萬三千三

百一十六頃五十七畝八分六釐七毫官田共
二則一則三斗七升五合一則三斗民田共二
十三則一則二斗八升一則二斗六升一合七
勺一則二斗六升一則二斗五升一則二斗三
升一則二斗一則一斗八升七合五勺一則一
斗八升一則一斗六升一則一斗五升一則一
斗四升五合一則一斗四升一則一斗三升六
合七勺一則一斗三升一則一斗二升五合八
勺一則一斗二升五合一則一斗二升一則一
斗一升九合一則一斗一升三合一則一斗一
升一合一則一斗九合一則一斗三合五勺一
則一斗三合地共六則一則三斗七升五合一
則二斗八升一則一斗三升一合五抄一則六
斗一則五斗一則四斗水塹止一則一斗三升
三合田漊止一則一斗二升二合蕩共十二則
一則一斗一則七升一則六升五合五勺一則
五升一則四升四合一則四升二合一則四升
一合一則三升五合一則三升三合一則三升
一則二升一則一升五合山蕩共二則一則五
升一則三升實熟并報陞祿龍清丈平米四十

三萬三千九百石七斗九升八合九勺七抄五撮毎石驗派稅糧銀三錢二分九釐零十銀四分三毫零本色米五斗六合零豆三勺八抄零麥一合一抄零五米二升一勺零荒平米二萬一千五百一十三石六斗六升二合一勺毎石折徵荒銀五錢練兵銀三分零田地弁折實山蕩毎畝驗派地畝銀九釐三毫零徭里銀一分三釐一毫零外不在丁田徵解匠班銀六百八十一兩三錢實帶橋罾綱租銀二兩五錢

吳江縣

原額田蕩一萬三千四十一頃七十二畝八分五釐八毫今實在幷丈增田蕩一萬三千一百一十九頃八十九畝一分九釐四毫田共六則一則三斗六升六勺六撮九圭一則三斗一則二斗五升一則二斗一則一斗五升一則一斗蕩共三則一則七升一則五升一則三升實熟幷丈陞平米四十二萬四千二百八十六石八斗五升七合九勺九撮八圭一顆七粒毎石驗派稅糧銀三錢七分九毫零十銀三分九釐六毫零本色米四斗九升四合九勺零豆三勺七抄零麥一合零五米一升九合八勺

零田及折實蕩每畝驗沠地畝銀九釐五毫零徭里銀一分二釐三毫零外不在丁田徵解匠班銀七百四十四兩七錢五分沭庄銀四十七兩五錢六分六釐

常熟縣原額田地蕩灘沙一萬七千五百七十二頃六十二畝二分五釐一毫屋基一百六十二間半除坍汀版荒挑廢外今實在成熟幷墾丈增田地蕩灘一萬六千九百八十一頃五十三畝一分八釐屋基一百六十二間半田共四則一則三斗二升一則二斗五升一則二斗三升一則一斗九升地共二則一則八升一則六升三合三勺蕩止一則三升灘共八則一則一斗八升一則一斗六升一則一斗五升一則一斗二升一則一斗一則九升一則五升二合一則五升屋基共二則一則倉基二斗五升一則城基一斗實熟平米三十九萬四百六十五石八斗一升三合二勺四抄二撮每石驗沠稅糧銀三錢七分二釐一毫零十銀四分一毫零本色米四斗九升七合三勺零豆三勺七抄零麥一合零五米二升五抄零田幷折實地蕩灘每畝驗沠地畝銀九

釐四毫零徭里銀七釐五毫零外不在
丁田徵解匠班銀四百五十一兩八錢

崑山縣

原額田地蕩一萬一千七百一十五頃二十畝
二分五釐七毫除版荒外今實熟并丈增陞增
田地蕩一萬一千一百二十五頃四十一畝八
分七釐三毫田共二十七則一則三斗三升五
合一則三斗二合六勺一則三斗一則二斗八
升一則二斗六升一合一則二斗五升五合一
則二斗五升六勺一則二斗五升一則二斗二
升七合一則二斗二升二合五勺一則二斗二
升一則二斗一升二合一則二斗八合七勺一
則二斗一則一斗八升一則一斗七升一則一
斗五升九合四勺一則一斗五升三合一則一
斗五升一則一斗四升三合一勺六抄一則一
斗四升一合三勺一則一斗二升五合六勺八
抄一則一斗一則八升一則五升一合五勺八
抄一則五升一則三升地共三則一則二斗二
升一則一斗三升一合五抄一則一斗三升蕩
共三十七則一則三斗三升五合一則三斗三
升一則三斗二升五合二勺一抄一則三斗一

則二斗九升八勺五抄一則二斗八升一則二斗七升九合五勺一則二斗六升二合三勺一則二斗五升一則二斗三升一則二斗二升一則二斗一升一則二斗三合九勺一則二斗一則一斗九升一則一斗八升三合一則一斗八升二合五勺一則一斗八升一則一斗七升一則一斗六升一則一斗五升一則一斗四升一合三勺一則一斗四升一則一斗三升一則一斗二升一則一斗一升一則一斗一則九升六合三勺一則八升一則七升五合一則七升一則六升一則五升七合一則五升三合三勺一則五升一則三升二合三勺一則三升實熟并丈陞增平米三十四萬七千二百三石三斗三升四勺六抄每石驗泒稅糧銀三錢八分八釐二毫零十銀三分九釐二毫零本色米四斗八升五合五勺零豆三勺七抄零麥九勺九抄零五米一升九合六勺零田地并折實蕩每畝泒地畝銀九釐三毫零徭里銀一分二毫零外不在丁田徵解匠班銀三百三十四兩八錢

嘉定縣原額田蕩塗一萬二千八百七十二

頃一十五畝五分一釐五毫除丈坍幷坍荒外今實在成熟田蕩塗一萬二千六百三十四頃八十畝四分五釐七毫田共六則一則三斗一則二斗七升七合一則二斗五升一則二斗一則一斗五升一則一斗蕩止一則六升塗共二則一則三升一則一升實熟平米三十七萬四千四百六十四石六斗二升二合六勺二抄二撮每石驗派稅糧銀六錢五分一釐六毫零本色米九升一合八勺零豆三勺六抄零麥九勺七抄零田幷折實蕩塗每畝派地畝銀九釐三毫九絲零又於平米每石派徭里銀二分六釐一毫零外不在丁田徵解匠班銀六百二十六兩八錢五分

太倉州原額田蕩塗八千八百五十六頃九十二畝七分一釐八毫除丈坍幷坍荒外今實在成熟田蕩塗八千四百八十七頃一十八畝四分七釐一毫田共七則一則三斗九升四合五勺七抄二撮九圭一則二斗八升一則二斗四升一則二斗一則一斗八升一則一斗四升一則一斗蕩止一則一斗五升五合塗共四則一則八升一則七升一則

五升一則三升實熟平米二十四萬五千五百六十一石七斗六升一合七勺二抄四撮八圭每石驗派稅糧銀三錢七分九釐九毫零十銀三分九釐八毫零本色米四斗九升二合二勺零豆三勺七抄零麥一合零五米一升九合九勺零每田蕩塗一畝派地畝銀九釐五毫一絲零裕里銀一分四釐四毫零外不在丁田徵解匠班銀三百七兩三錢五分

崇明縣

原額田蕩塗一萬一千四頃五十畝六分六釐除棄沙缺額外實在成熟并坍增丈增田蕩塗一萬一千三百四十一頃九十七畝九釐八毫田共四則一則二斗三合三勺一則一斗一升三合三勺一則五升三合五勺一則三升二合一勺蕩共三則一則三升一則二升一則一升塗止一則五合實熟平米三萬九千八百八十八石九斗八升二合六勺九抄一撮五圭每石派稅糧銀六錢五分四釐二毫零裕里銀一錢四毫零外不在丁田徵解匠班銀七十九兩二錢皇庄籽粒銀八十二兩九錢八分八釐一毫六絲

宋田則凡十有四曰公田曰圍田曰沙田曰咸田曰營田曰職田曰常平田曰義役田曰社倉田曰局官租田曰養濟局田曰居養院田曰四糧田曰沒官田○太平興國中均定田稅分中下二等中田一畝夏稅錢四分四文秋米八升下田一畝夏稅錢二分三文秋米七升四合○祥符間夏稅丁身鹽錢一萬六千二百貫絹五萬四千四百疋紬二千七百疋綿四千四斤各有奇秋稅科米三十一萬三千七百石有奇○元豐二年苗額三十四萬九千斛帛八萬疋纊二萬五千兩免役錢八萬五千緡各有奇○淳熙十一年秋苗額三十四萬三千二百五十六石夏稅折白錢四十三萬九千三百五十六貫上供諸色錢一百二十三萬一千二百八貫各有奇○按宋初務去無名之斂稅額視古爲薄自熙豐更法崇觀多事靖炎軍興乃隨時增益迨景定間賈似道行買公田法租糧太重民不能堪太學生葉李蕭規疏論之有曰公田之害憯於青苗似道之罪浮於安石至今數百年而蘇松與浙之嘉湖猶賦額獨重者皆似道公田

之貽禍也〔元〕田則用圖法共計田土八千八百二十九圖以上中下三等八則計畝起科〔夏稅〕絲二萬二千四百斤〔秋糧〕米八十八萬二千一百石輕齎二千二百錠○按元所入倍宋有餘

〔明〕洪武初〔夏稅〕絲二十五萬四千三百兩大麥正耗一萬一百石小麥五萬一千八百石菜子二十七石鈔一萬九百八十貫各有奇〔秋糧〕科額二百一十四萬六千六百石豆二千二百八十石各有奇○按續文獻通考張士誠據姑蘇攻之久不下明高帝怒其附寇以籍没義兵頭目田及給賜功臣田收租簿付有司照租額爲稅額立其名曰官田每畝起科至七斗五升及一石以上而民田起科不過五升○建文二年詔曰國家有惟正之供田賦不均民不可得而治江浙賦獨重而蘇松準私租起科特以懲一時頑民耳豈可爲定則以重困一方宜悉與減免照各處起科畝則不過一斗逮永樂繼統盡革建文之政乃仍舊洪武間則例○宣德伍年巡撫周忱知府況鐘請減額糧七十餘萬石每田一畝納糧自一斗至四斗者各減十分

之二自四斗一升至一石以上者各減十分之三〇弘治十六年實在官田抄沒等項六萬五千三頃有奇民田等項三萬四千六百九十七頃有奇（夏稅）絲三十二萬八千四百四十兩有奇麥五萬三千六百六十四石有奇鈔二萬一千九百六十三貫七百七十二文（秋糧）兌運京通二倉正米六十五萬五千石民運南北兩京白糧米連耗三十七萬九千四百四十五石王府白熟米連耗一萬一百七石淮安改兌正耗米五萬五千四百四十石金花銀折米五十七萬四千五百石鳳揚二倉折銀米一萬四千五百十八石以上每銀一兩准平米四石潤白棉布折米一十五萬二千石細布每疋准平米二石粗布每疋准平米一石〇嘉靖三年知府胡纘宗著田賦考內開歲徵之數本色米一百四十二萬八千九百五十二石零折色銀四十四萬七千九百九十八兩零內折糧折麥銀共一十九萬五千一百五十三兩零每銀一兩折米四石麥折亦如之又潤白布一十九萬疋每疋折米一石〇嘉靖十六年田地山蕩等項共八

萬六千三百九十七頃三十二畝零知府王儀核攤田糧斗則定爲平米額數遵行至今總計平米二百四十七萬四千二百二十三石零內正米二百三萬零耗米四十四萬四千二百石零其耗米原以備地方公用後之主計者以蘇州有泒剩餘米盡歸之官以耗作正民之累遂不可勝言矣○萬曆十七年巡撫周繼知府石崑定經賦冊實在田地山蕩等項共九萬五千七百七十頃七十五畝零額平米二百五十一萬一千三百二十五石零○萬曆二十一年永折嘉定縣兌運正米一十萬七十五石六斗三升五合每石該耗米四斗正耗每石折銀七錢改兌正米六千四百一十七石六升三合每石該耗米二斗正耗每石折銀六錢以上改折銀兩遇災荒奏減每石折銀五錢○萬曆四十八年實在官民田地等項共一十萬八百六十四頃三畝八分一釐一毫實熟額平米二百四十二萬八千石三斗九升一合五勺○先是嘉靖三十三年加編練兵銀每畝三釐五毫萬曆四十八年又加邊餉銀每畝五釐五毫合共九釐

謂之九釐地畝銀○崇禎十二年閣部楊嗣昌督師勦寇請加練餉銀每畝一分旣而崇禎帝浚知其害于十五年詔免蘇松等府勦餉銀

皇清順治二年平定江南其土田科則悉因前代之舊賦額以萬曆年間爲準其明季無藝之徵盡永除之○順治三年以白糧官解另徵白糧經費每正銀一兩科銀二分爲領解員役盤用之費○順治四年復徵九釐地畝銀卽萬曆遞加之賦○順治六年巡按秦世禎題請漕糧官收官兌每漕米一石加銀五分米五升給旗丁○順治九年總漕沈文奎以官運經費不敷題准加給耗辦米糙耗米運船水手工食米各有差○順治十六年題定漕糧五米五銀之外又每石加銀五分是謂五米十銀○順治十七年改折解北白糧每石折銀一兩五錢○康熙元年工部題用灰石銀於漕糧內改折每石一兩二錢

原額田山蕩漊肆萬貳千伍百貳拾壹頃陸拾捌
畝玖分貳毫壹絲各科不等折實田肆萬壹千
肆百貳拾肆頃伍拾柒畝貳分肆絲內除公占
義塚等田壹百捌拾玖頃玖拾貳畝玖分陸釐
柒毫陸絲又於順治拾肆年墾壓城濠官地玖
拾柒畝陸分柒釐玖毫該折實田壹拾陸畝貳
分柒釐玖毫捌絲
順治拾肆年實在折實田肆萬壹千貳百叁拾肆
頃捌拾畝伍分壹釐貳毫陸絲內除康熙捌年
奉蠲坍海折實田壹拾捌頃伍拾伍畝捌分陸

釐捌毫又康熙捌年拾伍拾陸年陞增清出折

實田捌頃柒拾壹畝肆釐叄毫

康熙拾柒年實在折實田肆萬壹千貳百貳拾肆

頃玖拾伍畝陸分捌釐柒毫陸絲內除康熙貳

拾年奉豁坍版荒折實田伍百捌拾貳頃捌拾

肆畝貳分陸釐伍毫捌絲貳忽又丈增折實田

壹百貳頃貳拾叄畝柒分陸釐肆毫壹絲

康熙貳拾貳年實在折實田肆萬柒百肆拾肆頃

叄拾伍畝壹分捌釐伍毫捌絲捌忽

共該徵折色稅糧地畝徭里連閏銀陸拾柒萬陸

百壹拾柒兩陸分捌釐玖毫柒絲柒忽叁微柒
沙壹塵貳渺肆漠陸埃貳逡玖巡本色米肆拾
肆萬壹千柒百玖拾石陸斗貳升柒合叁勺捌
撮肆圭玖粟伍顆伍粒貳黍叁稷伍糠
外不在丁田徵解匠班漁課門攤幷義米折連閏
銀伍千玖百貳拾壹兩玖錢柒分捌釐肆毫柒
絲

華亭縣原額田山蕩漊一萬九百三頃二十七
畝四分七釐二毫五絲除坍荒公占等
項今實在成熟幷陞增共折實田一萬五百八
頃三十三畝七分九釐五絲四忽內徵糧項下
上鄉熟田科平米三斗六升五合中鄉熟田科
三斗二升下鄉熟田科二斗七升五合各鄉加

科低田魚池俱每一畝四分准熟田一畝低薄
田每一畝五分准熟田一畝新荒田并山俱二
畝准熟田一畝舊荒田每三畝准熟田一畝得
業蕩蕩科平米一斗五升每二畝准熟田一畝柴
蕩科一斗每三畝准熟田一畝草蕩水漊科五
升每六畝准熟田一畝其折糧項下上鄉止五
錢折糧熟田中鄉下鄉有五錢折糧熟田原折
四錢今復五錢折糧熟田及不等田蕩科糧與
徵糧項下同內護塘之外去海畧遠原折四錢
今復五錢折糧不耗熟田外護塘之內切近於
海四錢折糧斥鹵起運熟田斥鹵存留熟田俱
科二斗四升五合加科得蕩每一畝四分准熟
田一畝共實在平米三十萬八千一百一十二
石二斗一升三合七勺九抄八撮內徵糧平米
二十三萬三千三十八石二斗二升九合四勺
二抄五錢折糧平米二萬六千五百七十五石
九斗六升八勺九抄一撮原折四錢今復五錢
折糧平米四萬四千六石四斗六升五合二勺
一抄二撮斥鹵起運四錢折糧平米五百一十
四石八斗四升四合七勺斥鹵存留四錢折糧

平米三千九百七十六石七斗一升三合五勺七抄五撮每徵糧平米一石驗派稅糧銀四錢二分一釐零十銀三分一釐五毫零本色米四斗三升六合四勺零五米一升五合七勺零每五錢折糧平米一石驗派稅糧銀六錢六分三釐二毫零每原折四錢今復五錢折糧平米一石驗派稅糧銀六錢三分四釐四毫零每斤鹵起運四錢折糧平米一石驗派稅糧銀五錢九分九釐四毫零每斤鹵存留四錢折糧平米一石驗派稅糧銀四錢七分七釐五毫零又於折實田每畝驗派地畝銀九釐五毫零係里銀九釐三毫零外不在丁田徵解匠班銀二百一十一兩三錢五釐六毫漁課銀一百四十五兩三錢七分五釐六毫門攤課鈔銀二百五十六兩八錢八分八釐義米折抵給經費銀八百兩

婁縣

原額田山蕩漊八千六百五十一頃九十四畝六分六釐五毫除坍荒公占等項今實在成熟幷清出共折實田八千二百七十九項二畝五釐九絲四忽內徵糧折糧項下上鄉中鄉下鄉熟田倂加科低田低薄田山新荒舊

荒田得業蕩柴蕩草蕩水漊護塘外不耗熟田斥鹵起運斥鹵存留熟田加科得蕩等項平米科則及準熟田俱與華亭縣相同共實在平米二十七萬九千九百九十二石一斗五升二合九勺內徵糧平米二十四萬七千九百二十三石七斗三升七勺五錢折糧平米九千八百五十六石三斗七合六勺原折四錢今復五錢折糧平米一萬七千八百八十石五斗二合七勺斥鹵起運四錢折糧平米四十五石一斗四合五勺斥鹵存留四錢折糧平米四千二百八十六石五斗七合四勺每徵糧平米一石驗派稅糧銀四錢二分二釐零十銀三分二釐三毫零本色米四斗三升四合八勺零五米一升六合一勺零每五錢折糧平米一石驗派稅糧銀六錢六分三釐五毫零每原折四錢今復五錢折糧平米一石驗派稅糧銀六錢三分四釐七毫零每斥鹵起運四錢折糧平米一石驗派稅糧銀五錢九分九釐九毫零每斥鹵存留四錢折糧平米一石驗派稅糧銀四錢七分七釐五毫零每準熟田一畝驗派地畝銀九釐五毫零各

里銀九釐二毫零外不在丁田徵解匠班銀一百三十兩六錢九分九釐八毫漁課銀一百七十八兩九錢五分八釐門攤課鈔銀四百一十九兩一錢九分九釐義米折抵給俸工經費連閏銀二千二百九十一兩五錢九分五釐五毫

上海縣

原額田地蕩漊一萬四千八百四十九項八十四畝九分九釐四毫一絲除坍荒公占等項今實在成熟幷陞增清出折實田一萬四千六百六十二項四畝九分六釐七毫四絲內徵糧項下上鄉熟田科平米二斗九升五合下鄉熟田科二斗三升五合各鄉傷浦留步熟田每一畝四分准熟田一畝低薄田每一畝五分准熟田一畝傷浦留步低薄田每二畝一分准熟田一畝得業蕩蕩科一斗五升每二畝准熟田一畝傷浦留步得業蕩每二畝八分准熟田一畝柴蕩科一斗每三畝准熟田一畝傷浦留步柴蕩每四畝二分准熟田一畝草蕩水漊科五升每六畝准熟田一畝傷浦留步草蕩每八畝四分准熟田一畝護塘外熟田科二斗五合折糧項下上鄉熟田下鄉熟田護塘外熟

田低薄田得業蕩柴蕩草蕩科則准熟田俱與徵糧上下鄉相同陞科新墾城濠官地科五升每六畝准熟田一畝共實在平米三十八萬六千九百二十三石七斗六升七合七勺內徵糧平米三十三萬九千九百三十二石四升七合折糧平米四萬六千九百九十一石七斗二升七勺每徵糧平米一石驗泒稅糧銀四錢五分三釐一毫零十銀二分九釐八毫零本色米四斗八合三勺零五米一升四合九勺零每折糧平米一石驗派稅糧銀六錢五分七釐三毫零每折實田一畝驗派地畝銀九釐四毫零條里銀八釐九毫零外不在丁田徵解匠班銀二百三十六兩八錢八釐漁課銀一百一兩六錢一分四釐六毫七絲門攤課鈔銀一百兩

青浦縣

原額田山蕩漊八千一百一十六頃六十一畝七分七釐五絲除坍荒公占等項今實在成熟升丈增折實田七千二百九十四頃九十四畝三分七釐七毫內徵糧項下華上鄉熟田科平米三斗六升五合華中鄉熟田科二斗二升各鄉低薄田山新荒田舊荒田得業蕩

柴蕩草蕩水漊科則及淮熟田俱與華亭縣相同海上鄉熟田科二斗九升五合低薄新荒舊荒田得業蕩柴蕩草蕩水漊科則及淮熟田俱與上海縣相同海中鄉熟田科二斗六升五合及不等田蕩科則淮熟田俱與上海縣相同折糧項下華中鄉熟田低薄田山新荒舊荒田得業蕩柴蕩草蕩水漊科則及淮熟田俱與華亭縣中鄉相同海中鄉熟田及不等田蕩科則淮熟田俱與前徵糧相同加科舊荒田每三畝淮熟田一畝科三斗六升共實在平米二十一萬八千四百九十七石一斗六升五合六勺內徵糧平米一十七萬四千九百八十三石一斗一升二合五勺折糧平米四萬三千五百一十四石五升三合一勺每徵糧平米一石驗派稅糧銀四錢二分二釐四毫零十銀三分二釐六毫零本色米四斗四升一合一勺零五米一升六合三勺零每折糧平米一石驗派稅糧銀六錢四分三釐零每折實田一畝驗派地畝銀一分二忽零徭里銀一分一釐一毫零外不在丁田徵解匠班銀一百二兩四錢六分五釐漁課銀

一百三十一兩五錢一分五釐三毫門攤課鈔銀八十三兩五錢五分四釐義米折抵經費銀七百三十二兩

宋紹興四年夏稅一十五萬三千三百五十三貫一百一十五文秋苗米一十一萬二千三百一十六石九斗一升四合〇端平元年行經界法實徵秋苗米五萬七千八百石〇景定四年賈似道行買公田法秋苗加徵至一十五萬八千二百石零〇宋末稅糧共四十二萬二千八百二十餘石乃文思院斛每石止今四斗餘實止二十萬石之數元大德中夏稅絲六百一十二斤零綿一百八十斤零秋糧一十九萬九千七百五十五石一斗九升六合鈔三百七十六錠二錢三分以上田土數俱闕〇至正十五年定墾官民田土四萬五千七百二十二頃六十一畝五分八釐六毫夏稅絲一千三百四十四斤零綿二百三十四斤零麥九萬八千三百五十九石六斗零秋糧米二十五萬六千八百一十三石六斗零鈔一千九百九十八錠四十二兩三錢零明洪武四年定墾官民田地山池塗

蕩四萬七千六百五頃一畝五毫（夏稅）大麥九千九百四十五石一斗七升零小麥一十萬一千五百三十四石三斗四升零絲九千七百八十三兩零綿二千二百二十六兩九錢零鈔一萬五千五百七十四貫九百一十文（秋糧）米一百二十萬五千五百八十一石八斗七升八合二勺豆十萬三千九百二十六石三斗七升八勺穀九百四十三石三斗八升七合一勺〇萬曆二年定墾田山蕩漊四萬二千六百七十六頃七十九畝四分九釐七毫八絲（夏稅）麥八萬八千四百七十一石五斗三升二合五勺內起運八萬七千七百石折銀二萬六千八十兩存留七百七十一石五斗三升二合五勺農桑絲折絹一百七十九疋零折銀一百二十五兩八錢二分零存留絲絹六百九十七疋零折銀四百八十八兩五錢九分零存留鈔三千二百六十七錠七百一十五文折銀四十九兩零每貫價銀三釐照例蠲放免徵（秋糧）正耗米一百十二萬九千七百十七石九斗四升二合七勺七抄內起運本色正耗米四十三萬九千八百六

十八石七斗九升四合九勺零起運折色正米五十八萬四千四百五石六斗六升八合四勺共銀一十九萬六千二百三十六兩四錢五分六釐零存留本色米三萬三千九百六十五石八斗六升八合四勺零存留折色米三萬五千六百九十三石四斗四升四合一勺零撥餘米三萬五千七百八十四石一斗六升七合照例蠲放免徵又稅糧外照丁田均派里甲均平銀一萬一百四十兩零均徭銀三萬七千五百九十三兩零○萬曆四十八年實在田地山池塗蕩四萬二千三百四十三頃四畝五分六毫（夏稅）麥八萬八千三百三十石五斗四升八合折銀二萬六千四百四十七兩二錢四分六毫零（秋糧）九十三萬九千二百二十六石二斗三升二合七勺內起運及改兌本色米二十八萬七千一百三十一石八斗五升五合六勺起運折色米五十七萬九千六百一石四斗六升八合九勺該銀一十八萬五千二百八兩七錢六分四釐七毫存留米五萬六百三十三石二斗存留折色米二萬一千八百五十九石七斗八合二

勺該銀六千一百九十二兩六錢四分稅糧外照丁田均派均徭銀里甲均平銀與萬曆元年相同是年另加派邊餉地畝銀每畝五釐五毫并四十六年加派銀三釐五毫共九釐今謂之九釐地畝銀共銀二萬三千三百六十二兩三錢零

常州府

原額平沙高低圩田山灘蕩埁茶地等項共陸萬壹千玖百捌拾陸頃貳拾陸畝柒分玖釐捌毫玖絲玖忽陸微玖纖

順治拾肆年實在田地陸萬壹千玖百捌拾陸頃貳拾陸畝柒分玖釐捌毫玖絲玖忽陸微玖纖

內除康熙元年遷沙報坍柒年挑廢共平沙田

陸拾叁頃伍拾畝肆分叁釐捌毫玖絲貳忽貳
微又順治拾捌年康熙元貳叁肆伍年拾年拾
伍拾陸拾拾柒年陞增丈增清出共不等田埣灘
蕩肆百貳拾貳頃柒拾畝伍分玖釐陸毫柒絲
伍微貳纖
康熙拾柒年實在不等田地共陸萬貳千叁百肆
拾伍頃肆拾陸畝玖分伍釐陸毫柒絲捌忽壹
纖內除康熙貳拾年奉豁版荒幷挑廢田貳百
伍拾頃壹拾畝貳分玖釐壹毫壹絲玖忽又丈
增蘆洲歸漕田壹百柒頃貳拾貳畝叁分捌毫

柒絲捌忽貳微

康熙貳拾貳年實在成熟不等田地共陸萬貳千貳百貳頃伍拾捌畝玖分柒釐肆毫叁絲柒忽貳微壹纖

共該徵折色稅糧地畝徭里連閏銀伍拾陸萬柒千柒百貳拾兩叁錢玖分伍釐壹毫伍絲玖忽叁微貳纖叁沙壹塵玖渺伍漠貳埃肆逡肆巡

本色米叁拾肆萬貳千柒百捌拾玖石壹斗柒升叁合陸勺叁抄柒撮伍圭壹粟陸顆玖粒肆黍壹稷伍糠麥柒千玖百石柒斗陸升叁合陸

勺壹抄捌撮玖圭伍顆壹粒貳黍

外不在丁田徵解役田租蘆灘絲綿蔴布民山匠班門攤漁課茶引租錢鈔折共銀柒千叁百伍拾兩叁錢陸分叁釐伍毫肆絲肆忽柒微貳纖壹沙

武進縣

原額平沙高低極高低田山灘蕩埄壹萬七千三十六頃二十六畝二分七釐四毫五絲五忽五微九纖除挑廢外今實在并陞丈增不等田山蕩埄共一萬七千一百五十六頃八畝三分二釐八毫八絲二忽八微內平田科平米二斗四合四抄七撮九圭七粟五顆一粒沙田科一斗八升四合八勺七抄四撮九圭六粟六顆二粒高低田科一斗三升四合五勺八抄一圭一粟九顆五粒極高低田科八升三合二勺一抄三撮五圭九粟一顆四粒山灘

蕩埄科三升八合一抄一撮一圭八粟七顆五
粒平田并折實沙高低極高低田山灘蕩埄每
畝驗派稅糧銀七分五釐五毫零十銀四釐九
毫零本色米六升七合六勺零麥一合五勺零
五米二合四勺零地畝銀一分七毫零徭里銀
一分二釐八毫零外不在丁田徵解役田租銀
二千五百八十九兩四錢黃山脚蘆灘除挑廢
實徵并陞丈增銀七百九十三兩九錢三分一
釐四絲八微二纖一沙門攤課鈔連閏銀三百
四十九兩五錢一分一毫四絲漁課連閏銀四
十九兩七錢九分八釐五毫二絲四忽六微六
纖城租銀一百二十八兩七錢三分匠班銀一
百四十七兩三
錢三分九釐

無錫縣

原額平高低田田山灘蕩
墩埄等項一萬四千一
百七十二頃九十七畝三釐九毫五絲今實在
并丈增清出不等田山灘蕩共一萬四千二百
八頃四畝二分七釐二毫八絲內平田科平米
一斗九升五合高田科一斗五升五合低田科
一斗四升四合五勺山灘蕩塘蘆埂涇溝科七
升五合七勺山墩埄城塌地科二升平田并折

實高低田山灘蕩墩塝每畝派稅糧銀七分六釐六毫零十銀四釐六毫零本色米六升四合二勺零麥一合四勺零五米二合三勺零地畝銀一分六毫零徭里銀一分二釐九毫零外不在丁田徵解租鈔折銀二分二釐四絲四忽門攤課鈔連閏銀四百九十一兩八錢五分三釐一毫八絲漁課連閏銀二十八兩一錢二釐三毫二絲一忽九微二纖城租銀一百九十二兩七錢匠班銀一百九十四兩六錢一分六釐

江陰縣

原額平圩沙田塝灘蕩一萬一千一百五十八頃八十六畝五分七釐七絲四忽一微令實在并陞增丈增清出不等田塝灘蕩共一萬一千三百五十四頃三十九畝五釐一絲九忽四微一纖內平田科平米一斗八升二勺九抄六撮九圭八粟六顆三粒圩田科一斗七升四合九勺三抄七撮三圭二粟二顆六粒低田科一斗五升八勺五抄四撮九圭六顆九粒沙田科九升三合九勺三抄四撮七圭八粟七顆一粒塝科一斗四合三勺七抄一撮九圭八粟五顆九粒灘蕩科二升九合二勺二抄

四撮一圭五粟五顆五粒民山科一升四勺三抄七撮一圭九粟八顆五粒平田科并圩低沙田埄灘蕩折實每畝驗派稅糧銀六分九釐八毫零十銀四釐三毫零本色米五升九合三勺零麥一合三勺零五米二合一勺零地畝銀一分一釐零徭里銀一分二釐五毫零外不在丁田徵解門攤課鈔連閏銀三百九十六兩六錢八分六釐一毫六絲漁課連閏銀一十六兩六錢一分八釐二毫五忽一微六纖城租銀三十六兩八錢五分二釐二毫六絲匠班銀一百一十七兩九錢六分三釐

宜興縣

原額平高低田山竹極高茶地灘蕩塘一萬三千九百九十四頃一畝三分八釐二毫二絲除奉豁版荒外實在成熟并丈增蘆洲歸漕田地一萬三千八百七十九頃四十二畝二釐七毫四絲七忽二微平田科平米一斗九升七合七勺九抄八撮二圭二粟四顆四粒高田科一斗七升低田科一斗四升山竹地極高田科八升六合九勺三抄六撮四圭二粟二顆五粒茶地科六升灘塘蕩科五升平田并折實高低田山竹茶地灘

塘蕩毋畝驗派稅糧銀七分七釐四毫零十銀四釐七毫零本色米六升五合一勺零麥一合四勺零五米二合三勺零地畝銀一分九絲零徭里銀八釐四毫零外不在丁田徵解絲綿蔴布民山充餉銀一千三百七十八兩一錢九分九釐六毫三忽一微門攤課鈔連閏銀二百九兩三錢五分三釐四毫一絲九忽澇課連閏銀一十兩八錢五分八釐八絲八忽七微城租銀四十八兩二錢一分五釐六毫五絲茶引銀二十四兩七錢七分四釐匠班銀一百七兩四錢六釐

靖江縣

原額平沙田五千六百二十四頃一十五畝五分三釐二毫除遷沙坍沒挑廢外實在成熟并丈增田五千六百四頃六十五畝二分九釐五毫七忽八微平田科平米一斗一合四勺三抄一撮八圭二黍沙田科六升八合五勺六抄七撮八圭九粟六顆八粒二黍平田并折實沙田毋畝驗派稅糧銀六分一釐四毫零本色米二升五合三勺零麥七勺六抄零地畝銀一分六毫零徭里銀七釐三毫零外不在丁田徵解租錢折鈔銀三分門攤課鈔

連閏銀六兩六錢五分四毫漁課連閏銀八兩八錢二分二毫一絲三忽三微六纖匠班銀一十四兩二錢二分九釐匠班貼解銀七兩七錢五釐二毫九絲四忽

宋寶祐年間晉陵武進無錫宜興四縣夏租除公田外上供絹九千三百三十疋本州准衣絹六百十六疋零上供綿七萬七千三百五十二兩零本州准衣綿四千一百七十兩上供折帛錢三十萬五千八百九十三貫零本州准衣錢九千二百一十四貫零大麥五萬四千五百三十七石八斗五升零小麥九千九百九十四石九斗零秋租除公田外合催上供苗十五萬四千六百九十七石七斗六升零又江陰軍夏租綿三萬二千一百二十九兩五錢絹四千九十七疋零大麥一萬四千二百二十石零小麥二千二百八石零折帛錢八萬九千四百五十五貫零秋租私田苗米三萬六千九百八十九石零省田苗米一萬四千七十八石零元延祐年間本路官民田土六萬二百六十四頃三十四畝四分六釐八毫夏稅麥四千一百六十七石

五斗一升零鈔一百九十五錠九十三兩零〔秋糧〕正米四十九萬六千四百八十九石九斗四升零又江陰州〔夏稅〕絲一千九百七十六觔零綿二千二百四十二觔零鈔九千錠三十四兩零〔秋糧〕米七萬九千七百二十二石四斗零〔明洪武十年統縣四共田土三萬六千三百一十四頃七十六畝〔夏稅〕麥九萬二千六百七十四石三斗零絲一萬四千八百一十七兩零綿六千八百七十一兩七錢零〔秋糧〕米四十二萬三千四百九十七石四斗零○洪武二十四年攢造黃冊寶徵官民田地山灘塘蕩等項四萬五千三百四十五頃二十畝九分一釐〔夏稅〕絲一萬七千七百四十五兩七錢零綿七千六百兩三錢零麥一十二萬八千五百二十三石二斗三升三合〔秋糧〕五十六萬一千一百五十石四斗二升一合零內豆二萬二千八十二石八斗三升六勺○永樂十年實在官民田地山塘灘蕩圩坍等項共五萬四百二頃五十五畝七分八釐一毫〔夏稅〕絲二萬一千五百六十七兩九錢零綿九千二百三十三兩四錢零蔴布六千

一百六十七丈零麥一十六萬六千七百六十四石四斗六升零（秋糧）六十九萬六百五十九石二斗八升零內豆二萬三千六百六十四石五斗一升一合六勺山租鈔七萬九千三百三十六丈馬草六十九萬三千八百六十七包零○宣德十年實在官民田地山灘塘蕩淹等項六萬五百四十四頃二畝一釐七毫實科（夏稅）絲二萬一千九百二兩零綿九千四百二十九兩八錢零麥一十五萬四千一百二十二石五斗四升零（秋糧）米六十萬八千九百六十八石七斗八升零○成化十八年統縣伍實徵官民田地山灘塘蕩等項共六萬一千七百七十七頃七十五畝五五分五毫（夏稅）絲二萬二千六十六兩零綿九千五百二兩零麥一十五萬四千四百九石一斗六升零（秋糧）正耗米六十萬六千八百六十五石一升八合零內豆二萬四千三百四十石八斗八升零鈔一百二十貫四百六十五丈馬草七十一萬三千八百六十三包零

鎮江府

原額田地山塘蕩灘荒白千墩等項共叁萬肆千伍百陸拾壹頃壹拾畝貳分叁釐貳毫

順治拾肆年實在田地等項叁萬肆千伍百陸拾壹頃壹拾畝貳分叁釐貳毫內於康熙元年遷沙除復業外實存鈌額幷康熙拾叁年奉蠲停坍江積荒田地柒百陸拾壹頃伍拾玖畝肆分貳毫又康熙伍年拾陸年丈增清出田地山塘蘆灘叁百叁拾玖頃壹拾壹畝貳分捌釐捌毫

康熙拾柒年實在田地等項共叁萬肆千壹百叁拾捌頃陸拾貳畝壹分壹釐捌毫又於康熙拾

玖年起科開墾荒田并復沙蘆岸泥灘共陸拾捌項肆拾柒畝貳分壹釐壹毫仍存遷沙缺額坍江積荒田地陸百玖拾叁項壹拾貳畝壹分玖釐壹毫

康熙貳拾貳年實在田地等項共叁萬肆千貳百柒項玖畝叁分貳釐玖毫

共該徵折色稅糧地畝徭里連閏銀貳拾肆萬叁百捌拾捌兩叁分肆釐壹毫柒絲柒忽壹微玖纖肆沙玖塵捌渺肆漠壹埃本色米壹拾陸萬壹千伍拾叁石貳斗捌升捌勺陸抄壹撮肆圭

貳粟叄顆伍粒貳粞伍穅麥陸千貳百柒拾柒
石玖斗壹合叄抄玖撮捌圭貳粟陸顆貳粒玖
粞
外不在丁田徵解草場租匠班漁課等項連閏銀
捌百陸拾壹兩肆錢肆分捌釐壹毫柒絲叄忽
玖微柒纖陸沙陸塵
額外歸併省衞原額比科增餘久荒田叄拾頃伍
拾伍畝壹分柒釐陸毫貳絲捌忽捌微內有積
荒坍江田叄頃柒拾壹畝叄分伍釐貳毫玖絲
陸忽

康熙貳拾貳年實在成熟田貳拾陸頃捌拾叁畝
捌分貳釐叁毫叁絲貳忽捌微
共該徵新增協濟米折銀貳拾兩貳錢肆分叁釐
陸絲叁忽陸微貳纖貳沙陸塵陸渺捌漠捌埃
米貳百叁石貳斗陸升玖合陸勺玖抄肆撮捌
粟捌粒玖黍陸稷

丹徒縣原額田地山塘蕩灘一萬一千五百九十頃五十八畝九毫除遷沙坍江缺額外今實在田地等項一萬一千四百一頃一十四畝六分三釐一毫內沙潮田科平米一斗六升六合四抄三撮四圭三粟二顆一粒沙潮地科一斗六升六合四抄三撮四圭三粟二顆一粒山田園市地蘆岸地各科八升三合二抄一撮七圭一粟六顆山地科四升一合五勺一抄

八圭五粟八顆荒白地科二升七合六勺七抄
三撮九圭五粟三粒山塘蕩灘科八合三勺二
撮一圭七粟一顆六粒共實該平米七萬七千
四百五石一升六合九勺六抄八撮九圭一粟
三顆五粒每石驗派條折兵餉銀六錢五分零
十銀七分六釐九毫零本色米八斗五升九合
五勺零麥三升三合七勺零五米三升八合四
勺零共折實田每畝派地畝銀一分四釐零徭
里銀一分九釐零外不在丁田微解草場地租
銀五十三兩一錢九分一釐八毫五忽二微漁
課銀三十兩七錢七釐匠班銀一百二十九兩
六錢檾蔴銀三兩三分三釐蔴膠漁課連閏銀
一十四兩九錢六分五釐七毫四絲四忽六微
又歸併省衞實在成熟田二十六頃八十三畝
八分二釐三毫三絲二忽八微內每畝比田科
米八升六合四勺增協銀九釐二毫三絲二忽
科田科米五升八合三勺二抄增協銀六釐七
毫四絲九忽六微增田餘田科米五升八合三
勺二抄協濟銀一釐七毫四絲九忽六微久荒
折糧比田科米折新增銀二分五釐久荒科田

一科米折新增銀一分八釐五毫

丹陽縣

原額田地山塘蕩灘墾荒干畝一萬二千六百五十八頃七畝二分四釐六毫今實在升丈增清出田地等項一萬二千七百二十六頃八十畝九釐八毫內田地共六則平科一則科平米四升七合五勺七抄一撮○則四升三合二勺四抄六撮三圭六粟三顆六粒○則四升一合三勺六抄六撮八粟七顆○則三升六合五勺九抄二撮七粟六顆九粒○則三升一合七勺一抄四撮○則二升三合七勺八抄五撮九圭山塘蕩灘○則科九合五勺一抄四撮二圭荒干畝一則科四合七勺五抄七撮一圭荒印地一則科一升九合二抄八撮四圭共平米五萬二千七百九石七斗二升二合八勺四抄二撮九圭八粟四顆四粒每石驗派折色起存銀八錢八分三釐五毫零十銀六分六釐七毫本色米七斗三升九合四勺零麥四升七抄零五米三升三合三勺零內查有甘露等寺不當差平米每石驗派起存銀三錢四分五釐七毫零共折實田每畝驗派地畝銀一分七毫零徭里銀一分

九釐九毫零外不在丁田徵解草塲租銀三百三十八兩一分六釐三毫九絲二忽五微五纖一沙六塵漁課銀一十七兩九錢三分匠班銀五十二兩六錢五分粲蔴銀二兩二錢七分四釐七毫五絲

金壇縣

原額田地山塘蕩灘荒白等項一萬三百一十二頃四十四畝九分七釐七毫除積荒外今實在田地等項一萬七十九頃一十四畝六分內民田民蕩田崇禧宮田各科平米七升三合九勺一抄四撮民地宮地并蘇淨淵地各科六升一合五勺九抄五撮荒白田科四升六合一勺九抄六撮三圭五粟建荒圩等荒田科三升七勺九抄七撮五圭民塘蕩宮塘蕩各科一升八合四勺七抄八撮五圭民山科一升二合三勺一抄九撮又折糧項下王宗賢蕩田科七升三合九勺一抄四撮磊石荒山科一升二合三勺一抄九撮除折糧外實熟平米六萬六百九十五石五斗二升五勺五抄二撮五圭八粟二顆每石驗派折色起存銀六錢七分三釐九毫零漕贈銀六分六釐六毫零本色米七斗四升三合七勺零麥

升四合零漕贈米三升三合三勺零又折糧平米二百一十四石七斗一合四勺每石派田三錢不派本色除學田書院白龍廟田地磊石荒山地畝徭里全免外實該當差折實田每畝驗派地畝銀一分一釐六毫零徭里銀一分七釐三毫零外不在丁田徵解草塲租并丈增銀六十六兩三錢八分一釐二毫一絲六忽五微漁課銀五兩五兩八錢八分四釐八毫匠班銀二十九兩二錢五分榮蔴銀二兩二錢七分四釐七毫五絲折色魚線膠連閏銀五兩二錢八分一釐五毫二絲四忽五微黃蔴連閏銀八十四兩九錢五分二毫五絲翎毛連閏銀一十兩九錢一分本色魚線膠并價值連閏銀一十四兩一錢四分六釐九毫四絲六微二纖五沙

宋元田賦府志不載明永樂十二年官民田地山塘蕩灘塲溝蘆地草地雜產共三萬一千九百五十頃六十八畝一分二釐八毫夏稅麥一十五萬七千二百八十二石一斗九升四合一勺絲綿一千二百六十九觔零秋糧米三十八萬九千五百二十石四斗五升八合三勺馬

草八萬三千二百九十八包零〇成化二十年官民田地山塘蕩灘等項共三萬二千七百二十二頃三十五畝一分八釐六毫內成熟減半徵糧官田地等項一萬三百五十六頃八十六畝二分五釐五毫（夏稅）麥五萬四千九百五十八石四斗七升三合三勺絲綿四百八十九觔零折絹二百五疋零（秋糧）米一十三萬四千八百七十六石三斗八升二勺成熟免糧納草民田地等項二萬二千三百六十五頃四十八畝九分三釐一毫（夏稅）麥絲綿全免（秋糧）米豆共一十一萬三千五百八十六石五升八合五勺免徵本色每石准折馬價銀一錢二分絲價銀七分隨糧馬草一十二萬七百八十四包零〇嘉靖十六年巡撫歐陽鐸定賦役冊內開（夏稅）無耗邊江破岸薄收官田地四百六十二頃八十九畝五分麥三千二百一十石四斗二升三合原加耗今不加耗官田地等項九千八百四十一頃二十四畝一分麥四萬二千六百三十九石八斗四升五合以上每石徵銀三錢二分荒白逃絕人戶名下官田地七百六十八頃九

十八畝二分麥四千八十一石一斗三升三合每石徵銀二錢五分（秋糧）無耗官田地六百九十五頃二畝四分正米九千一百一十二石六斗零起耗官田地等項共九千七百三十五頃九十九畝九分三釐三毫正耗米一十五萬二千二十三石九斗二升三合以上每米一石驗派本色七斗四升六合折色銀一錢二分七釐荒白官田地七百六十三頃七十八畝九分正米一萬一千九百五十八石零不徵本色每石折銀三錢二錢五分不等共銀三千二百四十七兩零〇萬曆三年以田有官民不等糧則輕重相懸有司難以清查豪民專事欺隱將槩縣田土不論官民止照畝數攤派糧差共計田地山塘蕩地等項共三萬五千四百七十四頃六十五畝八分七釐六毫額徵（夏稅）麥五萬四千九百五十八石七斗二升八合零各縣折銀不等（秋糧）平米二十萬八千三百九十五石九斗六升零每平米一石驗派本色米七斗一升三合八勺零起運存留加耗船脚歲用俱在內折色銀一錢四分三釐零起運存留楞木蓆板輕

賫扛解歲用俱在內

淮安府

原額田地壹拾柒萬壹千肆百壹拾伍頃陸拾玖畝貳分捌忽內除明季減去桃源縣水占地貳千玖百玖拾柒頃陸拾叁畝陸分捌釐又於順治拾年除無主荒地肆萬肆千肆百陸拾壹頃玖拾伍畝玖分肆釐

順治拾肆年實在成熟田地壹拾貳萬叁千玖百伍拾陸頃玖畝伍分捌釐捌忽內除順治拾捌年遷移東海居民棄廢并堤占傷廢田地壹千

貳百貳拾柒頃陸拾陸畝叁分肆釐捌毫又於
順治拾柒年起至康熙拾柒年共陞科開墾田
地壹萬陸百玖拾玖頃壹拾玖畝陸分玖釐伍
毫伍絲仍存荒幷水占地叁萬陸千柒百陸拾
頃叁拾玖畝玖分貳釐肆毫伍絲又於順治拾
陸年起至康熙拾柒年共額外丈出幷清查出
田地伍千柒百陸拾貳頃貳拾貳畝玖分捌釐
捌毫柒忽柒微壹纖

康熙拾柒年實在成熟幷丈增清出田地壹拾叁
萬玖千壹百捌拾玖頃捌拾伍畝玖分壹釐伍

毫陸絲伍忽柒微壹纖又於康熙拾捌拾玖貳拾年陞科墾荒并廢棄復業領墾田地貳百壹拾肆頃肆拾陸畝玖分肆釐仍荒并廢棄水占地叁萬柒千柒百柒拾叁頃伍拾玖畝叁分叁釐貳毫伍絲又於康熙拾捌拾玖貳拾壹年額外清出墾荒新漲等項田地柒百柒拾叁頃肆拾陸畝叁分貳釐柒毫

康熙貳拾貳年實在成熟并丈增清出田地壹拾肆萬壹百柒拾柒頃柒拾玖畝壹分捌釐貳毫陸絲伍忽柒微壹纖

共該徵折色起存銀貳拾貳萬肆千肆百貳拾捌
兩玖分柒釐貳毫壹忽肆微柒纖伍沙壹塵捌
漠肆埃捌逡壹巡本色米玖萬捌千壹百肆拾
叁石壹斗陸升壹合壹勺柒抄陸撮柒圭肆粟
陸顆壹粒叁黍叁稷壹禾伍秕叁糠伍粞麥貳
萬捌千貳百捌拾伍石壹斗陸升陸合伍勺玖
撮捌圭柒粟壹顆伍粒叁黍柒稷肆禾貳粃
外不在丁田徵解冏地租匠班商稅契水面漁課
等項銀壹千伍百陸拾伍兩陸錢伍分壹釐玖
毫壹絲捌忽壹微玖纖伍沙柒渺肆漠捌埃伍

邊陸巡

額外歸併外衛原額屯建田地壹千伍百貳拾陸

頃玖拾捌畝貳分伍釐柒毫又丈出弁陞科田

地伍百肆拾伍頃壹拾壹畝捌分貳釐肆毫

康熙貳拾貳年實共田地貳千柒拾貳頃壹拾畝

捌釐壹毫

共該徵銀肆千壹百叁兩玖錢伍分玖釐陸絲玖

忽陸微柒纖貳沙玖塵柒渺玖漠貳埃粟米貳

拾柒石陸斗叁升壹合陸勺麥伍百貳拾壹石

陸斗玖升叁合貳勺

山陽縣原額田地一萬八百四十二頃八十一畝五分三釐六毫六絲一忽今實在幷丈增清出田地一萬一千九百七十三頃一十二畝四分四釐七毫六絲七忽八微九纖內每畝田地科稅糧地畝等銀一分五釐三毫一絲零五銀九毫八絲零本色米二升一合三勺零麥三合三勺零上則海灘地科銀五釐下則海灘地科銀二釐八毫外不在丁田徵解冏地租銀六十七兩八錢四分四毫三絲七忽五微水面漁課銀一十三兩五錢三分

鹽城縣原額田地三萬五千七十二頃七十九畝一分三釐七毫除荒外今實在成熟幷丈增田地共三萬三千六十頃七十三畝二分七釐九毫每畝成熟田地科銀九釐八毫七絲零五銀四毫五絲四忽零本色米九合七勺五抄零麥一勺四抄零丈增田地科銀九釐九毫四絲零五銀四毫五絲八忽零本色米九合七勺一抄零外不在丁田徵解草場租銀一百一兩八分六釐九毫四絲四忽一微五纖八沙六渺八埃匠班銀七十二兩四錢五分又歸併外衛原額屯田

三百五十分每分舊制田畝多寡不等共田三百八十頃五十六畝二分五釐七毫又清丈幷清出田二十頃二畝八分二釐四毫屯田每分徵麥折米折幷加徵軍餉銀一兩九錢六分九釐零清丈幷清出屯田每畝陞科銀一分八釐一毫零

清河縣

原額田地四千六百五十一頃三十一畝八分六釐柒毫四絲柒忽除堤占傷廢外今實在成熟幷丈增清出田地四千九百六十九頃九十一畝一分八釐一毫四絲柒忽每畝熟地科起存銀三分四釐五毫五絲零五銀一釐零本色米二升二合五勺零麥五勺二抄零荒地科銀一分一釐五毫零麥九抄零水地科銀一分二釐二毫六絲零麥六抄零外不在丁田徵解冏地租銀七兩一錢六分一釐六毫五絲七忽五五徵匠班銀三十八兩七錢

安東縣

原額田地二萬一千二百九十四頃八十八畝八分又丈增清出田地共一千五百五十八頃八十畝七分八釐三毫一絲一忽五微每畝熟田科折色銀一分一釐八毫零新增加漕銀一釐九毫零半本米一勺九

抄零麥五勺四抄零荒田科銀八釐八毫零其、加漕并米麥與熟田同科淤沙田科銀六釐六絲零不徵加漕其米麥與熟田同科上則灘地科銀五釐下則灘地科銀二釐八毫外不在丁田徵解冏地租并丈增科銀五十九兩七錢九分四毫六忽八微八纖四沙六漠二埃七逡一巡

桃源縣 原額田地一萬九千四百四十三頃三十三畝三分除荒并堤占外今實在成熟并丈增清出田地共一萬五千三十七頃三十三畝一分二釐六毫六絲八忽三微二纖每畝淤地科銀二分二釐六毫六絲零五銀八毫零本色米一升七合麥一合四勺零沙地科銀二分一釐六毫七絲零五銀七毫零本色米一升五合麥一合三勺七抄零崗地科銀二分六毫九絲零五銀六毫零本色米一升四合麥一合三勺一抄零降水地科銀一分九釐七毫零五銀六毫零本色米一升四合麥一合二勺零災熟地科銀一分八釐七毫零五銀二毫九絲零本色米六合一勺零麥一合二勺零災荒地并淤沙出湖田科銀九釐六毫七絲零外不在

丁田徵解問地租銀九兩三分七釐

沭陽縣

原額田地一萬六百二十八頃八十畝八分除荒外今實在成熟并清出開墾田地共七千八百九十六頃六十一畝三分五釐五毫每畝科銀二分六釐六毫零五銀五毫七絲零本色米一升二合三勺零麥六合九勺零外不在丁田徵解問地租銀一十一兩六錢九分四釐七毫九絲匠班銀七十二兩四錢五分

海州

原額田地二萬五百一十頃四十九畝九分四釐除荒棄廢外今實在成熟并清查出田地四千二百八十四頃七十五畝八分一釐五毫七忽每畝科稅糧并缺額丁銀一分五釐六毫九絲零五銀三毫九絲零本色米八合六勺零麥九勺五抄零外不在丁田徵解問地租銀一十一兩七錢五分五釐四毫三絲二忽九微六沙七塵四漠四埃匠班銀四十七兩七錢商稅軍餉銀二百九十兩稅契軍餉銀三十兩七分

贛榆縣

原額田地一萬一千八百九十八頃一十七畝一分一釐九毫除荒外今實在成熟并清出田地共五千七百五十六頃

七十三畝六分二毫六絲每畝科銀二分四絲零五銀三毫零本色米七合二勺零麥三合六勺零外不在丁田徵解冏地租銀九兩一錢二分一釐七絲一忽二微一纖三塵三漠三埃八逡五巡匠班銀六十三兩四錢五分

邳州

原額田地一萬七千六百六十四頃五十三畝七分除荒并堤壓外今實在成熟并報增清出田地一萬三千八百一十七頃七十九畝六分九釐五毫每畝科稅糧地畝并補徵匠役衣裝等銀一分九釐七毫六絲零五銀七絲八忽零本色米一合六勺四抄零麥五合二勺零外不在丁田徵解冏地租銀三十六兩一錢四分二釐五毫九絲七忽五微商稅軍餉銀六百一十一兩二錢二分五釐又歸併外衛原額屯建二地一千一百四十六頃四十二畝又丈出新墾田地五百二十五頃九畝每畝屯地科銀一分七釐麥四合五勺零建地科銀一分麥四合五勺零丈出荒田科銀二分七毫零米一合三勺新墾地科銀一分七釐

宿遷縣

原額田地八千四百七十五畝除堤占傷廢外今實

在成熟并丈出地共八千八百八十二頃三十八畝七釐每畝原額田地科銀二分八釐三毫六絲零五銀三毫七絲零本色米八合四抄零麥五合四勺零丈出窪地科銀二分四釐零五銀三毫七絲零本色米七合八勺零外不在丁田徵解冏地租銀五兩九錢八分五釐九毫二絲

睢寧縣原額田地一萬一千四百三頃七十八畝又清出田地二百四十頃九十三畝二釐七毫四忽每畝科銀一分九釐七毫零五銀六絲零本色米一合三勺零麥二合五勺零外不在丁田徵解冏地租銀六兩四錢六分六毫六絲五微三纖六沙

歷代田賦府志不載(明)初官民田地池塘蘆蕩共一十九萬三千三百三十頃二十五畝○弘治十五年共一十萬一千七十三頃七十三畝○萬曆六年共一十三萬八百二十六頃三十六畝八分零以上賦額無考○萬曆四十年共田地池塘蘆蕩一十六萬九千二百六十八頃九十八畝二分五釐一毫八忽(夏稅)麥本折正耗共十六萬九千六百七十一石三升七合零

秋糧米本折正耗共一十七萬四百一石二斗
二升七合零又按畝均派共里甲銀七萬一千
五百五十兩六錢八分八釐九毫零共均徭
銀三萬三千九百一十五兩三錢二分五釐

揚州府

原額田地山蕩壹拾叁萬伍千玖百伍拾陸頃柒
拾柒畝伍分陸毫玖絲陸忽內於順治拾叁年
除坍江田地壹千捌百壹拾頃叁拾肆畝陸分
捌釐內有原海門縣坍江田地壹拾柒頃壹拾
捌畝

順治拾肆年實在田地山蕩壹拾叁萬肆千壹百
肆拾陸頃肆拾貳畝捌分貳釐陸毫玖絲陸忽

內於順治拾陸年至康熙叁年丈坍幷原圈減公占及康熙拾貳年奉豁坍江田地共陸百叁拾叁頃伍拾壹畝肆分叁毫陸絲貳忽內有原海門縣坍江田地壹百捌頃叁拾陸畝玖分陸釐肆毫又康熙玖年拾叁拾陸年陞增淸出田地山幷蘆洲歸入民田共伍百叁拾捌頃貳拾壹畝陸分柒釐叁毫玖絲

康熙拾柒年實在田地等項壹拾叁萬肆千壹拾壹頃伍拾捌畝壹分肆釐陸毫貳絲肆忽又海門縣裁改海門鄉歸併通州實在田叁拾玖頃

伍拾肆畝玖分伍釐壹毫又於康熙貳拾年陞
增新漲田壹拾叁頃肆拾玖畝捌分玖釐
康熙貳拾貳年實在成熟田壹拾叁萬肆千貳拾
伍頃捌畝叁釐陸毫貳絲肆忽又海門縣裁改
海門鄉歸併通州實在田叁拾玖頃伍拾肆畝
玖分伍釐壹毫
共該徵折色起存連閏銀叁拾萬玖千陸百壹拾
捌兩柒錢肆分伍毫壹忽叁微肆纖柒沙壹塵
肆渺陸漠叁埃貳逡柒巡本色米壹拾貳萬陸
千叁百伍拾壹石伍升陸合柒勺玖抄肆撮伍

圭陸粟肆顆柒粒玖黍壹稷柒糠玖粃壹粞麥
壹萬壹千陸百叁拾捌石叁斗捌升壹勺肆撮
壹圭玖顆伍粒捌黍捌稷壹糠陸粃伍粞
外不在丁田徵解牙餉吏農班等項連閏共銀貳
萬柒百捌拾兩陸釐貳毫肆絲壹忽伍微壹沙
叁塵捌渺肆漠捌埃伍逡伍巡
額外歸併外衛原額屯田玖百肆拾伍頃伍拾肆
畝玖分陸釐清丈出田并基馬二地貳百叁拾
壹頃肆拾肆畝肆分貳釐柒毫柒絲內有寶應
縣併高郵衛低淤水田該折實田貳百壹拾捌

頃玖拾壹畝伍分伍釐貳毫肆絲柒微陸沙叁
塵玖渺叁漠柒埃
康熙貳拾貳年實共田地壹千壹百陸拾肆頃肆
拾陸畝伍分壹釐貳毫肆絲柒微陸沙叁塵玖
渺叁漠柒埃
共該徵銀肆千陸百叁拾陸兩柒錢貳分壹釐陸
絲玖忽貳微肆纖柒沙柒塵肆渺貳漠叁埃叁
逡陸巡
江都縣原額田地一萬七千二百三十三頃三
十三畝八分四釐除坍江公占外今實
在并丈增清出田地一萬七千二百四十二頃
五十四畝三分二釐四毫四絲內每畝上派折

實田科銀二錢四分五釐七毫零五銀一釐九毫零漕鳳米六升二合四勺四抄零麥一升四合二勺零五米一合九勺零下派折實田科銀二錢九分三釐八毫零五銀四釐一毫零漕鳳米一斗二升九合零麥一升四合二勺零五米四合一勺零湖蕩田科銀三釐九毫八絲零五銀一毫零漕鳳米五合八勺零五米一勺九抄零外不在丁田徵解碾餉銀六百二十三兩五錢吏農班銀二十兩二錢餘米軍餉銀二十一兩四錢八分句城塘租出辦蔴膠連閏銀三百五十八兩六分三釐九毫二絲二微二纖五沙牙行出辦銀一百三十一兩一錢四分三釐九毫七絲草蕩租銀一千二百四十六兩七錢九分一釐三毫三絲三忽一微四沙六塵匠班銀一百柒兩三錢五分八釐湖蕩地租出辦銀二百六十二兩一分八釐九毫學租銀三百八兩五錢一分柒釐四毫八絲行夫出辦連閏銀二千九百五十一兩八錢九分又改歸原協濟六合縣本折蔴膠銀一十三兩九錢七毫八絲五忽三微三纖一沙七塵五漠又歸併外衛原額

屯田七十六頃三畝五分丈出田六十三頃九十五畝每畝升麥米折并牛角銀三分四釐零

儀真縣 原額田二千四百二頃二十二畝一分二釐八毫除坍江外今實在并丈增及蘆田歸入民糧共田二千四百三十三頃七十九畝六毫內每畝上田科銀一錢二分七釐二毫零五銀六毫零漕鳳米一升八合三勺零麥八勺九抄零五米六勺零中田科銀六分三釐六毫零五銀三毫零漕鳳米九合一勺零麥四勺四抄零五米三勺零下田科銀四分二釐四毫零五銀二毫零漕鳳米六合一勺零麥二勺九抄零五米二勺零外不在丁田徵解草場租銀二百六十兩八錢四分六釐一毫八絲四忽劉塘租銀五十一兩三錢八分九釐八毫六絲堆鹽戶出辦銀二百一十八兩九錢六分三釐七毫五絲三忽一微三纖八沙鹽牙出辦銀一百六十二兩三錢六分三毫二絲八忽牙餉銀一百一兩吏農班銀一十五兩一錢五分商稅除民壯軍餉并帶徵操餉外實該連閏銀一千七百五十八兩四分八釐八毫八絲礮餉銀九

十九兩五錢封引經紀出辦包索餉銀六十兩散錢戶出辦顏料價值等銀二百三十八兩三錢五分三釐一毫六絲八忽一微八纖七沙五塵餘米軍餉銀二兩六錢四分五釐匠班銀七兩二錢老活船出辦銀二百六兩八錢陳公塘租銀三百二兩四分四釐三毫八忽一微一纖本縣關廂隙地租銀六十五兩八錢四分九忽六微五纖學租銀四十四兩一錢九釐五毫二絲单夫銀二千四十八兩捆粉地租銀六十四兩八錢二分五釐濠地出辦銀四十五兩六錢六分三釐三毫稅契出辦俸工等項連閏銀四百四十兩六錢六分六釐六毫四絲

泰興縣原額田地一萬二千五百九十七頃六十二畝九分二釐三毫除坍江外今實在田地一萬二千四百二十七頃二十二畝一分三釐八毫八絲八忽內每畝一等田科銀八分八釐九毫零漕幷月糧米三升一合四勺零麥六合四勺零五米一合四勺九抄零五銀一釐四毫九絲零一等地科銀麥與一等田相同不科漕止科月糧米一合四勺九抄零次一等田科銀五

分九釐三毫零漕月糧二升九勺零麥四合
二勺零五米九勺九抄零五銀九毫九絲零次
一等地科銀麥與次一等田相同不科漕止科
月糧米九勺九抄零二等田科銀四分四釐五
毫零米一升五合七勺零麥三合二勺零五米
七勺四抄零五銀七毫四絲零二等地科銀麥
與二等田相同不科漕止科月糧米七勺四抄
零三等田科銀二分二釐三毫零米七合八勺
零麥一合六勺零五米三勺七抄零五銀三毫
七絲零三等地科銀麥與三等田相同不科漕
止科月糧米三勺七抄零四等田科銀一分二
釐八毫零米四合四勺零麥九勺一抄零五米
二勺一抄零五銀二毫一絲零四等地科銀一
分三釐八毫零米二勺二抄零麥九勺八抄零
五等地科銀一分五絲零米一勺六抄零麥七
勺一抄零外不在丁田徵解牙餉銀六十兩六
錢更農班銀一十五兩一錢五分草塲租銀一
千一百六兩五釐七毫二忽三微五沙四塵礦
餉銀五十七兩餘米軍餉銀八兩四錢六分商
稅出辦銀一百二十五兩七錢三分二釐二毫

三絲九忽學租銀一十九兩六錢八分六釐匠
班銀九十八兩三錢八釐水面出辦漁課蔴膠
價銀三兩九錢二分二釐五毫
二絲二忽自理折穀銀九十兩

高郵州原額田
二萬五千八百二十三頃四十一畝七分七毫今實在
成熟田地同內每畝上田派稅糧地畝等銀二
分七釐五毫六絲零中田派銀二分三釐三毫
六絲零西南二河下田派銀一分八釐二毫零
北河下田派銀一分三釐六毫零陞科田派銀
一分三釐八毫三絲零祖竈田派銀五釐四毫
零以上各田俱每畝派漕鳳月糧米四合三勺
零麥五抄零五米一勺七抄零五銀一毫七絲
零三河淌田派銀三釐八毫零止派漕米三合
五勺零五米五銀與前相同外不在丁田徵解
牙餉銀一百一兩吏農班銀二十兩二錢漁戶
蔴膠價連閏銀四十一兩五錢八分一毫四絲
一忽五微四纖六沙礦餉銀三百七十兩餘米
軍餉銀一十八兩五錢一分三釐牧馬草塲租
銀三百九十八兩八錢九分四釐九毫八絲五
忽三微匠班銀六十兩商稅出辦縈蔴幷存留

解給銀一十九兩六錢一分四釐五毫五絲湖蕩地租銀五百三十八兩四錢七分五釐六毫埠頭出辦銀二百兩又歸併外衛原額屯田三百九十項三十二畝五分又丈出田五十四項七十八畝八分四釐每畝科麥米折并牛角價銀三分四釐零

興化縣

原額民竈田二萬四千二百七十二項六畝九分七釐八絲六忽今實在田同每畝科銀一分一釐七毫八絲零新增加漕銀二釐七絲零五銀三毫三絲零米六合七勺零麥一勺零五米三勺三抄零升不在丁田徵解牙餉銀三十兩三錢吏農班價八兩八分礦餉銀一百七十六兩五錢餘米軍餉銀三十三兩二錢九分一釐草塲租銀三十五兩九分四釐七毫二忽三微漁船稅出辦銀一十三兩一錢六分六釐商稅銀七兩七分匠班銀一百三十兩二錢三分二釐又歸併外衛原額屯田一百五項每畝科米折軍餉等銀八分五釐六毫二絲五忽零

寶應縣

原額官民田地二千二百二十一項七十四畝三分九釐今實在田同每畝科銀九分九毫七絲零

五銀一釐六毫五絲零米四升四合八勺四抄零五米一合六勺五抄零外不在丁田徵解牙餉銀四十兩四錢吏農班銀八兩八分草塲租銀四十五兩五錢七分二釐三絲八忽七纖五抄一塵九埃三逡漲餉銀六十八兩餘米軍餉銀一十四兩七錢三分商稅出辦銀五百一十二兩三錢九分八釐九毫六絲三忽四微九纖二沙河泊所漁課鈔蔴膠價值連閏銀一百八十七兩八分一釐九毫二絲八忽四微七纖五沙匠班銀一十六兩六錢五分湖灘地租銀九十四兩五錢四分二釐二毫潼河租銀一百七兩七錢九分漁戶鈔折銀五兩九錢九分八釐四毫八絲二忽又歸併外衞原額屯田七十二頃四十畝又丈出田九十三頃八分四釐內有低淤水田折實田八十頃四十七畝九分六釐四毫七絲七微六沙三塵九渺三漠七埃每畝科麥米折并牛角　泰州原額田地九千二百九銀三分四釐零　十頃四十畝五分四釐五毫一絲今實在田同內每畝官民田科起存銀四分五釐八毫七絲零五銀二釐九毫零[illegible]

鳳月糧米七升二合五勺零五米二合九勺零
民竈田科銀二分八釐零鳳米一升八勺零合
民地科銀八分七釐二毫零麥六升九合二勺
零豆六升九合零陸地科銀四分三釐一毫零
民竈地科銀四分一釐零麥六升九合六勺零
豆六升九合零外不在丁田徵解牙餉銀一百
一兩吏農班銀二十兩二錢礦餉銀三百兩商
稅出辦銀七十三兩六錢二釐二毫一絲六忽七微
餘米軍餉銀八十兩七錢五分三釐草場租銀
一百四十五兩七錢五分九釐九毫四絲八忽
一微六纖四沙四塵二渺五漠免糧田出辦馬
價草料銀四十一兩二錢八分四釐九毫六絲
六忽七微四纖七沙湖灘出辦銀八十六兩六
錢一分五毫匠班銀三百三十九兩九錢六分
三釐家鴨等行出辦蘆膠價連閏銀五十六兩
三錢二釐二毫六絲五忽四微三纖七沙五塵
又歸併外衛原額屯田二百一十頃三畝三分
六釐淸出田四頃一十二畝六分七毫七絲每
畝科麥米折并加徵軍餉

銀一分八釐二毫八絲零

如皐縣

原額田三萬一百八十七

頃八十七畝除坍江外今實在民竈田三萬八十三頃四十九畝一分六釐每畝民田科銀六釐六毫零五銀七絲七忽零米一合六勺零麥四勺七抄零五米七抄七撮零竈田科銀四釐四毫零其米麥五米五銀與民田相同外不在丁田徵解牙餉銀五十兩五錢吏農班銀一十五兩一錢五分碾餉銀一百二兩五錢餘米軍餉銀九兩三錢五分五釐牙行坐稅連閏銀七百一兩九錢草塲租銀二百二十五兩八錢一分七毫二絲九忽九微九纖一沙二塵二渺三漠九埃二逡五巡漁戶出辦蔴膠價値連閏銀一百一十三兩三錢二分九釐七毫一絲八忽四微匠班銀七十兩一錢七分九釐

通州

原額田地一萬一千七百六十二頃九十八畝八釐八毫除坍江丈坍外今實在成熟幷淸出田地一萬二百三十頃三十九畝七分九釐田毫又新併海門縣改爲海門鄉實存田三十九頃五十四畝九分五釐一毫內每畝民上田科錢九分五釐二毫零五銀五毫二絲零米一升三合四勺零麥三合四抄零五米五勺四抄零

民中田科銀四分七釐六毫零五銀二毫六絲
零米五合五勺零麥一合五勺零五米二勺六
抄零民下田科銀二分三釐八毫零五銀一毫
三絲零米二合七勺零麥七勺六抄零五米一
勺三抄零附竈漁上田科銀七分七釐三毫零
五銀五毫零米一升一合六抄零麥三合四抄
零五米五勺二抄零附竈漁中田科銀三分八
釐六毫九絲零五銀二毫六絲零米五合五勺
零麥一合五勺零五米二勺六抄零附竈漁下
田科銀一分九釐三毫零五銀一毫三絲零米
二合七勺零麥七勺六抄零五米一勺三抄零
優免祖竈香火上田科銀二分三釐五毫零五
銀五毫二絲零米一升一合零麥三合四抄零
五米五勺二抄零優免祖竈香火中田科銀一
分一釐七毫零五銀二毫六絲零米一升一合
零麥一合五勺零五米二勺六抄零優免祖竈
香火下田科銀五釐八毫零五銀一毫三絲零
米二合七勺零麥七勺六抄零五米一勺三抄
零新併海門鄉中民田科銀四分一釐三毫零
五銀三釐四毫零米六升八合一勺零麥四合

八抄零五米三合四勺零中竈田科銀三分七
釐九毫零其米麥五米五銀與中民田相同外
不在丁田徵解牙餉幷新併海門鄉銀一百二
十一兩二錢吏農班銀二十八兩二錢八分磯
戶出辦銀三百八十六兩餘米軍餉銀一十兩
七錢七分三釐匠班銀二百五十九兩一錢一
分塹基出辦銀一十兩七錢一分七釐五絲草
蕩租幷丈增銀一十二兩八錢二釐八毫五絲
七忽四微九纖五沙九塵三渺河泊所漁課出
辦蔴膠連閏銀一百三十七兩七錢三釐九絲
四忽三微二纖五沙商稅出辦銀一十六兩二
錢一分六釐五毫新併海門鄉自理紙贖幷坐
稅出辦銀一百三十八兩又歸併外篇原額屯
田九十一頃七十五畝六分丈出田一十五頃
五十七畝一分四釐原額屯田每畝科米折幷
軍餉銀二分七釐九毫零丈出田每畝科米折
銀二分四釐六毫零
〔宋〕熙寧十年淮南路田九十六萬八千六百八
十四頃二十畝官田四十八百八十七頃一十
三畝〔夏秋稅〕四百二十二萬三千七百八十四

貫○宣和元年淮南路催額一百一十一萬一千六百四十九貫萬壽節貢銀九千二百五十四兩折銀錢一千七十九貫二百二十一文江淮發運貢銀五百兩江淮等路提點鑄錢司貢銀一千兩南郊貢銀三千五百兩折銀錢六千一百三十九貫五百一十二文絹一萬五千疋每歲常貢白苧布莞蓆銅鏡泰州貢隔織通州貢獐皮鰾膠眞州貢麻紙（元）制沿革無考（明）賦稅一以田畝爲定更十歲一淸覈其事產田糧收除之數以審均其徭賦歲徵（夏）秋稅糧三十五萬餘石貢課或非任土所有則折徵銀錢其役法則有里甲均徭凡雜項差役悉倚辦于此

徐州幷屬

原額田地壹拾萬玖千叁百柒拾陸頃柒拾貳畝叁釐玖毫叁絲陸忽柒微內除久不起科徵山河沉湖挑堤占義塚等地肆千肆百伍拾陸頃

伍拾貳畝陸分又於順治拾年除無主荒地貳
萬叁千壹百玖拾柒項陸拾貳畝伍分壹釐
順治拾肆年實在成熟田地捌萬壹千柒百貳拾
貳項伍拾陸畝玖分貳釐玖毫叁絲陸忽柒微
內於康熙拾壹年奉豁版荒田地肆千柒百貳
拾伍項壹拾柒畝捌分又於順治拾伍年起至
康熙拾柒年共陞科開墾清出田地壹萬貳千
陸百捌拾貳項柒拾玖畝叁分陸釐捌毫玖絲
陸忽伍微肆纖捌沙仍存原荒地壹萬伍百壹
拾肆項捌拾叁畝壹分肆釐壹毫叁絲肆微伍

纖貳沙
康熙拾柒年實在成熟田地捌萬玖千陸百捌拾
頃壹拾捌畝肆分玖釐捌毫叁絲叁忽貳微肆
纖捌沙又於康熙拾捌貳拾年貳拾貳年共陞
科墾荒清出田地伍百柒拾捌頃貳拾肆畝陸
分陸釐肆毫陸絲壹忽仍存原荒并版荒地壹
萬肆千陸百陸拾壹頃柒拾陸畝貳分柒釐陸
毫肆絲貳忽肆微伍纖貳沙
康熙貳拾貳年實在成熟田地玖萬貳百伍拾捌
頃肆拾叁畝壹分陸釐貳毫玖絲肆忽貳微肆

纖捌沙

共該徵折色起存連閏銀壹拾壹萬壹百陸兩肆
錢捌分伍絲捌忽柒微柒纖陸沙叁塵肆渺玖
漠陸埃陸逡伍巡本色米伍萬貳千伍百捌拾
叁石貳升叁合貳勺肆抄貳撮貳圭伍粟壹顆
伍粒肆稷柒禾貳糠叁粃麥柒千伍百叁拾石
捌斗捌升肆合柒勺捌抄壹撮叁圭貳粟叁顆
叁粒壹黍壹稷貳禾伍糠叁粃

外不在丁田徵解草場租匠班積穀軍餉銀壹千
壹百貳拾伍兩玖錢柒分柒釐

徐州原額田地四萬一千九百七十三頃一十九畝六分三釐六毫八絲五忽除久不起科徵山湖沉河挑堤古荒地外今實在成熟并開墾清出田地二萬八千九百二十一頃三十三畝二分五釐一毫四絲六忽每畝科銀一分二釐二毫零五銀三毫二絲零粟米六合九勺一抄零麥一合二勺零外不在丁田徵解馬場租銀一十一兩七錢五分匠班銀一百四十八兩五分

豐縣原額田地一萬五千一百八十三頃九十七畝九釐八毫今實在田地同每畝科銀一分六釐零五銀一毫三絲零粟米二合八勺零麥三勺三抄零外不在丁田徵解積穀軍餉銀二百一十兩馬場租銀六兩一錢五分匠班銀六十一兩六錢五分

沛縣原額田地一萬六千三百六十九頃九十七畝三分八釐二毫除荒外今實在成熟并清出田地一萬四千五百三十四頃二十五畝八釐九毫二絲六忽五微四纖八沙每畝科銀一分四釐四毫零五銀二毫六絲零粟米五合六勺零麥一合五抄零外不在丁田徵解積穀軍餉銀

一百二十兩馬場租銀一十三兩八錢六分匠班銀六十七兩五錢

蕭縣

原額田地二萬二千一百二十頃四畝四分二釐除荒外今實在成熟并清出田地一萬八千五百六十四頃七十五畝二分四釐九毫五絲每畝科銀一分二釐五毫零五銀三毫三絲零粟米七合六抄零麥八勺零外不在丁田徵解積穀軍餉銀一百二十兩馬場租銀九兩九錢七分五釐匠班銀六十七兩五錢

碭山縣

原額田地一萬三千七百七頃五十三畝五分二毫五絲一忽七微除荒外今實在成熟并清出田地一萬三千五十四頃一十二畝四分七釐四毫七絲一忽七微每畝科銀九釐六毫零五銀二毫五絲零粟米五合三勺零麥三勺捌抄零外不在丁田徵解積穀軍餉銀二百一十兩草場租銀一十七兩四錢四分二釐匠班銀六十二兩一錢

歷代田賦州志無考〔明〕萬曆四十三年徐州并屬縣四共實在田地一十萬四千九百二十頃一十九畝四分二釐共徵稅糧條鞭銀八萬三

千八百七十二兩四錢九分四釐地畝銀一萬
四千四百七十九兩三錢一分二釐本色粟米
四萬八千四百二
十一石四合一勺

江南通志卷之第十七終

江南通志卷之第十八

田賦

安徽布政使司 轄安慶徽州寧國池州太平廬州鳳陽七府滁和廣德三州

原額田地肆拾叁萬柒千叁百玖頃柒拾叁畝玖分伍亳叄絲玖忽陸微叄纖陸沙又池州府雲霧荒山壹拾陸頃叄畝玖分廬州府草山叄千貳拾里柒亳滁州馬田壹百柒拾壹頃畝桑絲壹千陸百陸拾叁兩陸錢內除挖廢坍江田塘地灘溝叄百伍拾叄頃捌拾畝玖分壹釐又除荒蕪田地壹拾叄萬貳千貳百柒拾頃柒拾肆

畝叁釐捌毫肆絲貳忽荒草山壹千貳百玖拾
里陸分貳釐壹毫柒絲又節年開墾陞科田壹
萬叁千玖百陸拾頃壹拾陸畝貳分陸釐玖毫
叁絲陸忽仍有荒田壹拾壹萬捌千叁百壹拾
頃伍拾柒畝柒分陸釐玖毫陸忽又滁州額外
陞科田柒拾壹畝叁分叁釐陸毫又查滁州山
塘折實成田計折去田貳百柒拾捌頃肆拾伍
畝壹分伍釐捌毫貳絲
順治拾肆年實在成熟田叁拾壹萬捌千叁百陸
拾柒頃陸拾壹畝肆分肆毫壹絲叁忽陸微叁

纖陸沙雲霧荒山壹拾陸頃叁畝玖分草山壹千柒百貳拾玖里叁分捌釐伍毫叁絲馬田壹百柒拾壹頃畝桑絲壹千陸百陸拾叁兩陸錢又於順治拾陸年鳳陽府歸併潁川潁上貳衛所原額屯田捌千貳百叁拾叁頃伍拾柒畝伍分內除民衛續拋荒田地壹萬柒千壹百肆拾伍頃貳拾壹畝捌分肆釐壹毫陸絲貳忽又節年開墾陞科田肆萬貳千壹百陸拾柒頃玖拾叁畝壹分肆釐捌毫貳絲壹忽陸微肆纖貳沙仍有荒田玖萬叁千貳百捌拾柒頃捌拾陸畝

肆分陸釐貳毫肆絲陸忽叁微伍纖捌沙又清出草山捌百陸拾叁里柒分貳釐壹毫仍有荒草山肆百貳拾陸里玖分柒絲又節年清出溢額壓科田叁百伍頃肆拾肆畝肆分柒釐肆毫柒絲壹忽叁微伍纖捌沙又和州屬田地山塘折實成田計折去田壹千陸百貳頃玖拾玖畝伍分陸釐貳毫肆絲玖忽伍微捌纖肆沙肆塵伍埃壹渺捌漠

康熙拾柒年實在成熟田叁拾伍萬叁百貳拾陸頃叁拾伍畝壹分貳釐貳毫玖絲肆忽伍纖壹

沙伍塵肆埃捌渺貳漠雲霧荒山壹拾陸頃叁
畝玖分草山貳千伍百玖拾叁里壹分陸毫叁
絲馬田壹百柒拾壹頃畝桑絲壹千陸百陸拾
叁兩陸錢又節年開墾陞科田壹千貳百伍拾
玖頃柒拾捌畝玖分柒釐陸毫伍絲壹忽貳微
仍有荒田玖萬貳千貳拾捌頃柒畝肆分捌釐
伍毫玖絲伍忽壹微伍纖捌沙又開墾併清出
溢額田地玖拾陸頃肆拾玖畝玖分柒釐壹毫
肆絲叁忽貳微肆纖壹塵柒埃叁渺柒漠又鳳
陽府清出溢額積荒田地伍百陸拾捌頃柒拾

畝肆分捌釐貳毫伍絲又除堤占水沉新荒田
地叁頃肆畝捌分伍釐肆毫又盧鳳貳屬田地
山塘折實成田計折去田貳萬陸千叁百壹拾
壹頃壹拾捌畝捌分肆釐伍毫陸絲柒忽捌微
肆纖壹沙叁塵叁埃叁渺柒漠
康熙貳拾貳年實在成熟幷溢額折實田地叁拾
貳萬伍千叁百陸拾捌頃肆拾畝叁分柒釐壹
毫貳絲陸微伍纖叁塵捌埃捌渺貳漠雲霧荒
山壹拾陸頃叁畝玖分草山貳千伍百玖拾叁
里壹分陸毫叁絲馬田壹百柒拾壹頃畝桑絲

壹千陸百陸拾叁兩陸錢
共該折色起存銀壹百叁拾捌萬壹千伍百伍拾
肆兩貳錢捌分叁釐叁毫肆絲肆忽玖微伍纖
柒沙柒塵叁渺陸漠雲霧荒山租鈔銀柒錢玖
分伍釐叁毫叁絲又不在丁田派徵魚課羨餘
廠租抵解正項銀貳千玖拾肆兩玖錢壹分捌
釐陸毫捌絲米肆拾萬柒千捌拾石貳斗肆合
肆勺捌抄捌撮玖圭伍粟玖粒伍顆玖穎壹黍
柒稷麥壹萬壹千貳拾陸石叁斗貳升貳合陸
勺柒抄玖撮壹圭捌粟伍顆壹黍叁稷豆貳萬

叁千貳百叁拾伍石玖斗玖升肆合叁抄肆撮
玖圭肆粟貳粒壹顆柒穎貳黍陸稷
外不在丁田徵解商稅魚課城濠牧象草塲門攤
稅協濟昌平州黃白蔴翎毛野味天鵞魚線膠
鰣鮓門面江夫河篷租更名丁田太僕寺牛犢
熟鐵生銅匠班等項共銀叁萬貳千肆百肆拾
貳兩貳釐貳毫壹忽陸微伍纖陸沙柒塵柒埃
壹渺肆漠遇閏加銀叁百捌拾叁兩壹錢陸分
叁釐柒毫伍絲伍忽捌微貳纖貳沙陸塵壹埃
伍渺捌漠麥貳拾伍石陸斗肆升肆合壹勺肆

抄捌撮伍圭貳粟貳粒陸顆陸穎肆黍貳稷米
壹千肆百伍拾陸石壹斗柒升玖合肆勺捌抄
玖撮壹圭叁粒捌顆壹穎叁黍柒稷廣惠庫銅
錢壹萬貳千柒拾伍文伍分遇閏加錢柒百伍
拾捌文壹分
額外歸併省外衛原額并丈增屯田共貳萬柒千
陸百陸拾頃貳拾肆畝伍分玖釐壹毫叁絲叁
忽叁纖柒沙壹塵叁埃肆渺肆漠內有積荒田
地除節年開墾陞科抵補并清出溢額田地外
仍有荒田肆千伍百叁拾壹頃陸拾玖畝貳分

肆釐貳毫肆絲伍忽肆纖叁沙壹埃肆渺玖漠
又節年開墾井清出溢額陞科田伍千肆百捌
拾陸頃捌拾伍畝陸分貳毫伍絲肆忽捌微肆
纖伍沙貳塵伍埃貳漠

康熙貳拾貳年實在成熟井清出溢額屯田共貳
萬捌千陸百壹拾伍頃肆拾畝玖分伍釐壹毫
肆絲貳忽捌微叁纖玖沙叁塵陸埃玖渺柒漠
共該額徵銀伍萬叁千玖百柒拾捌兩叁錢肆分
貳毫肆絲捌忽伍微壹纖捌沙伍塵伍埃玖漠
貳逡陸巡米捌萬柒千貳百肆拾伍石柒斗叁

升玖合伍勺貳抄壹撮柒圭柒粟叁粒叁顆玖穎玖黍伍稷伍糠伍粃麥叁千玖百肆拾伍石壹斗柒升伍合陸勺陸抄捌撮伍圭貳粟伍粒壹顆陸穎叁稷伍糠伍粃折色豆貳千五百玖拾陸石捌斗貳升玖合捌勺肆抄肆圭陸粟每石折銀柒錢共該銀壹千捌百壹拾柒兩柒錢捌分捌毫捌絲捌忽叁微貳纖貳沙

外不在丁田徵解集租火藥楞木等銀伍百肆拾壹兩貳錢伍分叁毫玖絲伍忽捌微捌纖叁沙伍釐制錢拾千文再查安屬州縣田地錢糧內有辦解各項本色顏料原於

康熙拾貳年題定時價因州縣全書額編價值與題定價值不符中有補徵減徵之不一至於應增應減數目俱於各年由單內核定另則統田畝額則內一條編徵蓋因不係歲修之常供未便入垂久之章程

今志不載非闕畧也

安慶府

原額田塘共貳萬壹千捌百柒拾貳頃柒拾柒畝伍分叁釐叁毫柒絲貳忽內除荒田壹萬捌百柒拾柒頃柒拾柒畝陸分壹釐壹毫壹絲貳忽

又節年開墾陞科田叁千陸百壹拾叁頃壹拾柒畝玖分捌釐貳毫肆絲仍有荒田柒千貳百陸拾肆頃伍拾玖畝陸分貳釐捌毫柒絲貳忽

順治拾肆年實在成熟田塘壹萬肆千陸百捌頃壹拾柒畝玖分伍毫又節年開墾陞科田伍千玖百肆拾壹頃柒拾捌畝柒分捌釐伍毫叁絲捌忽玖微仍有荒田壹千叁百貳拾貳頃捌拾畝捌分肆釐叁毫叁絲叁忽壹微又康熙拾陸年清出溢額田壹頃捌拾捌畝貳分陸釐玖絲伍忽

康熙拾柒年實在成熟并清出溢額共田塘貳萬伍百伍拾壹頃捌拾肆畝玖分伍釐壹毫叁絲叁忽玖微又節年開墾陞科田肆拾捌頃肆拾

玖畝叁分玖釐仍有荒田壹千貳百柒拾肆頃
叁拾壹畝肆分伍釐叁毫叁絲叁忽壹微
康熙貳拾貳年實在成熟田地貳萬陸百頃叁拾
肆畝叁分肆釐壹毫叁絲叁忽玖微
共該徵條折起存等銀共壹拾伍萬貳千伍百柒
拾叁兩壹錢貳分玖釐柒毫伍忽壹微陸纖貳
沙壹塵捌埃肆渺玖漠又望江縣不在丁田派
徵魚課羨餘抵解正項銀叁百柒兩伍錢貳分
肆釐捌絲本色米壹拾萬陸千壹百伍拾壹石
陸斗貳升伍勺叁抄叁撮玖圭陸粟叁粒叁顆

玖穎伍黍伍稷

外不在丁田徵解商稅昌平魚課匠班銀肆千伍百叄拾捌兩柒錢陸分伍釐柒毫玖絲柒微遇閏加銀貳百肆拾陸兩捌錢伍分貳釐貳毫貳絲柒忽壹微貳纖

懷寧縣原額田三千四百八十一頃五十畝一分四釐二毫二絲二忽今實在成熟并溢額共田三千四百八十三頃三十八畝四分三毫一絲七忽每畝科銀七分九釐四毫零科漕贈銀一釐四毫零科米五升一合六勺零科漕贈米一合四勺零外不在丁田徵解商稅銀一百三十七兩二分五釐協濟昌平州銀三兩匠班銀八十四兩一錢五分京府庫魚課銀四百七十四兩三錢二釐六毫遇閏加銀三十五兩九錢二毫七絲

桐城縣原額田塘共四

千一百頃六十一畝三分六釐今實在同毋田一畝科銀八分三釐七毫七絲零漕贈銀一釐四毫一絲零科米五升一合一勺零漕贈米一合四勺一抄零毋塘一畝科銀八釐四絲零漕贈銀一釐四毫零科米五升三合五勺漕贈米一合四勺零外不在丁田徵解商稅銀三十四兩七錢八分九釐六毫協濟昌平州銀三兩匠班銀一百二十兩六錢京府庫魚課銀一千二百九十六兩三錢八分三釐二毫三絲遇閏加銀一百二十四兩六錢四分八釐四毫六忽三微二纖

潛山縣

原額田三千二百頃八十二畝九分二釐二毫五絲除荒外實在成熟田二千六百二十頃六十畝六分二釐一毫一絲六忽毋畝科銀八分二釐一絲零漕贈銀一釐四毫零科米五升一合六勺零漕贈米一合四勺零外不在丁田徵解商稅銀三十九兩六錢五分四釐五毫八絲一忽協濟昌平州銀三兩匠班銀七十四兩二錢五分房地酒醋銀一兩一錢五分八釐五毫七絲遇閏加銀二兩九錢七分七釐五毫零

太湖縣

原額

田四千一百九十六頃八十四畝三分八釐除荒外實在成熟田三千六百四十八頃四十四畝一分一釐六毫九微每畝科銀七分二毫零漕贈銀一釐三毫零科米五升一合二勺零漕贈米一合三勺零外不在丁田徵解商稅銀三十一兩協濟昌平州銀三兩匠班銀一百二十七兩八錢房地銀三錢四分五釐八毫二絲遇閏加銀二分四釐九毫五絲

宿松縣原額田四千四百二頃五十二畝二分二釐九毫除荒外實在成熟田四千七十六頃八十二畝三分四釐一毫每畝科銀五分九釐八毫零漕贈銀一釐二毫零科米四升七合四勺零漕贈米一合二勺零外不在丁田徵解商稅銀三十一兩二錢三分四釐協濟昌平州銀三兩匠班銀四十一兩八錢五分京府庫魚課銀九百七十四兩二錢二分二釐六毫八絲六忽二微遇閏加銀三十四兩八錢六分四釐四毫二絲七忽八微

望江縣原額田二千六百七十頃四十六畝五分今實在同每畝科銀六分五釐二毫零漕贈銀一釐三毫零科米四升七

合六勺零漕贈米一合三勺零外不在丁田徵解商稅銀四十一兩二錢三分五釐協濟昌平州銀三兩匠班銀二十三兩八錢五分京府庫魚課銀九百八十六兩九錢一分四釐七毫三忽五微遇閏加銀四十八兩四錢五分六釐六毫七絲三忽

〔元〕地三百二十一頃九十六畝四分官田六百四十一頃八十四畝二分二釐三毫二絲六忽民田六千四百四頃二十八畝九分一釐八毫〔夏稅〕麥九百六十五石八斗九升二合〔秋糧〕稻一萬二千九百六十五石二斗一升三合九抄八撮五圭二粟米一萬九千二百一十二石八斗六升七合五勺四抄〔明〕洪武年間田地官五百七十六頃六畝一分五釐民二萬九百八十五頃八十一畝三分塘堰官九頃七十一畝八分民三百一十二頃二十五畝七分〔夏稅〕麥二萬一百九石四斗四升七合三勺麰折米二百一十一石六斗六升六合二勺〔秋糧〕米十一萬六千二十四石二二合二勺○正德年間官民田地山塘堰二萬一千九百五頃二十五畝一分七

釐（夏稅）麥一萬七千六百六十二石八斗一升
五合八勺九抄四撮五圭四粟麴一千九百三
十七石七斗六升四合六勺九抄四撮二圭每
麴一斗五升抄徵麥一斗（秋糧）米一十萬八千
石七斗四合七勺三抄六撮八圭七粟花七百
七十三斤一兩六錢每花一斤折米三升五合
六勺八抄穀一萬六百五石一升七合七勺四
抄九撮九圭五粟每穀二斗二升折徵米一斗
○嘉靖三十四年二萬一千九百五頃三十畝
八分四釐（夏稅）麥一萬八千九百五十六石九
斗三升一合二勺八抄（秋糧）米一十一萬二千
八百九十四石八斗三升六合五勺二抄六撮
三圭六粟九顆五粒○泰昌元年田二萬一千
七百九頃一十八畝九分三釐七毫七絲二忽
本色米一十萬九千七百九石五斗五升一合
七勺五抄三撮六圭四粟二顆二粒折色銀一
十二萬五千九百三十七兩二錢五分七
釐四毫五絲三忽一微九纖二沙四塵

徽州府

原額田地山塘折實田貳萬伍百陸拾貳頃柒拾
捌畝肆分叁釐壹毫叁絲肆忽
順治拾肆年實在成熟折實田共貳萬伍百陸拾
貳頃柒拾捌畝肆分叁釐壹毫叁絲肆忽又節
年開墾及清出溢額折實田壹頃伍拾肆畝壹
分貳釐貳絲伍忽
康熙拾柒年實在成熟折實田及清出溢額田共
貳萬伍百陸拾肆頃叁拾貳畝伍分伍釐壹毫
伍絲玖忽
康熙貳拾貳年實在成熟折實田及清出溢額田

共貳萬伍百陸拾肆頃叁拾貳畝伍分伍釐壹
毫伍絲玖忽
共該徵條折起存并外徵寄庄徭費銀共壹拾陸
萬陸百陸拾捌兩柒錢柒分伍釐伍絲壹纖肆
沙貳塵貳埃叁渺陸漠又歙婺績三縣不在丁
田派徵抵解正項銀壹千伍百玖兩貳錢叁釐
陸毫本色米貳萬玖千叁百肆拾叁石柒斗玖
升貳合貳勺肆抄貳圭貳粟柒粒柒穎貳黍柒
稷本色豆壹千陸百貳拾伍石壹斗貳升貳合
肆抄叁撮貳圭壹粟叁粒捌顆肆穎肆黍柒稷

外不在丁田徵解船稅官祠茶商城濠弘濟田租
匠班等銀共壹千捌百叁拾兩捌錢壹分壹釐
捌毫叁絲玖忽捌微

歙縣原額田併地山塘共折實田四千九百四
頃五十三畝七分四釐四毫今實在成熟
井溢額田四千九百五頃三十三畝七分二釐
七毫三絲五忽內地一畝折田五分六釐一毫
山一畝折田四分三釐四毫塘一畝折田一畝
一分九釐一毫每折實田一畝科銀九分四釐
四絲陸忽零科米一升五合四勺二抄零科升豆
八勺五抄六撮三圭零外不在丁田徵解衙戶
司船稅抵解正項銀八百兩官祠租抵解正項
銀二十兩茶商稅抵解正項銀四錢三分二釐
城濠租銀一百五十九兩七錢三分八釐七毫
匠班銀六百九十一兩九錢二分八釐四毫叁
絲

休寧縣原額田併地山塘共折實田四千八
百二頃九十六畝二分二釐八毫今

實在同內地一畝折田七分三釐八毫山一畝折田二分二釐一毫塘一畝折田一畝每折實田一畝科銀七分三釐六毫三絲零科米一升二合九勺二抄零科豆七勺一抄三撮一圭零查折實田內有廉惠田六頃四十畝一分二釐七毫免徵條編每畝止徵稅糧銀四分二釐四毫零外不在丁田徵解廉惠田租銀一百兩九錢五分七釐五毫匠班銀四百一十九兩七錢六分七釐三毫九絲五忽

婺源縣

原額田併地山塘共折實田五千三十頃三十八畝二絲今實在同內地一畝折田六分一釐五毫山一畝折田二分二釐二毫塘一畝折田一畝每折實田一畝科銀六分七釐四毫零科米一升三合九抄二撮零科豆七勺二抄五撮五圭零查折實田內有朱文公祠裔儒學廉惠官田二十頃四十畝一分一釐免徵條編每畝止徵稅糧銀四分一釐三毫四絲零又查內有江西樂平德興二縣寄庄田七十五頃五十四畝零每畝外徵徭銀一分六釐八毫零地四頃三十七畝零每畝外徵徭銀五釐山八頃八十九畝

零每畝外徵徭銀五釐塘一十八畝零每畝外徵徭銀一分外不在丁田徵廉惠田租抵解正銀三十兩仍銀五十八兩六錢六分七釐五毫匠班銀一百一十二兩九錢九分一釐四絲四忽

祁門縣原額田併地山塘折實田二千一百四十五頃九十畝六分七釐五毫一絲四忽今實在成熟并新開共田二千一百四十六頃六十四畝八分一釐二毫四忽內地一畝折田六分二釐七毫山一畝折田二分二釐二毫塘一畝折田一畝每折實田一畝科銀六分八釐六毫五絲零科米一升二合九勺二抄零科豆七勺二抄二撮零查折實田內有懷德廉惠官田三頃五十三畝二分免徵條編每畝止徵稅糧銀四分二釐四毫九絲零外不在丁田徵解廉惠田租銀六十九兩八錢七分六毫三絲九忽八微匠班銀五十四兩七錢一分九釐四毫一絲

黟縣原額田併地山塘折實田一千六百四十頃四十九畝二分二毫今實在同內地一畝折實田五分四釐五毫山一畝折田一分三釐塘一畝折田六分四釐每折

實田一畝科銀八分三釐六毫零科米一升六合三勺二抄零科豆八勺九抄九撮零查折實田內有廉惠儒學田三頃三十三畝零免徵條編每畝止徵稅糧銀五分三釐三絲零外不在丁田徵解廉惠田租銀六十一兩八錢七分七釐五毫匠班銀五十一兩三錢一分八釐三毫四絲

績溪縣原額田併地山塘折田二千三十八頃五十畝五分八釐二毫个實在同內地一畝折田五分八釐三毫山一畝折田二分二毫塘一畝折田一畝一釐一毫每折實田一畝科銀八分二釐三毫三絲零科米一升七合三勺零科豆九勺五抄六撮零查折實田內有廉惠弘濟倉并儒學義冢等田二十三頃七十九畝零免徵條編每畝止徵稅糧銀四分九釐七毫四絲零外不在丁田徵解廉惠田抵解正項銀六百五十八兩七錢七分一釐六毫匠班銀四十八兩九錢七分五釐三毫八絲一忽

〔五代〕兩稅之外有雜賦一曰鹽錢據口給鹽而斂其直一曰麴錢給民麴使釀酒而歸其麴之直於官一曰脚錢每貫出錢五十以備解發一

日軍衫布以鹽予民間博之每疋鹽七斤半〔宋〕路五代橫徵之弊歙休祁黟績五縣上田每畝〔夏稅〕錢二百文〔秋苗〕二斗二升中田每畝〔夏稅〕錢一百五十文〔秋苗〕一斗七升七合下田每畝〔夏稅〕錢一百文〔秋苗〕一斗三升三合婺源縣上田每畝〔夏稅〕錢四十二文〔秋苗〕四升二合中田每畝〔夏稅〕錢四十文〔秋苗〕四升下田每畝〔夏稅〕錢三十八文〔秋苗〕三升八合而酒課茶課稅銀在外〔元〕初版籍散失無所根據依李招討任內須知册凡上田歙縣每畝〔夏稅〕錢一百八十文〔秋苗〕三斗三升二合零休寧每畝〔夏稅〕錢一百二十文〔秋苗〕二斗四升七合零祁門每畝〔夏稅〕錢七十五文〔秋苗〕二斗一升六合零黟縣每畝〔夏稅〕錢一百九十八文〔秋苗〕九升七合零績溪每畝〔夏稅〕錢二百二十二文〔秋苗〕三斗五合零婺源每畝〔夏稅〕錢四十二文〔秋苗〕一斗八升九合零中田下田遞減有差〔明〕初據元舊則至乙巳年從新定擬則例○洪武二十四年〔夏稅〕麥四萬九千二百九石五斗五升二勺〔秋糧〕米一十一萬八千三百八十四石二斗八升五合七

勺六抄○永樂十年〔夏稅〕麥五萬三百五十八石一升九合四勺〔秋糧〕米一十二萬二千九百二石四斗二升六勺以上二朝存留起運之目無考○弘治十四年〔夏稅〕麥五萬一千六百六十八石九斗九升五合九勺內存留五千七百六十八石一斗九升五合九勺起運京庫折銀麥共二萬二千石每石折銀二錢五分南京倉等麥二千九百石起運內庫布三萬疋準麥二萬一千石〔秋糧〕米一十二萬四百二石四斗八升二合七勺內存留一萬六千六百二石四斗八升二合七勺起運一十萬三千八百石○嘉靖四十一年〔夏稅〕麥五萬一千七百七十五石四斗六合八勺內存留麥五千八百七十五石四斗六合八勺內官麥每石徵銀二錢五分民麥每石徵銀三錢九釐起運京庫麥數折銀數與弘治同南京光祿寺麥六百石每石原折銀六錢時改赴太倉銀庫交納每石加派四錢南京倉麥二千三百石每石折銀四錢起運內庫布準麥之數與弘治同時每布一疋徵銀二錢〔秋糧〕米一十二萬五百八十九石一斗一升一

合八勺丙存留一萬六千七百八十九石一斗一升一合八勺丙官米每石徵銀二錢五分民米每石徵銀四錢七分起運京庫折銀米七萬一千石每石徵銀二錢五分南京各衛倉米二萬六千石每石連脚耗七錢解北太倉銀庫米四千石每石折徵銀六錢改解安慶米二千三百石每石折徵銀五錢南京供用庫抵芝蔴米五百石每石連脚耗徵銀一兩

寧國府

原額田地山塘蕩陂折爲一則共折實田貳萬柒千陸百伍拾壹頃捌拾柒畝壹分叁釐叁毫叁忽叁微貳纖陸沙

順治拾肆年實在折實成熟田貳萬柒千陸百伍拾壹頃捌拾柒畝壹分叁釐叁毫叁忽叁微貳

纖陸沙又節年丈出溢額田壹百肆拾柒頃玖
拾壹畝柒分貳釐柒毫壹絲叁忽陸微柒纖
康熙拾柒年實在成熟折實并溢額田共貳萬柒
千柒百玖拾玖頃柒拾捌畝捌分陸釐壹絲陸
忽玖微玖纖陸沙
康熙貳拾貳年實在成熟折實并溢額田共貳萬
柒千柒百玖拾玖頃柒拾捌畝捌分陸釐壹絲
陸忽玖微玖纖陸沙
共該徵折色起存銀壹拾捌萬貳千柒百壹拾柒
兩捌錢玖分捌釐壹忽貳微陸纖肆塵肆埃壹

渺貳漠米陸萬貳千壹百伍拾肆石柒斗伍升壹合柒勺陸撮玖圭貳粒陸顆捌穎肆黍玖稷豆玖千壹百壹拾伍石貳斗捌升柒合玖勺伍抄貳撮陸圭壹粟伍粒叁顆捌穎伍稷

外不在丁田徵解南湖魚潭河泊所魚課牧象草場城濠租門攤鈔匠班等項共銀壹千伍拾伍兩玖錢壹分伍釐陸毫柒絲叁忽肆微遇閏加銀壹拾肆兩陸錢伍毫肆絲陸忽

宣城縣原額田地山折實田一萬二千二百四十九頃六十二畝五分二釐二毫四絲一忽六微六纖今實在成熟并溢額田一萬二千三百八十九頃一十六畝三分七釐三毫八

絲八忽三微三纖內每地三畝折田一畝山一十二畝折田一畝每折實田一畝科銀五分八釐九毫零漕贈銀八毫二絲零科米二升二合二勺零漕贈米八勺二抄零科豆二合五勺六抄九撮零外不在丁田徵解南湖魚潭井河泊所課鈔共銀一百九十一兩三錢七分一釐九毫一絲六忽五微牧象草場租銀一十兩五錢九分五釐芽葉二茶銀三十九兩一錢九分三釐城濠租銀五兩門攤鈔銀一百四十六兩四錢一分七釐六毫五絲遇閏加銀一十二兩二錢二釐五毫一忽五微匠班銀二百六十兩五錢五分

南陵縣

原額田地山塘折實田五千六百六十四頃三十八畝九分六釐三毫二絲五忽今實在成熟并溢額共田五千六百七十二頃五十六畝二分五釐九毫二絲二忽內地二十二畝折田一畝山塘四畝折田一畝每折實田一畝科銀六分七釐四毫零漕贈銀六毫二絲零科米一升六合九勺零漕贈米六勺二抄零科豆三合一勺一抄二撮零外不在丁田徵解南湖魚潭井河泊所魚課鈔共銀三千

一兩二錢一分六釐九毫一絲三忽二微門攤鈔銀二十兩八錢一分八釐八毫遇閏加銀二兩五釐一毫八絲七忽二微五織匠班銀六十二兩五錢五分

涇縣 原額田地山蕩陂折實田三千三百六十三頃九十三畝八釐九絲一忽六微六纖六沙今實在同內地二畝折田一畝山八畝折田一畝蕩陂一十二畝折田一畝每折實田一畝科銀七分一釐九毫零漕贈銀八毫七絲零科米二升七合六勺零漕贈米八勺七抄零科豆五合七抄五撮九圭零外不在丁田徵解南湖魚潭井河泊所課鈔共銀三兩一錢四分四釐三毫九絲七忽五微門攤鈔銀一十四兩三錢八分八釐二毫八絲遇閏加銀二錢一釐三毫五絲七忽匠班銀八十五兩九錢五分

寧國縣 原額田地山折實田二千七百四十七頃一十九畝三分八釐一毫今實在同內地二畝折田一畝山十畝折田一畝每折實田一畝科銀六分七釐一毫零漕贈銀六毫六忽零科米一升八合九勺零漕贈米六勺六撮零科豆三合二勺一抄五撮零外不

在丁田徵解南湖魚潭井河泊所課鈔共銀二兩九錢九分七釐六毫二絲三忽七微門攤鈔銀一十四兩二錢一分七釐遇閏加銀一錢九分一釐五毫二微五纖匠班銀二十九兩二錢五分

旌德縣

原額田地山塘折實田二千一百七十五頃一十八畝四分七釐五毫五絲今實在成熟并溢額共田二千一百七十五頃三十九畝五釐五毫二絲內地塘二畝折田一畝山九畝折田一畝每折實田一畝科銀七分五釐八絲零漕贈銀五毫七絲零科米一升七合五勺零漕贈米五勺七抄零科豆三合二勺四抄八撮零外不在丁田徵解門攤鈔銀一十二兩七錢五分七釐三毫三忽匠班銀六十兩七錢五分

太平縣

原額田地山折實田一千四百五十一頃五十四畝七分九毫九絲五忽今實在同內地二畝折田一畝山八畝折田一畝每折實田一畝科銀七分九毫七絲零漕贈銀一釐一絲零科米三升一合四勺零漕贈米一合一抄零科豆五合九勺八抄三撮零外不在丁田徵解魚潭河泊所鈔銀七釐

七毫八絲九忽五微門攤鈔銀一十一兩一錢九分匠班銀五十三兩五錢五分

各縣田地舊額數○宣城(明)萬曆九年九二一折毛田二十一萬三千八百九十八畝八四折毛田一百零七萬五千六百六十六畝二分八釐九毫八四二折陞科毛田八千七百一十三畝零六釐六三折毛田二千一百六十七畝一分七釐對折毛田七百六十七畝二分六釐荒田二萬九千一百四十八畝零二毫每四畝折實田一畝熟地二十八萬八千二百六十三畝七分七釐五毫荒地二萬三千四百四十四畝九分每四畝折熟地一畝陞科地二千九百六十八畝五分四釐每三畝折田一畝額山一十六萬九千零二十九畝一分八釐一毫每十二畝折田一畝○南陵(明)洪武初官田八萬九千五百七十一畝七釐民田二十八萬四千七十一畝九分三釐正統七年官民田土共六十四萬八千八百七十一畝三分七釐九毫嘉靖壬子丈量不足原額每畝議加分釐不等以足原額將官田民田糧均爲一則每地二畝折田一

畝山塘蕩四畝折田一畝先年不起科山塌塘蕩一槩照數折田補足原額隆慶己巳復議田額不足除荒田不加外每田一畝加田八釐一毫三絲七忽四微二塵九渺八菘萬曆九年用六鈔弓有陞岸爲田無陞岸爲地低平爲秧田低窪爲水蕩較原額丈出有餘田一畝縮就八分七釐七毫山一畝縮就一分三釐三毫三絲七忽塘蕩一畝縮就六分四毫四絲二忽二微塌一畝縮就二分三釐九毫四絲五忽〇涇縣〔元〕田土一萬九百五十四頃二十八畝九分七釐〔明〕洪武二十四年六千二百八十一頃九十五畝六釐四毫九忽永樂十年四千三百五十四頃九十七畝一分六釐宣德七年四千三百四十七頃四畝五分四釐五毫九絲二忽成化八年五千五百一十三頃四十三畝二釐嘉靖七年五千五百八十九頃六十八畝二分六釐五毫嘉靖二十八年五千五百九十頃畝二分一釐四毫萬曆五年田二十五萬九百九十二畝四分四釐三毫地一十三萬二千四百八十畝九分一釐一毫山塘蕩陂共一十七萬五千

五百二十六畝七分六釐一毫〇寧國(宋)田土二十七萬八千九百五十一畝七分零(元)田土二千四百七十六頃四十八畝八分零(明)嘉靖二十九年官民田地山塘溝共三百七十八頃一十七畝二分二釐五毫萬曆四十八年田一十八萬八千五百七十九畝八分九釐五毫地一十一萬二千七百七十一畝二毫每地二畝折田一畝山二十九萬七千五百三十九畝八分五釐每山十畝折田一畝〇旌德(宋)紹熙間田土共一百一十四萬六十二畝(元)至元間田土共五十九萬九千七百一十二畝(明)洪武二十四年田土六千七百一十六頃四十一畝永樂十四年田土共四千九百九十七頃七十二畝正統六年田土共四千五百七十五頃三十畝天順七年田土共四千五百八十五頃九十八畝萬曆八年官民田一十五萬二千三百六十四畝三分五釐官民地塘七萬九千四百九十九畝九分四釐五毫官民山二十二萬八千六百三十七畝三分七釐七毫〇太平(宋)田二十一萬五千四百三畝(元)田一萬二千七百一

十四頃三十五畝三釐明洪武二十四年官田土二千六十頃一十六畝一分九釐民田土四千一百八十二頃五十畝四分八釐永樂十年官田土一千九百四頃五十五畝七分一釐民田土三千九百八十一頃一分一釐正德十年官田土一千四百五頃七十二畝七分二釐三毫民田土二千八百一十七頃六十一畝四分嘉靖三十二年田八萬八千八百五十四畝二釐八毫地三萬六千三百八十五畝五分二釐二毫山二十九萬七千一百三畝一分六釐二毫

按明代歲賦共額有三日夏稅日秋糧日馬草內有本色折色全折分折解北解南等項數目及科徵上中下田則例府志不載故歷代俱無考

池州府

原額田地山塘共折實田柒千壹百柒拾叁頃貳

拾貳畝陸分伍釐壹毫陸絲伍忽玖微壹纖又

建德縣雲霧荒山壹拾陸頃叁畝玖分

順治拾肆年實在成熟折實田柒千壹百柒拾叁頃貳拾貳畝陸分伍釐壹毫陸絲伍忽玖微壹纖雲霧荒山壹拾陸頃叁畝玖分又節年開墾溢額田柒頃捌拾陸畝壹分捌釐捌毫陸絲壹忽壹微捌纖捌沙

康熙拾柒年實在成熟折實并溢額田柒千壹百捌拾壹頃捌畝捌分肆釐貳絲柒忽玖纖捌沙雲霧荒山壹拾陸頃叁畝玖分又節年開墾溢

額田伍拾陸畝柒分叁毫玖絲伍忽肆微
康熙貳拾貳年實在成熟折實并溢額共田柒千
壹百捌拾壹頃陸拾伍畝伍分肆釐肆毫貳絲
貳忽肆微玖纖捌沙雲霧荒山壹拾陸頃叁畝
玖分
共該徵折色起存銀捌萬貳千捌百捌拾壹兩肆
錢貳分陸釐貳毫伍絲叁忽肆微壹纖壹塵捌
埃陸漠又雲霧荒山租鈔銀柒錢玖分伍釐叁
毫叁絲科米伍萬貳千貳百捌拾陸石柒斗叁
升玖合肆勺壹抄肆撮玖粟捌粒伍顆肆穎肆

黍科豆柒千捌百肆拾叁石柒斗陸升伍合貳勺柒撮叁圭捌粟捌粒玖顆伍穎玖黍陸稷

外不在丁田徵解門攤課稅協濟昌平州黃白蔴翎毛野味天鵞皮張魚線膠匠班魚課鈔楊樹泊滄課銀共玖百伍兩壹錢貳分陸釐玖毫叁絲叁忽貳微伍纖遇閏加銀壹拾叁兩肆錢捌分叁釐肆毫陸絲

貴池縣原額田幷地山塘基共實田二千二百七十五頃七十八畝九分二毫八絲令實在成熟幷溢額共折實田二千二百七十六頃三十一畝四分二毫二絲一忽九微八纖八沙內地一畝折田四分九釐九毫九絲零山一畝折田一分五釐六毫七埃塘一畝折田二分

二釐五毫一絲零基地一畝折田三分三毫六絲六微零每折實田一畝科銀一錢六釐四毫三絲零漕贈銀二釐五毫九絲零科米七升一合四勺九抄零漕贈米二合五勺零科豆九合一勺二沙七撮零外不在丁田徵解門攤課稅銀二十五兩二分五釐五毫六絲八忽協濟呂平州銀三兩折色黃蔴正脚銀一百一兩四錢九分一釐七毫一絲四忽七微翎毛正脚銀一十八兩五錢一分九釐三毫八絲二忽四微五織皮張銀三兩一錢折色白蔴銀一百一兩七錢三分一釐六毫一絲二忽五微魚線膠銀九錢九分一釐魚課鈔銀六十六兩四錢四分六毫一絲二忽一遇閏加銀六兩八錢四分三釐三毫三絲五忽一微一纖八沙二塵匠班銀六十三兩九錢楊樹泊湊銀一十四兩八錢二分五釐

青陽縣

原額田地山塘基折實田一千六百三十六頃九十畝七分四釐八毫八絲今實在成熟并新墾共田一千六百三十七頃三十九畝六分一釐三毫五絲五忽內地一畝折田四分五釐七毫六絲山一畝折田二分

六毫二絲三忽零塘一畝折田六分五毫九絲零基地一畝折田三分四釐六毫八絲零每折實田一畝科銀一錢八釐一毫四絲零漕贈銀二釐三毫零科米六升五合四勺一圭零漕贈米二合三勺零科豆八合三勺一抄七撮零外不在丁田徵解門攤課稅銀一十三兩九錢三分二毫七絲八忽協濟昌平州銀三兩皮張銀一兩匠班銀三十三兩三錢

銅陵縣

原額田地蘆洲山塘基地折實田一千三百八十五頃四十一畝二分四釐二毫一絲九忽今實在成熟并新墾共田一千三百九十二頃八十二畝七分七釐五絲八忽六微內地一畝折田二分五釐六抄二塵零蘆洲沙地一畝折田一分五釐山塘一畝折田二分基地一畝折田二分五釐每折實田一畝科銀一錢五釐二毫零漕贈銀二釐八毫零科米七升七合一勺零漕贈米二合八勺零科豆九合七勺四抄三撮零外不在丁田徵解門攤課稅銀七兩四分一釐一毫四絲四忽協濟昌平州銀三兩大通河泊所黃蔴正腳銀二十二兩二錢九分七釐八

毫六絲六忽六微翎毛正脚銀三兩二錢二分四釐七毫四絲九忽五微皮張銀一兩白蔴銀二十一兩七錢二分三釐一毫八絲七忽五微魚線膠銀二錢六分八釐五毫魚課鈔銀一十七兩四錢二分九釐八毫五絲八忽遇閏加銀一兩四錢六分三釐五毫七絲二忽四纖八塵匠班銀四十六兩三錢五分

石埭縣原額田地山塘地折實田六百一十八頃二十三畝八分四釐六毫八絲七忽二微今實在同每地一畝折田三分三釐三毫三絲零山一畝折田一分塘池一畝折田五分每折實田一畝科銀一錢三分七釐三毫零科米三升九合一勺四抄零科豆二升五合一勺七抄零外不在丁田徵解門攤課稅銀一十七兩八錢三分八釐六毫三絲協濟昌平州銀三兩皮張銀三兩一錢五分四釐匠班銀三十兩六錢

建德縣原額田地基塘折實田七百八十六頃三十畝九分九釐八毫三絲七忽一纖內地一畝折田五分三釐七毫基地一畝折田二分五釐六毫塘一畝折田一分四釐每折實田一畝科

銀一錢一分四釐八毫零漕贈銀二釐八毫零科米七升八合四勺零漕贈米二合八勺零科豆一升二合五勺一撮零雲霧荒山一十六頃三畝九分納租鈔七錢九分五釐三毫三絲外不在丁田徵解門攤課稅銀六兩九錢二分二釐七毫二絲五忽協濟昌平州銀三兩皮張銀一兩匠班銀二十四兩三錢

東流縣

原額田地山塘折實田四百七十頃五十六畝九分一釐二毫六絲二忽七微一个實在同內地一畝折田三分三釐三毫零山一畝折田五釐一毫九絲零塘一畝折田二分六釐四毫每折實田一畝科銀一錢四分九釐一毫零漕贈銀三釐三毫零科米八升九合七勺四抄零漕贈米三合三勺零科豆一升七勺八抄零外不在丁田徵解門攤課稅銀三兩八錢六分六釐七毫九絲協濟昌平州銀三兩黃蔴正腳銀七十二兩三錢四分六釐一毫六絲五忽翎毛正腳銀二十二兩三錢七分五釐九毫二絲歲進野味天鵞銀二兩五錢皮張銀一兩六錢白蔴銀七十一兩六錢八分三釐九毫五絲魚線膠銀

二兩五錢八分五釐五毫魚課鈔銀四十四兩四錢一分二釐七毫八絲遇閏加銀五兩一錢七分六釐五毫五絲二忽八微四纖一沙後河溪湊課銀一兩七錢所班銀一十六兩六錢五分

明弘治十年共官民田土八千九百十九頃六十六畝七分夏稅麥六千八百二十四石七斗五升七合八勺農桑絲折絹一百九十八疋秋糧米六萬一千三百七十二石八斗九升五合八勺馬草九萬六千三百十一包零○萬曆六年官民田土共九千八十九頃二十二畝七分零夏稅麥六千九百六石四斗八升六合一勺內起運南京神樂觀麥二百七十八石南京各衞倉麥四百九十二石揚州府倉麥四千石俱每石折銀四錢觧太倉銀庫麥八百三十石每石折銀一兩存留麥一千三百六石四斗八升六合一勺秋糧米六萬二千一百五十四石六升五合二勺起運兌軍漕米二萬五千石南京各衞倉米一萬一千一百四十二石黑豆九千七百七石飛熊衞倉黑豆九百八十三石安慶

府倉米七千八百石派剩米四千六百六十八石每石折銀六錢解太倉銀庫以上共起運米五萬九千三百石存畱米二千八百五十四石六升五合二勺存畱馬草九萬八千三百六包七斤一兩零內起運京庫草六萬二千包每包折銀三分南京戸部定塲草三萬包存畱草六千三百六包七斤一兩零

太平府

原額田地灘荒湖山塘池蕩折爲一則共折實田壹萬肆千伍百柒拾伍頃柒拾陸畝壹分伍釐捌毫

順治拾肆年實在成熟折實田壹萬肆千伍百柒拾伍頃柒拾陸畝壹分伍釐捌毫又節年開墾

并清出溢額折實田伍拾叁頃叁拾畝陸分壹
釐玖毫玖絲捌忽
康熙拾柒年實在成熟并溢額折實田壹萬肆千
陸百貳拾玖頃陸畝柒分柒釐柒毫玖絲捌忽
康熙貳拾貳年實在成熟并溢額折實田壹萬肆
千陸百貳拾玖頃陸畝柒分柒釐柒毫玖絲捌
忽
共該徵折色起存銀壹拾萬陸千玖百伍拾叁兩
叁錢壹釐伍毫玖絲叁忽肆微壹纖貳沙肆塵
柒埃壹渺壹漠又當塗縣不在丁田派徵馬廠

餘租銀貳百柒拾捌兩壹錢玖分壹釐本色米
叁萬柒千壹拾叁石叁斗柒升陸勺壹抄叁撮
捌粟玖粒陸顆壹穎壹黍伍稷本色豆貳千貳
百壹拾壹石肆斗陸升貳合捌勺貳抄玖圭捌
粟陸粒壹顆

外不在丁田徵解協濟昌平州銀魚課門攤商稅
牧馬塲租黃蔴翎毛魚線膠青峯草塲租鰣鮓
漁課門面江夫河篷租匠班等項共銀柒千玖
拾伍兩壹錢貳分伍釐貳毫陸絲伍忽玖微陸
纖肆沙玖塵遡閏加銀陸拾叁兩壹錢伍分陸

釐捌毫壹絲叁忽捌微玖纖壹沙肆塵

額外歸併省衛原額屯田壹百陸拾伍頃玖拾貳

畝叁分壹釐玖絲玖忽陸微又丈增田伍拾畝

貳分貳釐

康熙貳拾貳年實在成熟屯田并丈增共田壹百

陸拾陸頃肆拾貳畝伍分叁釐玖絲玖忽陸微

共該徵銀肆百玖拾壹兩叁錢壹分伍釐肆毫陸

絲貳忽貳微壹纖壹沙陸塵捌埃米壹拾壹石

玖斗壹升叁合捌勺陸抄叁圭柒粟陸粒

當塗縣原額田地灘荒湖山塘池蕩折實田九千六百一十二頃三十畝九分二釐今

實在成熟併溢額折實田九千六百一十六頃六十九畝三分二釐內地一畝折田八分三釐八毫零灘田一畝折田七分五釐八毫灘地一畝折田三分六釐七毫零荒田一畝折田三分七釐三毫零荒地一畝折田二分四釐八毫零湖蕩一畝折田一分二釐七毫四絲山一畝折田三釐七絲四忽塘一畝折田四釐三毫九絲六忽池一畝折田八釐七毫二絲每折實田一畝科銀六分六釐四毫零漕贈銀七毫七絲零科米二升三合五勺二抄零科豆一合五勺四抄零漕贈米七勺七抄零外不在丁田徵解協濟昌平州銀九兩新溝葛家二所魚課銀五十六兩三錢四分六釐牧馬場租銀五百一十五兩九釐黃蔴銀二百六十二兩八錢三分四釐五毫四絲七忽二微七纖翎毛銀七十兩五錢七分六釐魚線膠銀二十一兩七錢七分七釐五毫青峯潞西草場租銀六百八十六兩九錢二釐六毫五絲葛家新溝二所鰣鮓銀三百一十五兩六錢六分六釐五毫銷繳魚課勘合銀四兩五錢五分安寧廠轄馬圩租銀九十二兩

二錢八分八釐四毫修理城垣銀六十七兩八錢四分四釐三毫又黃蔴魚課等款遇閏加銀三十九兩三錢二分六釐七毫四絲九忽七微又歸併省衛實在成熟并溢額屯田共一百二丁一頃七十四畝二釐三毫九絲七忽六微今實在同内科田每畝科正耗米五升八合三勺二抄科增協銀六釐七毫四絲零餘二田每畝科正耗米五升八合三勺二抄科協濟銀一釐七毫四絲零草塲田每畝科銀六分一則科銀四分一則科銀四分五釐一則科銀三分一則科銀三分五釐一則科銀二分一則科銀二釐一則科銀一分

蕪湖縣原額折實田地山塘三千六十八頃二十三畝一分八釐二毫今實在成熟并新墾陞科共田三千六十八頃三十二畝三分三釐二毫四絲每田一畝科銀八分三釐八絲零漕贈銀九毫八忽零米二升七合三勺零漕贈米九勺八撮零豆一合五勺五抄零外不在丁田徵解協濟昌平州銀六兩魚課銀一十八兩七錢七分六釐五毫門攤商稅銀九十六兩一錢五分九釐七毫九絲

三忽七微四纖八沙六塵牧馬場租銀四百八十九兩一錢一分二釐二毫四絲七忽黃蔴銀四十一兩二錢八分一釐四毫九絲六忽九微三纖翎毛銀一十八兩七錢六分五釐魚線膠銀三兩四錢二分五毫青峯草場租銀一千一十八兩九分七釐六毫八絲五忽黃馬場租銀二百二十三兩九錢六分九釐五毫三絲四忽四微銷繳魚課勘合銀一兩三錢四分二釐門面江夫銀一千九百三兩河篷租銀四百一兩三錢匠班銀七十七兩四錢又魚課黃蔴等款遇閏加銀一十五兩四錢二分九釐九毫一忽六微四纖一沙四塵又歸併省衛原額屯田四十四頃一十八畝二分八釐七毫二忽今實在成熟馬政草田四十四頃六十八畝五分七毫二忽每畝一則科銀六分一則科銀四分一則科銀三分一則科銀二分三釐一則科銀二分

繁昌縣　原額田地山塘一千八百九十五頃二十二畝五釐六毫今實在成熟并新墾共折實田一千九百四十四頃五畝一分二釐五毫五絲八忽內地二畝折田一畝山二畝折

田一畝塘三畝折田一畝每不折田一畝科銀
五分九釐二毫零漕贈銀五毫八絲零每折實
田一畝科銀一分九釐五毫零漕贈銀一毫九
絲零又新墾折實田一畝科銀一分九釐二毫
零漕贈銀一毫九絲零科米二升四合七勺零
漕贈米八勺四抄零科豆一合二勺八抄八撮
零外不在丁田徵解協濟昌平州銀三兩魚課
銀一十八兩四分一釐三毫六絲四纖六沙三
塵牧馬塲租平攤共銀二百四十五兩六錢三
分八釐八毫四絲四忽五纖黃蔴銀八十四兩
五錢六分三釐八毫六絲五忽八微翎毛銀二
十四兩六分六釐五毫魚線膠銀六兩八錢六
分九釐五毫各馬孳塲租共銀二百九十四兩
一分二釐五毫四絲一忽七微二纖銷繳魚課
勘合銀二兩三錢六分六釐匠班正脚銀一十
五兩一錢四分七釐又魚課黃蔴等款遇閏加
銀八兩四錢一毫六絲二忽五微五纖
〔明〕洪武二十四年官民田地三萬六千二百一
十一頃七十九畝〔夏稅〕麥二萬一千三百九十
六石絹二百一十七疋〔秋稅〕米四萬六千二百

九十石〇嘉靖元年官民田地一萬六千四百三十二頃一十三畝五分二釐（夏稅）麥一萬六千七百四十七石九斗九升農桑絲二百七十四斤（秋糧）正米三萬五千三百二十六石三斗九升四合馬草三十五萬五千五百六十二包八斤六兩

廬州府

原額田塘地山灘圩田共玖萬貳千玖百玖拾頃貳拾貳畝伍釐陸毫陸絲叁忽肆微草山叁千貳拾里柒毫內除挖廢坍江田塘地灘溝叁百伍拾叁頃捌拾畝玖分壹釐又荒蕪田塘地山壹萬貳千叁百肆拾頃柒拾伍畝貳分貳釐叁毫荒草山壹千貳百玖拾里陸分貳釐壹毫柒

絲又節年開墾陞科田柒百陸拾伍頃壹拾柒
畝玖分柒釐伍毫玖絲仍有荒田壹萬壹千伍
百柒拾伍頃伍拾柒畝貳分肆釐柒毫壹絲
順治拾肆年實在成熟田塘地山共捌萬壹千陸
拾頃捌拾叁畝捌分玖釐玖毫伍絲叁忽肆微
草山壹千柒百貳拾玖里叁分捌釐伍毫叁絲
又節年開墾陞科田玖千貳百肆拾陸頃貳拾
伍畝陸釐伍毫陸絲貳忽陸微仍有荒蕪田塘
地山貳千叁百貳拾玖頃叁拾貳畝壹分捌釐
壹毫肆絲柒忽肆微又清出草山捌百陸拾叁

里柒分貳釐壹毫仍有荒草山肆百貳拾陸里
玖分柒絲又清出溢額陞科田伍拾壹頃叁拾
捌畝伍分柒毫壹忽伍微
康熙拾柒年實在成熟田塘地山玖萬叁百伍拾
捌頃肆拾柒畝肆分柒釐貳毫壹絲柒忽伍微
草山貳千伍百玖拾叁里壹分陸毫叁絲又節
年開墾陞科田壹拾肆頃柒拾叁畝肆分陸釐
捌毫仍有荒蕪田地山塘貳千叁百壹拾肆頃
伍拾捌畝柒分壹釐叁毫肆絲柒忽肆微又清
出溢額陞科田叁拾頃貳畝叁分壹釐叁毫柒

絲玖忽查無六廬巢英霍陸州縣塘地山圩溝

灘折實成田計折去田捌千貳拾貳頃壹拾貳

畝伍分肆釐捌毫陸絲玖忽玖微

康熙貳拾貳年實在成熟并溢額折實共田捌萬

貳千叁百捌拾壹頃壹拾畝柒分伍毫貳絲陸

忽陸微草山貳千伍百玖拾叁里壹分陸毫叁

絲

共該徵折色起存銀貳拾叁萬捌百肆兩壹分伍

釐壹毫柒絲貳微貳纖伍沙陸埃柒渺肆漠本

色米伍萬捌百肆拾伍石壹斗貳升玖合陸勺

貳抄肆撮柒圭壹粟壹粒捌顆叁穎肆黍柒稷
本色麥壹千伍百叁拾貳石玖斗叁升貳勺捌
抄壹撮肆圭貳粟柒粒伍顆貳穎捌黍貳稷
外不在丁田徵解更名田糧免糧軍餉漕標兵餉
牧地塲租太僕寺牛犢黃白蔴熟鐵魚線膠生
銅白蔴匠班等項共銀貳千柒百陸兩壹錢叁
分伍毫陸絲叁忽伍微柒纖伍沙貳埃壹渺肆
漠遇閏加銀叁拾壹兩叁錢玖分捌釐柒毫玖
絲貳忽肆微捌纖玖沙玖塵陸埃伍渺捌漠
額外歸併省外衞原額屯田肆千陸百伍拾陸頃

肆拾貳畝捌釐捌毫陸絲貳微壹纖捌沙肆塵肆埃陸渺貳漠又新丈陞科田叁頃伍拾柒畝伍分內有荒蕪田地除節年開墾幷投誠開墾陞科抵補外仍有荒田叁百壹拾肆頃玖拾伍畝肆分叁釐壹毫陸絲叁微叁纖玖塵捌埃伍渺捌漠又清出溢額田壹拾壹頃玖拾陸畝柒分肆釐柒毫捌絲柒忽柒微伍纖肆沙玖塵捌埃伍渺捌漠

康熙貳拾貳年實在成熟歸併省外衛屯田共肆千叁百伍拾柒頃玖分肆毫捌絲柒忽陸微肆

纖貳沙肆塵肆埃陸渺貳漠
共該徵銀陸千陸百肆拾兩貳錢肆分肆釐玖毫
壹絲捌忽貳微叁纖玖沙玖塵捌埃壹渺陸漠
本色米壹萬伍千貳百柒拾捌石玖斗捌升肆
合叁勺貳抄柒撮肆圭肆粟壹粒玖顆壹穎玖
黍捌稷麥貳百壹拾貳石捌斗柒升伍合伍勺
壹抄肆撮柒粟捌粒貳顆壹黍叁稷
外不在丁田徵解火藥銀伍兩

無爲州　原額田地山灘塘溝共一萬六千七頃五十六畝一分二釐今實在成熟折實田一萬二千七百四十六頃一十畝六分三釐六毫八絲三忽內地一畝三分七毫零折田一

畝山灘一十四畝五釐八毫零折田一畝塘一清
二畝七分二釐四毫零折田一畝每折一實田一
畝科銀三分三釐六毫零漕贈銀四毫一絲零
科米一升一合一勺零漕贈米四勺一抄零又
不在丁田徵解更名田銀三十七兩六錢五分
八毫八絲七忽四微三纖一沙七塵三埃六渺
六漠漕鳳米銀六兩九錢三分四釐一毫一絲
二忽二微二纖六沙八塵四埃牧地廠租銀二
百二兩伍錢五分二釐五毫四絲五微太僕寺
牛犢銀三兩七錢黃蔴正墊銀一百三十九兩
七錢五分遇閏加銀一十一兩四錢二分四釐
七毫五絲本折熟鐵正墊銀一百二兩八錢二
分九釐二絲本折魚線膠正墊銀一十五兩四
錢九分三釐匠班銀一百一十一兩六錢又歸
併省衛原額屯田一千九百四十五頃二十六
畝八釐六毫九絲六忽二微一纖八沙四塵四
埃六渺二漠除荒外實在成熟并溢額屯田一
千八百六十二頃三十二畝九分二釐一毫四
絲八忽一微九纖八沙四塵四埃六渺二漠內
比田科正耗米八升六合四勺增協銀九釐二

毫三絲二忽科田科正耗米五升八合三勺二抄增協銀六釐七毫四絲九忽六微增餘二田科正耗米五升八合三勺二抄協濟銀一釐七毫四絲九忽六微投誠官兵領墾比科等田俱照沙壓比田起科每畝科米折并新增銀三分六毫四絲坍江田并草灘地每畝科正耗米四合一勺四撮協濟銀一毫二絲三忽一微二纖外不在丁田徵解火藥銀五兩

六安州

原額田地山塘一萬七千三百四十一頃九十八畝三釐除荒外實在成熟折實田一萬二千五百九頃七十二畝九分五釐七絲九忽四微內每地一畝一分八釐二毫零折田一畝塘山三畝八分三釐三毫零折田一畝每折實田一畝科銀二分五釐三毫零漕贈銀八絲九忽零科麥五勺二抄六撮零科米五合四勺七抄零漕贈米八抄九撮零外不在丁田徵解灘租出辦漕標并帶徵英山縣兵餉都察院賓禮三項共銀三百四十七兩八錢三分九釐九毫九絲八微八纖牧馬草塲租銀一百七十七兩六分八釐九毫四絲三忽九微七纖七沙匠班銀八

十二兩又歸併外衛原額屯田二千五十頃八分六釐五毫除荒外實在成熟屯田一千九百一十九頃三畝六分八釐一毫四絲六忽四微每畝科糧折銀二分二釐七毫零又科牛角正脚銀二毫柒絲三忽零

合肥縣

原額田塘地二萬九千四百五十三頃一十六畝七釐三毫九絲三忽四微除荒外實在成熟田塘地二萬九千三百八十五頃七十五畝二分六釐二毫五絲三忽四微每畝科銀一分九釐四毫零漕贈銀四絲七忽零科麥一勺六抄九撮零科米四合七勺五抄零漕贈米四抄七撮零外不在丁田徵解附徵田銀三兩九錢四分四釐三毫九絲五忽四微六纖九塵六埃漕鳳米麥銀四錢二分七毫八忽四微六纖八沙免糧軍偷銀五十七兩一牧地租正脚銀三百一十二兩四錢四釐五毫一絲四忽六微二纖六沙二塵三埃二渺黃蘇正脚銀七十四兩一錢四分五釐八毫七絲遇閏加銀八兩一錢五分五釐五絲六忽八微九纖本折熟鐵正墊銀六十六兩二錢一分四釐一毫八絲七忽四微本折魚

線膠正墊銀九兩一錢三分六釐二毫四絲匠班銀七十二兩又歸併外衞原額屯田二百三頃一十二畝九分二釐四毫五絲三忽除荒外實在成熟屯田一百一十七頃六十二畝八釐九毫八絲二忽四纖四沙內鳳陽左衞屯田每畝科本三糧三升六合三勺零科折色銀四分二釐三毫零又科軍器正脚新增牛角等銀八釐一毫二絲零鳳陽後衞屯田每畝科本三糧三升六合六抄零科折色銀四分二釐八絲零又科軍器牛角等銀一分六釐五毫零

舒城縣原額田地塘六千九百一十九頃二十六畝五分四釐除荒外實在成熟田地塘六千九百一十頃七十三畝五分四釐草山三千二十里七毫除荒外實在草山二千五百九十三里一分六毫三絲每田地塘一畝科銀四分四釐五毫零漕贈銀一毫一忽零草山每畝科銀八分三釐科麥二勺一抄六撮零科米七合八勺二抄零漕贈米一勺一撮零外不在丁田徵解匠班銀五十兩五錢五分三毫牧馬草廠租銀九十四兩二錢五分三毫三絲八忽六纖

四沙二塵五埃二渺八漠

廬江縣

原額圩田地山一萬一十七頃八十四畝四分四釐三毫七絲今實在成熟并溢額折實田九千五百六十三頃八十一畝六釐九毫九絲五微每地一畝五分八絲零折田一畝柴山七畝五分四釐二毫零折田一畝草山一十五畝八釐四毫零折田一畝每折實田一畝科銀二分五釐七毫零漕贈銀六絲九忽零每官圩田每畝科銀一分六毫一絲零漕贈銀六絲九忽零科麥一勺四抄七撮零科米五合六勺六抄零漕贈米六抄九撮零外不在丁田徵解牧馬塲租銀三十八兩三錢三分六釐八毫四絲六忽五微四纖生銅銀三十兩九錢七分五毫本折白蘇正墊銀三十二兩九錢三分三釐三絲二忽遇閏加銀一兩八錢八分七釐九毫八絲五忽五微九纖九沙九塵六埃五渺八漠匠班銀三十二兩四錢

巢縣

原額田塘地七千七百九十三頃五十二畝九分五釐今實在成熟并溢額折實田七千四百九十二頃二十七畝七分七釐五毫二絲五忽六微每地一畝四分

一毫零折田一畝每折實田一畝科銀三分一
釐三毫零每田塘一畝科漕贈銀九絲一忽零
科米三合七勺四抄零每田塘一畝科漕贈米
九抄一撮零外不在丁田徵解免畝稅契銀五
十七兩二分九釐七毫三絲扣解秋糧銀一十
兩四錢三分八釐二毫一絲免糧商稅銀八十
兩牧地廠租銀八十七兩三錢三分一釐四毫
三絲六忽牛犢銀一兩九錢黃蔴銀九十三兩
五錢遇閏加銀九兩九錢三分一釐本折熟鐵
銀八十七兩三錢八分本折魚線膠銀一十一
兩匠班銀二十四兩三錢又歸併省衛原額屯
田四百五十八頃二畝二分一釐二毫一絲一
忽除荒外實在成熟屯田四百五十八頃二畝
二分一釐二毫一絲一忽內比田科正耗米八
升六合四勺增協銀九釐二毫三絲二忽科田
科正耗米五升八合三勺二抄增協銀六釐七
毫四絲九忽六微增餘二田科正耗米五升八
合三勺二抄協濟銀一釐七毫四絲九忽六微
投誠官兵領墾比科等田俱照沙壓比田起科
每畝科米折併新增銀三分六毫四絲久荒餘

田每畝科米折銀一分三釐五毫

英山縣

原額田地塘一千一百九十五頃八十一畝七分九釐九毫除荒外實在成熟折實田六百五十九頃八十二畝六分四釐四毫七微內每地二畝一分二釐零折田一畝塘一畝一分八釐九毫零折田一畝每折實田一畝科銀一錢二釐四毫零漕贈銀五毫八絲零科米九合五勺八抄零漕贈米五勺八抄零外不在丁田徵解匠班銀四十兩五錢

霍山縣

原額田地塘四千二百六十一頃六畝一分除荒外實在成熟折實田三千一百一十二頃八十六畝八分二釐五毫九絲四忽每地一畝一分八釐零折田一畝塘一畝一分一釐零折田一畝官塘義田二畝四分四釐零折田一畝柴山一畝一分八釐零折田一畝麥山一畝七分九釐零折田一畝草山二畝六釐六毫零折田一畝每折實田一畝科銀三分九釐三毫零漕贈銀七絲五忽零科麥二勺七抄七圭零米五合五勺九抄零漕贈米七抄五撮零外不在丁田徵解牧馬草場租銀四十三兩一錢二分五釐七

毫六絲匠班銀六十七兩五錢
〔明〕洪武年共官民田地塘漊二萬五千四百三
十五頃二十一畝三分〔夏稅〕麥一萬二百八十
石二斗四升七合一勺零〔秋糧〕六萬六千九百
三十九石七斗八升三合五勺馬草共九萬八
千六十一包零〇隆慶年共官民田地岡圩灘
山二十九萬一千五百六十五頃七十七畝零
按舊額止官田民田圩田岡田地時以河邊
湖傍之壛荒白之山一并丈入故驟增六萬六
千餘畝〔夏稅〕麥九千八百八十五石一斗三升
四勺零〔秋糧〕米六萬七千四百五石五斗二升
三合二勺零馬草九萬八千三百三十七包零
〇萬曆年改定官民田地塘圩岡灘山共五萬
六千六百二十一頃五十七畝八分二釐一毫
每弓戶一斗酌用一畝計官田地塘漊五百六
十八頃九十三畝六分九釐民田地蕩漊二萬
四千八百六十六頃二十七畝七分六釐零〔夏
稅〕麥改折徵銀五千六百九十一兩七分三釐
零〔秋糧〕米改徵折色銀二萬七千八百四十六
兩五錢三分一釐零馬草改徵銀二千四百六

兩七錢四分
二釐四毫零

鳳陽府

原額官民田地貳拾貳萬玖千捌百伍拾陸頃陸拾玖畝肆分肆釐叁毫壹絲壹忽內除荒蕪田地壹拾萬玖千伍拾貳頃貳拾壹畝貳分肆毫叁絲又節年開墾陞科田玖千伍百捌拾壹頃捌拾畝叁分壹釐壹毫陸忽仍有荒田玖萬玖千肆百柒拾頃肆拾畝捌分玖釐叁毫貳絲肆忽

順治拾肆年實在成熟田地壹拾叁萬叁百捌拾

陸頃貳拾捌畝伍分肆釐玖毫捌絲柒忽又於
順治拾陸年歸併潁川潁上貳衛所原額屯田
捌千貳百叁拾叁頃伍拾柒畝伍分內除民衛
續拋荒田地壹萬柒千壹百肆拾伍頃貳拾壹
畝捌分肆釐壹毫陸絲貳忽又節年開墾陞科
田貳萬陸千玖百柒拾玖頃捌拾玖畝貳分玖
釐柒毫貳絲壹微肆纖貳沙仍有新舊民衛拋
荒田地捌萬玖千陸百叁拾伍頃柒拾叁畝肆
分叁釐柒毫陸絲伍忽捌微伍纖捌沙又節年
清出溢額陞科田壹拾頃玖拾伍畝貳分貳釐

玖毫柒絲捌忽
康熙拾柒年實在成熟溢額共田壹拾肆萬捌千肆百陸拾伍頃肆拾捌畝柒分叁釐伍毫貳絲叁忽壹微肆纖貳沙又節年開墾陞科田壹千壹百玖拾陸頃伍拾陸畝壹分壹釐捌毫伍絲壹忽貳微仍有荒田捌萬捌千肆百叁拾玖頃壹拾柒畝叁分壹釐玖毫壹絲肆忽陸微伍纖捌沙又清出溢額陞科田地陸拾叁頃伍畝玖分捌釐肆毫柒絲又清出溢額積荒田地伍百陸拾捌頃柒拾柒畝肆分捌釐貳毫伍絲又除

堤占水沉新荒田地叁頃肆畝捌分伍釐肆毫

查壽靈太叁州縣田地等則不一折實成田計

折去田壹萬捌千貳百捌拾玖頃陸畝貳分玖

釐陸毫玖絲柒忽玖微肆纖壹沙叁塵叁埃叁

渺柒漠

康熙貳拾貳年實在成熟并溢額折實田壹拾叁

萬壹千肆百叁拾貳頃玖拾玖畝陸分捌釐柒

毫肆絲陸忽肆微陸塵陸埃陸渺叁漠

共該徵折色起存銀叁拾叁萬肆千伍拾伍兩叁

錢陸分貳釐陸絲玖忽陸微貳纖肆沙伍塵捌

埃肆渺肆漠本色米肆萬玖千陸百玖拾玖石陸斗陸升捌合捌勺陸撮肆圭玖粟肆粒玖顆陸穎玖黍柒稷麥玖千肆百玖拾叁石叁斗玖升貳合叁勺玖抄柒撮柒圭伍粟貳粒玖顆柒穎叁黍壹稷

外不在丁田徵解商麰稅銀更名田地漕院供應草塲租牛犢銀營繕司料價翎毛匠班等項共銀壹萬貳百捌拾壹兩貳錢壹分伍釐壹毫柒絲肆微伍沙陸塵壹埃捌漠遇閏加銀叁錢叁分柒釐伍毫米壹千肆百伍拾陸石壹斗柒升

玖合肆勺捌抄玖撮壹圭叁粒捌顆壹穎叁黍
柒稷麥貳拾伍石陸斗肆升肆合壹勺肆抄捌
撮伍圭貳粟貳粒陸顆陸穎肆黍貳稷
額外歸併省外衛原額折實屯田共壹萬肆百叁
拾玖頃玖拾肆畝捌分肆釐玖毫陸絲捌忽壹
微肆纖伍沙捌塵貳埃柒渺肆漠內有積荒田
地除節年開墾陞科抵補外仍有荒田叁千叁
百柒拾頃壹拾陸畝捌分貳釐叁毫玖絲肆忽
壹微貳纖叁沙伍塵壹埃玖渺玖漠又節年開
墾并清出溢額田地伍千貳百貳頃叁拾畝壹

分玖釐陸毫捌絲伍忽

康熙貳拾貳年實在成熟折實屯田壹萬貳千貳百柒拾貳頃捌畝貳分貳釐貳毫伍絲玖忽貳纖貳沙叁塵柒渺伍漠

共該徵銀叁萬肆千貳百捌兩肆錢叁分肆釐陸毫貳絲壹忽伍微陸纖貳沙柒塵陸埃伍渺柒漠貳逡陸巡米壹萬陸千肆拾玖石叁斗柒升捌合捌勺陸抄玖撮玖圭陸粟叁粒肆顆伍穎柒黍肆稷伍糠伍粃麥叁千柒百叁拾貳石叁斗壹勺伍抄肆撮肆圭肆粟陸粒玖顆伍穎玖

黍伍糠伍粃折色豆壹千捌百柒拾陸石伍升捌合壹勺伍抄伍撮陸圭玖粟貳粒每石折銀柒錢折徵銀壹千叁百壹拾叁兩貳錢肆分柒毫捌忽玖微捌纖肆沙肆塵

外不在丁田徵解集租火藥楞木等銀除豁免拋荒無徵銀外實該銀叁百肆拾壹兩捌錢壹分陸釐壹毫肆絲陸忽伍微制錢拾千文

鳳陽縣原額田地二千九百二十五頃九十四畝一分一釐令實在成熟并溢額田地二千九百八十九頃九釐四毫七絲每畝科銀二分九毫二絲零科米六合七勺八抄四撮零外不在丁田徵解商稅銀六兩更名田租銀二百二十二兩八錢七分五釐五毫五絲六忽一

纖一沙四塵六埃九渺本色米五百八十九石八斗七升五合五勺八抄七撮一粟三粒四顆草蕩租正脚銀一十七兩一錢五分二釐一絲七忽九微四纖七沙八塵六埃四渺二漠天鵞翎毛銀三兩三分匠班銀六十四兩八錢又歸併外衛原額屯田五百一十九頃一十畝四分一釐三毫四忽九微九纖三塵二埃四渺除荒外實在成熟屯田三百四頃五畝九分六釐七毫三絲三忽八微七纖二沙一塵二埃四渺一漠内鳳左衛田每畝科糧三升六合三勺零科糧折銀四分二釐三毫零科軍器牛角銀七釐五毫六忽零鳳前衛肥田每畝科糧二升八合七勺零科糧折銀三分三釐五毫零科軍器牛角銀一分四釐一毫零瘠田每畝科糧一升八合科糧折銀二分一釐科軍器牛角銀八釐八毫五絲零鳳陽後衛屯田每畝科糧三升六合六抄零科糧折銀四分二釐八絲零科軍器牛角銀一分六釐五毫零懷遠衛田每畝科糧三升六合科糧折銀四分二釐科軍器牛角銀一分九釐五毫零洪塘所屯田每畝科糧三升六

合一勺零科糧折銀四分二釐一毫零科軍器牛角銀一分三釐四絲零

臨淮縣原額田地三千九百九十二頃六十七畝四分除荒外實在成熟并溢額田三千五十三頃一十七畝六分六釐三毫四絲每畝科銀三分二釐三毫一絲零科米一升二合一勺零外不在丁田徵解商麯稅契銀六兩更名田地銀二千九百一十兩九分四釐八毫七絲八微一纖八沙七埃二渺八漠米五百三十八石二斗五升五勺六抄七撮二圭九粟草塲租銀三十五兩三分五毫八忽一微一纖四沙匠班銀三十一兩五錢又歸併外衛原額屯田一百三十六頃九十一畝五分四釐一毫四絲二忽六微一纖一沙七塵二埃四渺七漠二逡除荒外實在成熟屯田八十九頃九十一畝五分四釐八毫一絲二忽三纖五沙四塵三渺六漠二逡內鳳在衛屯田科糧三升六合三勺零科糧折銀四分二釐三毫零科軍器牛角銀七釐二毫一絲零又鳳前鳳後懷遠洪塘等衛所田地應徵糧米并糧折軍器等銀俱照鳳陽縣衛田科則編徵懷

遠縣原額折實田五千二百七十五頃二十三畝六分四釐除荒外實在成熟田四千七百四十八頃二十畝九分二釐九毫每畝科銀四分五釐七毫漕贈銀四毫三忽零科麥六勺二抄零科米一升三合一勺零漕贈米四勺三撮零外不在丁田徵解商麹稅銀三十兩五錢漕院供應銀七十兩四錢五分三釐一更名田銀一百三十五兩五錢五分六釐九毫一絲九忽四微四纖七塵六埃六渺三漠麥二石五斗九合九勺五抄二撮五圭九粟七粒一顆八穎米四十一石六斗六升三合二勺二撮八圭四粟八粒五顆一穎匠班銀四十五兩四錢五分又歸併外衛原額屯田六百四十八頃二畝九分八釐四毫四絲九忽八微九纖六沙七塵九埃二渺九漠三逡除荒外實在成熟屯田四百五頃四十五畝三分六毫一絲二忽二纖一沙九塵四埃三漠三逡內懷遠衛屯田每畝科糧三升六合科糧折銀四分二釐科軍器牛角銀一分九釐四毫零又招撫開墾田每畝科糧二升五合一勺零科糧折銀二分九釐二毫零科軍

器牛角銀一分三釐五毫零又鳳前鳳後田地應徵糧米幷軍器等銀俱照鳳陽縣衛田科則徵解

定遠縣

原額田一萬四千一百一十四頃七十四畝五分二釐四毫九絲九忽今實在同每畝科銀一分七釐三毫零漕贈銀一毫四絲零麥八勺一抄八撮零米四合二勺九抄零漕贈米一勺四抄零外不在丁田徵解商稅銀一百一十兩一錢九分五釐漕院供應銀四十四兩二錢九分二釐更名田租銀三百九十四兩八錢八分一釐一絲一微七塵三埃一渺麥九石二斗二升六合四勺一抄九圭三粟四粒四顆四穎四黍二稷米一百八石三斗二升一勺六撮八圭四粒二顆七穎三黍七稷匠班銀三十二兩四錢又歸併省外衛原額屯田三千二百五十八頃八十畝八分一釐六毫四絲八忽一微六纖二沙八塵二渺七漠除荒外實在成熟屯田一千六百九十七頃六十二畝八分二釐四毫九忽三微八纖一沙四塵三渺七漠冉比田科正耗米八升六合四勺增協銀九釐二毫三絲二忽微麥改豆比田科正耗麥

八升六合四勺每麥一石改豆一石五斗增協銀九釐二毫三絲二忽科田每畝科五耗米五升八合三勺二抄增協銀六釐七毫四絲九忽六微徵麥改豆科田每畝科麥五升八合三勺二抄每麥一石改豆一石五斗增協銀六釐七毫四絲九忽六微又科田科米五合四勺協濟銀一毫六絲二忽增餘二田每畝科米五升八合三勺二抄協濟銀一釐七毫四絲九忽六微草場田一則科銀四分一則科銀二分一則科銀二釐外不在丁田徵解集租銀六十四兩二錢八分制錢十千文火藥銀五兩七錢九分楞木銀四十三兩三錢七分七釐五毫五絲拋荒屯折銀一百九十五兩三錢四分三釐五毫九絲六忽五微內鳳左衛屯田每畝科糧三升六合三勺零科糧折銀四分二釐三毫零科軍器牛角銀七釐七毫二絲零又懷遠衛招撫開墾田每畝科糧二升五合一勺零科糧折銀二分九釐二毫零科軍器牛角銀一分三釐六毫零又鳳前鳳後懷遠等衛屯田應徵糧米折折糧軍器牛角等銀俱照鳳陽縣衛田科則徵銀

五河縣原額田地一千二百七十頃六十一畝二分六釐三毫八絲除荒外實在成熟田地七百八十一頃八畝四分六釐六絲每畝科銀六分二釐五毫零漕贈銀二毫九絲零麥四合二勺勺三抄零米一升一合七勺零漕贈米三勺九抄零外不在丁田徵解商稅魚船銀七十兩八錢五釐匠班銀一十五兩六錢六釐又歸併外衛原額屯田三百三十九頃二十三畝五分九釐五毫五忽九微二纖九沙九塵四埃八渺一漠二逡除荒外實在成熟屯田一百四十八頃一十一畝一分九釐四毫八絲六忽三微三纖三沙三塵三埃三渺三漠二逡內鳳前洪塘二衛所屯田應徵糧米并折糧軍器牛角等銀俱照鳳陽縣衛田科則編銀

虹縣原額田二千八百三十二頃八十六畝九分二釐三毫九絲除荒外實在成熟田一千二頃六十五畝九分九毫三絲五忽每畝科銀四分七釐七毫零漕贈銀二毫五絲零科麥五合二勺六抄零科米七合八勺五撮零漕贈米二勺五抄零外不在丁田徵解草塲租正腳銀七兩八

錢八分三釐四毫二忽八微五纖八沙四塵九埃八渺匠班正脚銀四十五兩九錢四釐五毫

壽州原額田地三萬八千二百四十頃二十九畝九分除荒外實在成熟折實田二萬六千九百頃十畝四分一釐一毫內中田地一畝五分折上田一畝下田地二畝折上田一畝每折實田一畝科銀一分五釐四毫零漕贈銀八絲三忽零又上中下地折實田原不徵米每畝科麥八勺二抄一撮零又上中下田原不徵麥每畝科米二合一勺六抄零漕贈米八抄三撮零外不在丁田徵解更名田銀六錢三分八釐一毫一絲五忽一微一纖四沙六塵五埃九渺四漠商稅銀四百七兩二錢五分五釐草場租并營繕司料價銀九百八十五兩八錢二分二釐四毫九絲八忽一微三纖六沙七塵二埃二渺六漠匠班銀五十七兩二錢六分七釐又歸併外衛原額屯田二千五百四十一頃五十二畝七分九釐六毫四忽四微二纖八沙六塵九埃五渺除荒外實在并溢額屯田二千一百九十六頃六十五畝八分九毫七絲五忽一微

五纖二沙六塵五埃九渺七漠內壽州衛一則屯田科折色銀三分軍器牛角軍餉等銀四釐五毫六絲零一則樣田每畝科折色銀六分軍器牛角軍餉等銀九釐一毫零一則班軍田地每畝科折色銀一分八釐軍器牛角軍餉等銀二釐七毫四絲零又鳳左衛屯田每畝科糧三升六合三勺零科糧折銀四分二釐三毫零科軍器牛角銀七釐九毫四絲零又鳳前鳳後懷遠等衛屯田應徵糧米并糧折軍器牛角等銀俱照鳳陽縣衛田則編徵又懷遠衛一有順治八年招撫開墾田每畝科糧二升五合一勺零折色銀二分九釐二毫零軍器牛角銀一分三釐六毫零

蒙城縣

原額田地九千九百二十六頃九十三畝五八五釐今實在成熟并溢額田共九千九百三十一頃二十一畝八分三釐四毫每畝科銀一分八釐四毫零漕贈銀三絲一微零查額田內有寄庄小地一十七百六十九頃八十六畝七分四釐每頃庄地除納正賦外仍納庄銀一錢九釐九毫零每畝科麥七勺六抄零科米七勺六抄五撮零漕贈米三

抄一圭零外不在丁田徵解商麴稅銀二十兩七錢草塲租銀八十二兩二錢八分七釐二毫二絲五忽太僕寺牛犢銀三兩六錢匠班銀九兩又歸併懷遠外衞原額屯田二十三頃三十三畝二分三釐二毫八絲八忽三微除荒外實在成熟屯田一十五頃七十六畝九分七釐七毫三絲八忽三微每畝應徵糧米并折色軍餉牛角等銀照鳳陽縣衞田科則徵銀又搭撫開墾田照壽州歸衞田科則徵銀

霍丘縣

原額折實田地二千六十二頃九十七畝六分除荒外實在成熟折實田八百六十六頃五畝三分四釐三毫九絲每畝科銀一錢四分八釐一毫零漕贈銀六毫七絲零科米一升八合五勺零漕贈米六勺七抄零外不在丁田徵解漕院供應銀二十五兩五錢草塲租銀五十六兩三錢七釐八毫二絲七忽三微八纖五沙四塵一埃七渺七漠匠班正腳銀一十六兩三錢二分六釐又歸併外衞原額屯田四百九十五頃二十八畝三分四釐四毫三絲九忽三纖九沙六塵七埃三渺九漠三逡除荒外實在成熟屯

田二百九十九頃二十五畝七分九釐六毫三絲二微一纖九沙九埃六渺六漠三逡內鳳前衛肥瘠屯田應徵糧米幷折色軍器等銀俱照鳳陽縣衛田科則徵銀又壽州衛田折色等銀照壽州一則屯田科則徵銀

泗州

原額田地六千四百七十二項三十四畝七分四釐八毫除荒外實在成熟田四千四百八十二項七分九釐八絲每畝科銀四分四釐四毫零加漕銀三釐三毫零科麥四合三勺四抄零外不在丁田徵解商稅銀九十一兩三錢七分一釐更名丁田銀九百五十二兩九錢五分四釐九毫二絲三忽八微八沙二塵五漠麴稅銀三十兩匠班銀四十四兩九錢九分五釐五毫

盱眙縣

原額田地一千四百四十八頃八十八畝四分四釐六毫除荒外實在成熟幷溢額田一千四百四十八頃五十二畝五分五毫三絲每畝科銀一錢六分一釐四毫零漕贈銀一釐二毫零科麥七合二抄九撮零科米二升八合二勺零漕贈米一合二勺零外不在丁田徵解更名田糧銀五百八兩五錢四釐一毫九絲

商稅地契銀九十四兩九錢天長縣原額田七
四分匠班銀一十兩二錢百九十四
頃二十七畝二分七釐四毫今實在成熟并溢
額田七百九十五頃三十六畝四分七釐六毫
四絲八忽每田科銀二錢八分七釐四毫零漕
贈銀一釐四毫零科麥二合二勺九抄零米二
升九合五勺零漕贈米一合四勺零外不在丁
田徵解秋糧軍餉銀一百三十八兩三錢三分
牧馬場租銀八十七兩五錢四分一釐三毫二
絲七微五纖匠班銀三兩六錢又歸併省外衛
原額屯田一千七百七十八頃六十畝六分二
釐五毫八絲四忽七微八纖五沙八塵六埃六
渺除荒外實在成熟并溢額屯田一千八百二
十三頃六十五畝一分八釐一毫六忽七微六
沙三塵四埃六渺一漠內比田科正耗米八升
六合四勺增協銀九釐二毫三絲二忽科田科
正耗米五升八合三勺二抄增協銀六釐七毫
四絲九忽六微增餘二田每畝科正耗米五升
八合三勺二抄協濟銀一釐七毫四絲九忽六
微投誠官兵領墾比科等田俱照沙壓比田一

則起科每畝科米折并新增銀三分六毫四絲外不在丁田徵解集租銀三十兩二分五釐火藥銀三兩又高郵衛屯田每畝科米麥折銀三分三釐六毫零軍器牛角等銀七釐五毫九絲零又丈出無糧田每畝科糧折牛角銀三分四釐四絲零淸出隱墾田每畝科糧折銀三分三釐六毫零

宿州

原額地六萬八十七頃九十七畝七分七釐七毫除荒外實在成熟地二萬四千一百七十八頃三十七畝三毫每畝科銀八釐八毫八絲零漕增銀三毫又一則二則地每畝科麥二合二勺六抄零科米七合九勺二抄零漕贈米三勺外不在丁田徵解商麴稅契銀一十五兩草場租銀三十七兩二錢八釐四毫匠班銀九十二兩七錢

靈璧縣

原額地四萬五千三百八十七頃六十六畝四分八釐除荒外實在成熟地一萬一千二百三十一頃九十八畝八分三釐一毫四絲一忽三微二纖二沙六塵三埃六渺一漠內中則地一畝五分一釐零折地一畝下則地二畝三分三釐六毫零折地一畝每折實地一畝科銀一分

一釐一毫五絲零上則地科漕贈銀九絲九忽零中則地科漕贈銀七絲五忽零上則地科米二合七勺零漕贈米九抄九撮零中則地科米二合六抄三撮零漕贈米七抄五撮零外不在丁田徵解商稅正脚銀一十七兩七錢三分二釐二毫八絲七忽二微草塲租銀三十六兩四錢二分三釐六毫三絲匠班銀四十五兩九錢

潁州

原額田一萬八千七百九十三頃四十五畝五分除荒外實在成熟田一萬一千二十七頃六十三畝四分三毫每畝科銀二分一釐八毫零漕贈銀九絲八忽零科米二合四勺零漕贈米九抄八撮零外不在丁田徵解商麴稅銀四百五十一兩六錢北照寺田地銀一百一十四兩六錢三分一釐三毫六絲八忽四微三纖四沙三塵六埃一渺九漠米一十六石一斗二升七合七抄七撮二圭四粟九粒五顆九頼草塲租正脚銀二十七兩三錢五分七釐八毫七絲匠班銀一十一兩七錢又歸併頼川衛原額折實地六千七百二十頃除荒外實在成熟地四千二百七十九頃七畝四分九毫五絲

每畝科銀二分四釐五毫三絲零潁上縣原額田地七千七百一十九頃八十八畝七分一釐四毫除荒外實在成熟田二千七百九十五頃二十二畝八分六釐三毫每畝科銀二分二釐四毫零漕贈銀四絲六忽零科米一合二勺六撮零漕贈米四抄六撮零外不在丁田徵解夏稅軍餉銀三十九兩二錢二分秋糧軍餉銀六十七兩五錢一分宿緣寺欽賜火爐田銀三十三兩四錢八分一釐八毫一忽五微七纖四沙八埃一渺六漠米二石二斗九升五合八勺一抄八撮九圭五粟五粒一顆九穎草場租銀五兩一錢八分一釐三毫匠班銀四兩一錢三分一釐遇閏加銀三錢三分七釐五毫又歸併潁上所原額田一千五百一十三頃五十七畝五分除荒外實在成熟田八百九十五頃一十畝六釐五毫每畝科銀四分四釐六毫零太和縣原額地一千二百一十頃三十六畝三釐除荒外實在成熟折實地二百九十六頃八十九畝九分二毫六絲七微七纖八沙三埃二漠內中地二畝折地一畝下地五

畝折地一畝每折實地一畝科銀六錢三分六釐六毫零漕贈銀二釐三毫零米五升九合二勺零漕贈米二合三勺零外不在丁田徵解草場租銀一十六兩六錢六分六釐六毫一絲六忽匠班銀九錢

亳州

原額田七千二百九十九頃五十五畝五分六釐三毫四絲二忽除荒外實在成熟田五千六百一十六頃二十五畝二分六釐六毫四絲二忽二微每畝科銀四分二釐三毫零漕贈銀一毫九絲零科麥四勺二抄零米四合九勺七抄零漕贈米一勺九抄零外不在丁田徵解商稅銀一百一十四兩六錢一分六釐麴稅地契銀五十七兩六錢三分二釐九毫七絲更名廠銀一千一百四十一兩二錢九分二釐八毫一絲一忽七微一纖七塵七埃三渺九漠麥一十三石九斗七合七勺八抄四撮九圭九粟一粒四顆米一百六十一石八斗二升二合三勺五抄一撮五圭五粟一粒四顆一穎草場租正脚銀一十三兩七錢八釐七毫三絲匠班銀五兩八錢五分又歸併武平衛原額屯田六百九十九頃一十畝五分今實

在成熟并溢額屯田五千二百九十一頃五十七畝六分一釐七毫五絲五忽每畝科糧折銀一分八釐軍器牛角銀七釐三毫七絲零

歷代田賦府志不載故無考

滁州并屬

原額田地山塘共伍千玖百貳拾捌頃貳拾貳畝貳釐柒毫貳絲馬田壹百柒拾壹頃畝桑絲壹千陸百陸拾叁兩陸錢又陞科田柒拾壹畝叁分叁釐陸毫又查滁州山塘折實成田計折去田貳百柒拾捌頃肆拾伍畝壹分伍釐捌毫貳絲

順治拾肆年實在成熟并陞科折實田伍千陸百

伍拾頃肆拾捌畝貳分伍毫馬田壹百柒拾壹
頃畝桑絲壹千陸百陸拾叁兩陸錢又清出溢
額陞科折實田叁頃貳拾貳畝叁分陸釐叁毫
叁絲

康熙拾柒年實在成熟并溢額陞科折實田伍千
陸百伍拾叁頃柒拾畝伍分陸釐捌毫叁絲馬
田壹百柒拾壹頃畝桑絲壹千陸百陸拾叁兩
陸錢又開墾陞科田壹頃叁拾柒畝陸分

康熙貳拾貳年實在成熟并溢額陞科折實田伍
千陸百伍拾伍頃捌畝壹分陸釐捌毫叁絲馬

田壹百柒拾壹頃畝桑絲壹千陸百陸拾叁兩

陸錢

共該徵折色起存銀肆萬陸百柒拾叁兩肆錢伍分玖釐貳毫肆絲叁忽伍微伍纖肆沙柒塵陸埃貳渺肆漠本色米陸百壹拾陸石貳斗捌升玖合捌勺伍圭叁粟陸粒壹顆玖穎壹黍陸稷豆捌百捌拾玖石陸斗貳升玖勺捌抄肆圭捌粟捌穎柒黍捌稷

外不在丁田徵解更名田草圩塲租勳戚丈增陞科牛犢匠班等項共銀壹千肆百柒拾壹兩貳

錢玖分貳釐叁毫肆微肆纖陸沙叁塵陸埃
額外歸併省衛原額屯田共柒千捌百柒拾肆頃
柒拾玖畝叁分伍釐玖毫肆絲伍忽陸微玖纖
壹沙伍塵壹埃柒渺捌漠內有積荒田地除節
年開墾并投誠開墾陞科抵補外仍有荒田柒
百叁拾肆頃叁拾叁畝叁分壹釐叁毫肆絲壹
忽貳微捌纖捌沙捌塵叁埃陸渺捌漠又節年
清出溢額田貳百壹拾肆頃捌畝捌分壹釐玖
絲叁忽捌微肆纖貳沙貳埃貳渺玖漠
康熙貳拾貳年實在成熟田地柒千叁百伍拾肆

項伍拾肆畝捌分伍釐陸毫玖絲捌忽貳微肆
纖肆沙柒塵叄渺玖漠
共該徵銀柒千貳百壹拾柒兩陸錢肆分肆釐伍
毫肆絲玖忽捌微捌纖捌沙柒塵壹埃捌渺陸
漠本色米叄萬伍千壹百叄拾陸石叄斗叄升
貳合柒勺柒抄壹撮叄圭叄粟肆粒捌顆伍穎
伍黍叄稷折色豆柒百貳拾石柒斗柒升壹合
陸勺捌沙肆撮柒圭陸粟捌粒每石折銀柒錢
徵銀伍百肆兩伍錢肆分壹毫柒絲玖忽叄微
叄纖柒沙陸塵

外不在丁田徵解房屋地租楞木火藥集租等項
共銀壹百肆拾玖兩伍錢玖分陸釐肆絲玖忽
叁微捌纖叁沙伍塵
滁州原額田地山塘四千三十五頃三十畝八
分四釐四毫二絲今實在成熟并溢額折
實田三千七百六十一頃四十五畝六分四釐
九毫三絲內山七畝五分折田一畝塘一畝二
分折田一畝每折實田一畝科銀四分一釐二
毫零科米六勺一抄七撮七圭零科豆八勺七
抄八撮一圭零外不在丁田徵解更名田地銀
一百七十六兩三錢九分四釐六毫九絲九忽
六微祭戶人丁銀三百一十一兩八錢七分八
釐二毫九絲草塲租正脚銀九十兩六錢三分
七釐三毫五絲五微四纖六沙三塵六埃圩租
銀四十五兩四錢一分六釐四毫四絲勳戚丈
增田銀一十兩四錢五分七毫八絲二忽匠班
正脚銀二兩二錢七分二釐五毫又歸併省衛

原額屯田二千三百五十七頃三十二畝七分一釐五毫六絲六忽三微四纖一沙六塵五埃九渺一漠除荒外實在成熟幷溢額屯田二千一百五十五頃二十一畝九分五釐四毫四絲六忽八微八沙五塵三埃四渺一漠內一則比田每畝科正耗米八升六合四勺增協銀九釐二毫三絲二忽一則比田每畝科正耗米八升一合增協銀九釐七絲一則徵麥改豆比田科正耗麥八升六合四勺每麥一石改豆一石五斗增協銀九釐二毫三絲二忽一則徵折麥比田每畝科麥折銀三分新增銀六釐六毫四絲一則科田每畝科正耗米五升八合三勺二抄增協銀六釐七毫四絲九忽六微一則徵麥改豆科田每畝科正耗麥五升八合三勺二抄每麥一石改豆一石五斗增協銀六釐七毫四絲九忽六微一則徵折麥無耗科田每畝麥折銀一分六釐二毫新增銀五釐一則徵折麥有耗科田每畝科麥折銀一分七釐四毫九絲六忽新增銀五釐增餘二田每畝科正耗米五升八合三勺二抄科協濟銀一釐七毫四絲九忽六

徵久荒比田每畝科米折銀二分新增銀六釐
六毫四絲久荒餘田每畝科米折銀一分三釐
五毫投誠官兵開墾比增等田俱照沙壓比田
一則起科每畝科米折弁新增銀三分六毫四
絲草塲田一則科銀六分一則科銀四分一則
科銀三分一則科銀二分一則科銀一分一則
科銀五釐一則科銀三釐一則科銀二釐一則
科銀一釐外不在丁田徵解房地租銀四十七
兩二錢二分五釐四毫二絲楞木銀二十七兩
一錢三分九釐五毫九絲五忽火藥銀四兩二
錢三釐集租銀一十四兩二分

全椒縣

原額田一千三十三頃一十三畝今實在成熟
井陞科田一千三十三頃八十四畝三分三釐
六毫內每民田一畝科銀一錢三分三釐六毫
零陞科田每畝科銀一錢二分三釐三毫六絲
又馬田一百七十一頃畝每畝科銀三分九毫
九絲零又桑絲一千六百六十三兩六錢每兩
科銀三分六釐二絲八忽零科米一合八勺二
抄三撮零科豆二合五勺二抄五撮零外不在
丁田徵解撫院供應銀六十七兩七錢五分草

場正脚銀一百五兩四錢四分五釐三毫二絲
五忽一微二纖圩租并陞科田銀六百五兩七
錢五分七釐一毫五絲一微八纖牛犢銀一兩
一錢匠班銀一十五兩四錢五分三釐又歸併
省衛原額屯田三千二百七十九頃六十三畝
八分七釐二毫七絲二忽六微五纖八沙三塵
五渺二漠除荒外實在成熟并溢額屯田共三
千二百五頃九十七畝三釐四毫二絲九忽四
微四纖六沙三塵七埃七漠內比田科正耗米
八升六合四勺科增協銀九釐二毫三絲二忽
科田科正耗米五升八合三勺二抄增協銀六
釐七毫四絲九忽六微增餘一田科正耗米五
升八合三勺二抄協濟銀一釐七毫四絲九忽
六微投誠官兵開墾比科等田俱照沙壓比田
一則起科每畝科米折新增銀三分六毫四絲
草場田地一則科銀六分一則科銀五分一則
科銀四分一則科銀三分一則科銀二分五釐
一則科銀二分一則科銀一分五釐一則科銀
一分一則科銀八釐一則科銀六釐一則科銀
五釐一則科銀四釐一則科銀三釐三毫一則

科銀三釐一則科銀二釐一則科銀四毫五絲一則科銀三毫五絲水壩田地六畝一分四釐零共徵銀一分二釐一毫外不在丁田徵解房地租銀二十三兩九錢四分四釐四毫火藥銀五兩七錢八分四釐四毫二絲三忽三微四纖

來安縣

原額田八百五十九頃七十八畝一分八釐三毫今實在同每畝科銀一錢二分四釐四毫零科米二合二勺七抄四撮零豆三合四勺七抄二圭零外不在丁田徵解更名田地銀二十五兩四錢七分二釐六毫六絲三忽廠地丈出溢額銀一兩六分七釐九毫八絲草場租銀九兩四分六釐一毫二絲匠班銀三兩一錢五分又歸併省衛原額屯田二千二百三十七頃八十二畝七分七釐一毫六忽六微九纖一沙五塵一五埃三渺五漠除荒外實在成熟并溢額屯田一千九百九十三頃三十五畝八分六釐八毫二絲一忽九微八纖九沙七塵九埃九渺一漠內一則比田每畝科正耗米八升六合四勺增協銀九釐二毫三絲二忽一則比田每畝科正耗米八升一合增協銀九釐七

絲徵麥改豆比田每畝科正耗麥八升六合四
勺每麥一石改豆一石五斗增協銀九釐二毫
三絲二忽徵折麥比田每畝科麥折銀三分新
增銀六釐六毫四絲一則科田每畝科正耗米
五升八合三勺二抄增協銀六釐七毫四絲九
忽六微徵米麥科田每畝科正耗糧五升八合
三勺二抄增協銀六釐七毫四絲九忽六微徵
麥改豆科田每畝科正耗麥五升八合三勺二
抄增協銀六釐七毫四絲九忽六微徵折麥科
田每畝科麥折銀一分六釐二毫新增銀五釐
增餘二田每畝科正耗米五升八合三勺二抄
協濟銀一釐七毫四絲九忽六微起科田每畝
科正耗米三升二合四勺協濟銀九毫七絲二
忽蓄水官塘壩每畝科正耗米二升九合一勺
六抄協濟銀八毫七絲四忽八微投誠官兵開
墾比科等田俱照沙壓比田一則起科每畝科
米折并新增銀三分六毫四絲草塲田一則科
銀八分一則科銀六分一則科銀五分一則科
銀四分五釐一則科銀四分一則科銀三分二
釐一則科銀三分一則科銀二分五釐一則科

銀二分二釐一則科銀二分一釐一則科銀二分一則科銀一分二釐一則科銀一分一則科銀七釐一則科銀六釐一則科銀五釐一則科銀四釐一則科銀三釐一則科銀二釐外不在丁田徵解火藥銀一十兩二錢三分二釐一毫六忽四纖三沙五塵楞木銀三兩五錢二釐一毫五忽集租銀一十三兩五錢四分五釐

宋滁州轄清流全椒來安清流水田一千六百九十三頃四十四畝零陸田七百六十七頃三十三畝零全椒水田一千二百四十頃二十八畝零陸田五百三十七頃二十五畝零來安水田八百零六頃五十二畝零陸田三百八十三頃三十八畝零元滁州轄清流全椒來安清流田四百三十一頃零地二百七十五頃零全椒田三百五十五頃零地二百一十三頃零來安田二百七十六頃零地一百七十四頃零明省清流其賦稅併入滁州全椒來安本州官民田地七百九十七頃六畝八分零全椒官民田地八百五十八頃五十畝四分零來安官民田地五百四十七頃六十一畝零官田有種馬官

牛之令止課犢徵駒無賦民田有賦〇萬曆二十八年知州陳允升始行丈量法凡官田曰馬田故全書載有民馬田地等字

和州幷屬

原額田地山塘陸千叁百玖拾玖頃陸拾肆畝壹分叁釐壹毫貳絲

順治拾肆年實在成熟田陸千叁百玖拾玖頃陸拾肆畝壹分叁叁釐壹毫貳絲又節年開墾幷清出溢額田貳拾柒頃壹拾玖畝肆分柒釐捌毫陸絲捌忽査州縣用地山塘折實成田計折去田壹千陸百貳頃玖拾玖畝伍分陸釐貳毫肆

絲玖忽伍微捌纖肆塵伍埃壹渺捌漠
康熙拾柒年實在成熟并溢額折實田肆千捌百
貳拾叁頃捌拾肆畝肆釐柒毫叁絲捌忽肆微
壹纖伍沙伍塵肆埃捌渺貳漠又清出溢額田
地壹頃肆拾柒畝叁分陸釐捌毫玖絲捌忽捌
微肆纖壹塵柒埃叁渺柒漠
康熙貳拾貳年實在成熟并溢額田地肆千捌百
貳拾伍頃叁拾壹畝肆分壹釐陸毫叁絲柒忽
貳微伍纖伍沙柒塵貳埃壹渺玖漠
共該徵折色起存銀叁萬玖千叁百叁拾兩伍錢

柒分玖釐叁毫陸絲伍忽叁微壹纖肆沙肆塵
柒埃肆渺柒漠本色米伍千貳百貳拾肆石伍
斗肆升玖勺肆抄叁撮壹圭肆粟柒粒壹顆捌
穎柒黍壹稷
外不在丁田徵解牧馬草場圩租撫院供應學道
租田稻價魚課生鐵魚線膠天鵞折價春鱘秋
鮓魚課鈔等項共銀貳千叁百伍拾壹兩捌錢
陸分伍釐壹毫肆絲壹微壹纖肆沙捌塵柒埃
貳渺肆漠遇閏加銀捌兩壹錢貳分肆釐陸毫
伍絲陸忽叁微貳纖壹沙貳塵伍埃廣惠庫銅

錢壹萬貳千柒拾伍文伍分遇閏加錢柒百伍
拾捌文壹分
額外歸併省衞原額屯田肆千伍百壹拾玖頃捌
畝貳分陸釐貳毫伍絲玖忽叁微捌纖壹沙叁
塵肆埃叁渺內有積荒田地除節年開墾陞科
抵補并撥減領墾外仍有荒田壹百壹拾貳頃
貳拾叁畝陸分柒釐叁毫肆絲玖忽貳微玖纖
玖沙陸塵柒埃貳渺肆漠又節年開墾并清出
溢額陞科田伍拾捌頃肆拾玖畝捌分肆釐陸
毫捌絲捌忽貳微肆纖捌沙貳塵肆埃壹渺伍

漠
康熙貳拾貳年實在成熟并溢額屯田共肆千肆
百陸拾伍頃叁拾肆畝肆分叁釐伍毫玖絲捌
忽叁微貳纖玖沙玖塵壹埃貳渺壹漠
共該徵銀伍千肆百貳拾兩柒錢陸毫玖絲陸忽
陸微壹纖伍沙肆塵伍渺本色米貳萬柒百陸
拾玖石壹斗貳升玖合陸勺玖抄貳撮陸圭伍
粟柒粒壹顆陸穎柒黍
外不在丁田徵解房地租火藥銀肆拾肆兩捌錢
叁分捌釐貳毫

和州原額田地四千六百七十頃九十五畝八分九釐五毫三絲今實在成熟并溢額折實田三千二百四十二頃七十二畝七分八釐四毫十絲三忽五微八纖六塵一埃九渺二漠內中田一畝三分六毫五絲零折一上田一畝一下田一畝九分三釐五毫零折一上田一畝草地三畝六分一釐八毫零折上田一畝官山并新墾山四畝六釐八毫零折上田一畝官塘二畝二分四釐七毫零折上田一畝折實田一畝一科銀七分六釐八毫四絲零每上田一畝科一米一升一合九勺九抄零中田一畝科米九合一勺一撮五圭零下田一畝科米六合四抄九撮零官塘一畝科米五合六勺二抄零官山一畝科米二合七勺一抄一圭零草地一畝科米三合八抄九撮五圭零開墾中田一畝科米一合四勺三抄零開墾下地一畝科米八勺七抄四撮零開墾塘一畝科米一合一勺五抄零開墾山一畝科米一勺五抄七撮零外不在丁田徵解草場圩租銀九百四十六兩七錢五釐四絲六忽撫院供應正腳銀二百一十六兩三錢學道

租田稻價銀二十五兩六分六釐五毫八絲八忽七微五纖馬埸租正脚銀九百四十七兩二錢二分三毫四絲四忽六微六纖八沙六塵二埃二渺四漠生鐵正脚銀二十三兩五錢七分三釐二毫五絲八忽二微五纖魚線膠正脚銀一十兩九錢六分四毫六絲九忽九微六沙二塵五埃天鵞折價銀一兩春鯡魚船綱折銀四十八兩三錢九分六釐九毫二絲五忽秋鮮船綱折銀三十五兩六錢九分四釐魚課鈔銀三兩六錢二分二釐六毫五絲又魚課孜馬等款遇閏加銀二兩二錢八分三毫九絲八忽七微八纖一沙二塵五埃廣惠庫銅錢一萬二千七十五文五分遇閏加錢七百五十八文一分又歸併省衛原額田地三千六百八十六頃七十九畝三分二釐一毫二絲九忽九沙五塵二埃三渺除荒外實在成熟并溢額屯田三千六百四十三頃五十五畝八分一釐七毫七忽九微五纖八沙九埃二渺一漠內比田科正耗米八升六合四勺增協銀九釐二毫三絲二忽科田科正耗米五升八合三勺二抄增協銀六釐七

毫四絲九忽六微增餘二田每畝科正耗米五升八合三勺二抄協濟銀一釐七毫四絲九忽六微投誠官兵開墾比科等田照沙壓比田每畝科米折并新增銀三分六毫四絲沙壓科田科米折并新增銀二分一釐二毫沙壓增餘二田科米折銀一分六釐二毫久荒比田科米折并新增銀二分六釐六毫四絲久荒科田科米折并新增銀一分八釐五毫久荒增餘二田科米折并新增銀一分三釐五毫坍江科田科正耗米四合一勺四撥協濟銀一毫二絲三忽一微二纖坍江折色田科米折銀九毫五絲草場田一則科銀八分一則科銀六分一則科銀五分一則科銀四分一則科銀三分二釐一則科銀三分一則科銀二分五釐一則科銀二分一則科銀一分五釐一則科銀一分一則科銀八釐一則科銀五釐一則科銀四釐一則科銀三釐一則科銀二釐外又不在丁田徵解房地租銀二十五兩一錢二分五釐火藥銀一十六兩七錢一分三釐二毫

含山縣

原額田地山塘一千七百二十八頃六十八畝二分三釐

五毫九絲今實在成熟并溢額折實田共一千五百八十二頃五十八畝六分三釐一毫六絲三忽六微七纖五沙一塵二渺七漠內地一畝三分六釐四毫零折田一畝山六畝四釐三毫零折田一畝塘三畝六釐八毫零折田一畝每折實田一畝科銀八分八釐九毫零科米九合三勺六抄零外不在丁田徵解魚課正腳銀七十四兩一錢九分一釐八毫五絲七忽五微四纖遇閏加銀五兩八錢四分四釐二毫五絲七忽五微四纖草場租銀一十九兩一錢三分四釐又歸併省衛原額屯田八百三十二頃二十八畝九分四釐一毫三絲三微七纖一沙八塵二埃除荒外實在成熟并清出溢額屯田八百二十一頃七十八畝六分一釐八毫九絲三微七纖一沙八塵二埃內比田科正耗米八升六合四勺增協銀七釐二毫三絲二忽科田科正耗米五升八合三勺二抄增協銀六釐七毫四絲九忽六微增餘二田科正耗米五升八合三勺二抄協濟銀一釐七毫四絲九忽六微投誠官兵照沙壓比田每畝科米折并新增銀三分

六毫四絲坍江田科正耗米四合一勺四撮協濟銀一毫二絲三忽一微二纖久荒增餘二田科米折銀一分三釐五毫草塲田一則科銀五分一則科銀四分外不在丁田徵解火藥銀三兩

歷代田賦無考（明）洪武二十四年田地塘共三千四百一頃（夏稅）麥四千三百三十石零除免徵養馬戶外實徵九百三十八石六斗（秋糧）米豆一萬五千三百四十九石除免徵養馬戶外實徵三千三百六十三石零馬草三萬九百一十八包農桑絲六十斤零折絹五十四疋零〇永樂十年田地塘共四千二百六十二頃九十畝（夏稅）麥一千一百八十五石零（秋糧）米豆六千九百九十七石零馬草一萬五千九百三十二包農桑絲八十二斤餘折絲六十五疋零〇隆慶六年田地塘山共四千五百七十頃六十四畝四分六釐二毫（夏稅）麥一千一百九十二石九斗五升九合五勺六抄九撮（秋糧）米七千八十八石六斗八升三合五勺五抄九撮五圭馬騾站糧三千六百八十九石七斗六升三合

四勺三抄二撮農桑絲絹六十六疋二尺四寸二分○萬曆元年與隆慶間同但是年始行一條編法每畝納銀六分二釐○崇禎十七年田地山塘共四千六百五十頃五十六畝三分九釐五毫三絲共徵折色稅糧遼練餉共銀三萬四千二百四十八兩六錢九分五釐八毫○含山縣洪武二十四年田地山塘共一千三百八頃二十七畝夏稅秋糧原志不載

廣德州并屬

原額田地壹萬貳百玖拾捌頃伍拾肆畝叁分叁釐玖毫伍絲

順治拾肆年實在成熟田地壹萬貳百玖拾捌頃伍拾肆畝叁分叁釐玖毫伍絲又新墾溢額田壹拾柒畝玖分柒釐玖毫

康熙拾柒年實在成熟并溢額田共壹萬貳百玖
拾捌頃柒拾貳畝叁分壹釐捌毫伍絲
康熙貳拾貳年實在成熟并溢額共田壹萬貳百
玖拾捌頃柒拾貳畝叁分壹釐捌毫伍絲
共該徵折色起存銀伍萬捌百玖拾陸兩叁錢叁
分陸釐捌毫玖絲貳忽玖微柒纖玖沙叁塵壹
埃伍渺本色米壹萬叁千柒百肆拾肆石叁斗
捌勺伍撮柒圭捌粟捌粒壹顆豆壹千伍百伍
拾石柒斗叁升伍合叁抄貳圭伍粟柒粒捌顆
外不在丁田徵解牧馬場租南湖河潭魚課生銅

熟鐵翎毛魚線膠匠班等項共銀貳百伍兩柒錢伍分叁釐伍毫貳絲叁忽遇閏加銀伍兩貳錢玖釐肆毫陸絲

廣德州原額田六千二百八十六頃七十五畝八分四釐五絲今實在同每田一畝科銀四分四釐八毫零漕贈銀五毫六忽零科米一升二合九勺零漕贈米五勺六撮零科豆一合四勺七抄零外不在丁田徵解匠班銀八十九兩一錢

建平縣原額田四千一十一項七十八畝四分九釐九毫今實在成熟幷溢額共田四千一十一頃九十六畝四分七釐八毫每畝科銀五分五釐二毫六絲零漕贈銀五毫二忽零科米一升二合七勺二抄零漕贈米五勺二撮零科豆一合五勺四抄零外不在丁田徵解牧馬場租銀三十兩四錢一釐二絲三忽南湖河潭魚渡課銀四十四兩九錢四分七釐五毫匠班銀二十八兩八錢清出新增南湖

魚渡課銀一十二兩五錢五釐又魚課二款遇
閏加銀五兩二錢九釐四毫六絲
（宋）賦額麥三千二百七十九石一斗二合八勺
苗米四萬三千一百四十六石四斗八升四合
布八百八十疋零紬絹一萬六千一百一十二
疋零免役錢七千三百八十二貫零（明）賦額自
永樂至天順悉每畝科米一斗成化中巡撫王
恕議加半升後巡撫何鑑題允仍照舊額但有
司灑派貼役畝徵一升二合非例也萬曆間巡
撫海瑞奏請各色稅額一條鞭徵（夏稅）麥一千
八百四十四石六斗一升七合二勺內起運揚
州倉五百八石折銀二百三兩二錢南京倉一
千二百六十石折銀五百四兩存畱七十六石
六斗六升七合二勺折銀三十兩六錢四分六
釐零（秋糧）正耗米一萬一千二百五十五石一
斗五升九合四勺零內運北運南本色米八千
六百一十七石六斗三升五勺零折色米二千
六百三十七石五斗二升四合四勺該銀一千
八十八兩九錢六分四釐二毫零馬草一十八
萬六千九十包零該銀五千二百七十四兩四

錢九分五釐一毫零

江南通志卷之第十八終

江南都使司
原額屯田地蕩貳萬壹千玖百伍拾陸頃貳畝捌
釐陸毫叁絲壹纖伍沙壹塵陸埃柒渺內查有
無主荒蕪田地經節年開墾清出起科外實除
荒田地壹千玖百肆拾頃柒拾捌畝陸分玖釐
貳絲伍忽伍微又除拋下黃河及堤占田壹千
壹百壹拾壹頃叁拾玖畝陸分貳釐另清出丈
增等項田基草塲地共肆千伍百肆拾叁頃貳
拾貳畝柒分貳毫伍絲柒忽柒微陸纖玖沙捌
塵叁埃伍渺伍漠內除堤工挖廢并山荒水淹

田地叁百捌拾伍頃捌拾叁畝壹分叁釐伍毫
陸絲陸忽柒微叁纖壹沙壹塵柒埃壹渺捌漠
康熙貳拾貳年實在田地貳萬叁千陸拾壹頃貳
拾叁畝叁分肆釐貳毫玖絲伍忽伍微伍纖叁
沙捌塵叁埃柒漠
共該額徵銀柒萬玖千貳百壹拾叁兩貳分伍釐
壹毫叁絲叁忽捌微壹纖肆沙玖塵伍埃伍渺
壹漠肆湞玖逡陸巡本色米壹萬叁千壹百玖
拾伍石柒斗肆升陸合肆抄柒撮陸圭玖粟捌
顆陸黍肆稷陸糠玖粃伍粞麥壹萬伍百捌石

伍斗叁升壹合肆勺捌抄肆撮捌圭捌粟陸粒貳顆陸黍陸稷柒糠玖粃伍粞豆肆千肆百叁拾玖石陸斗貳升陸合伍勺貳抄柒撮捌圭玖粟壹粒捌顆伍黍叁稷伍糠肆粃

外不在丁田徵解驌騙孳塲牧馬基地淮廠造船軍叁科房租等銀陸百貳拾壹兩柒錢肆分捌釐壹毫貳絲叁忽實山蕩基米捌拾肆石肆斗肆合捌勺貳抄

蘇州衛

原額屯田叁百伍拾頃玖拾貳畝伍分肆釐捌毫

內查有積荒田畝經招墾外實除荒田玖頃捌拾肆畝玖分叁釐叁毫

康熙貳拾貳年實在屯田地叁百肆拾壹頃柒畝陸分壹釐伍毫

共該徵銀肆千柒百玖拾陸兩柒錢貳分肆釐伍毫叁絲本色米肆千捌百玖拾貳石貳斗壹升

內每畝屯田科銀一錢四分三釐四毫零科米二斗五升七合六勺零開墾田科銀一錢二分五釐三毫開墾飛沙地科銀八分二釐七毫零起科田科銀三錢一分四釐改科田科銀一錢六分八毫官舍開墾田科銀一錢一分四釐九毫又開墾田科銀一錢五分二釐樣田科銀一錢八分一釐八毫零科米一斗五升五合八勺零又樣田科銀一錢一分九釐四毫又開墾田

科銀三錢一分五釐

太倉衛

原額屯田貳百伍拾肆頃柒拾柒畒叁分柒釐捌毫又清出基地壹頃貳拾叁畒貳分貳釐陸毫

康熙貳拾貳年實在田地貳百伍拾陸頃畒陸分肆毫

共該徵銀貳千玖百柒拾捌兩捌分叁毫伍絲玖忽玖微陸沙叁塵肆渺肆漠捌埃捌濵本色米貳千貳百叁拾陸石貳斗叁升肆合肆勺捌抄

內每畒屯田科米折銀八分二釐五毫零科米二斗六升八合五勺零額折屯田科米折等銀

一錢三分一釐四毫零寶山基地
科米折銀二錢九分七釐四毫零

外不在丁田徵解太倉州房地租進　表銀伍拾
兩嘉定縣寶山蕩糧米柒拾石壹斗肆升貳合
陸抄寶山營基糧米壹拾肆石貳斗陸升貳合
柒勺陸抄

鎮海衛

原額屯田蕩并清出共田壹百玖拾壹頃伍畝壹
分玖釐叁毫又清出田貳拾叁畝貳分玖釐伍
毫

康熙貳拾貳年實在田蕩壹百玖拾壹頃貳拾捌

畝肆分捌釐捌毫

共該徵銀貳千肆百玖拾柒兩柒分叁釐伍毫捌絲捌忽貳微壹纖肆沙壹塵壹渺柒漠貳埃伍漠本色米貳千捌百捌拾叁石伍斗伍升叁合伍抄柒撮伍圭玖粟玖粒叁黍肆稷內每畝起科屯田科米三斗三合四勺零起科田科米二斗二合四勺零改科田科米折銀二錢四分三釐六毫零又改科田科米折銀二錢四分一釐七毫零額折田科米折等銀二錢七分九釐六毫零又額折田科米折等銀二錢八分九釐零又額折田科米折等銀二錢六分八釐五毫零新增田科銀九分新增塗蕩科銀九釐零隱田科米折銀二錢四分三釐六毫零

金山衛

原額屯田壹百玖拾叁頃貳拾叁畝叁分肆毫柒絲又併入松江所原額屯田壹百陸拾伍頃陸拾陸畝肆釐玖毫又清出基地壹拾捌頃捌拾玖畝玖分肆釐壹毫

康熙貳拾貳年實在屯田地叁百柒拾柒頃柒拾玖畝貳分玖釐肆毫柒絲

共該徵銀伍千柒百伍拾玖兩玖錢陸分伍毫陸絲貳忽伍微捌纖貳沙陸塵捌渺柒漠肆湞本色米肆百壹拾叁石陸斗內每畝屯田科銀一錢五分一釐八毫零科米一升一合五勺零基地科米折銀一分一釐五毫零

鎮江衛

原額屯田并開墾餘田壹千肆百捌拾肆頃伍拾

叁畝捌分捌釐玖毫又各年丈增開墾清出共

田地壹百陸拾伍頃肆拾陸畝叁分玖釐貳毫

捌絲

康熙貳拾貳年實在田地壹千陸百伍拾頃畝貳

分捌釐壹毫捌絲

共該徵銀肆千叁百叁拾陸兩貳錢壹分壹釐貳

毫柒忽叁微叁纖伍沙壹塵玖渺柒漠貳埃肆

滇 內每畝比較田科銀四分一釐九毫零公差 并新墾科樣田科銀一分九釐九毫零丈出

公差田科銀一分五釐八毫零丈出改科田科銀叁分壹釐六毫零丈出比較田科銀三分七釐八毫零改科田科銀三分五釐七毫零開墾田科銀二分八毫零

淮安衛

原額屯糧田柒百伍拾壹頃肆畝伍分肆釐內除拋荒水衝堤占田貳百陸拾肆頃捌拾玖畝陸分貳釐原清出并墜科共田地叁百貳拾肆頃肆拾肆畝叁分壹釐

康熙貳拾貳年實在田地捌百壹拾頃伍拾玖畝貳分叁釐

共該徵銀叁千陸百肆拾叁兩肆錢捌分陸釐伍

毫叁絲伍忽柒微貳纖本色米叁百伍石肆斗伍升捌合伍抄叁撮伍圭陸粟陸粒陸顆陸黍陸稷伍禾伍粃麥陸百壹拾壹石伍斗捌升試合肆勺肆抄肆圭陸粟陸粒陸顆陸黍陸稷伍禾伍粃豆叁百伍石肆斗伍升捌合伍抄叁撮伍圭陸粟陸粒陸顆陸黍陸稷伍禾伍粃内每畝屯㨾田科銀三分六釐四毫零科米六合二勺零麥一升二合五勺零豆六合二勺零贍運菓割地科銀五釐屋基地科銀四分六釐五毫零荒熟田科銀四分五釐二毫零續清出荒熟并涸出田地科銀叁分

大河衛

原額屯樣田壹千壹拾玖頃內除拋下黃河田捌百肆拾陸頃伍拾畝於各年濬出贍軍田園壹千貳百陸拾陸頃捌拾貳畝捌分叁釐伍絲內除堤工挖廢田陸頃叁拾捌畝玖分柒釐

康熙貳拾貳年實在田地壹千肆百叁拾貳頃玖拾叁畝捌分陸釐伍絲

共該徵銀叁千捌百貳兩柒錢柒分肆釐叁絲陸忽本色米貳百伍拾伍石捌斗貳升叁勺貳抄麥伍百壹拾壹石陸斗貳升叁合玖勺柒抄叁撮叁圭叁粟叁顆叁黍叁稷壹禾豆貳百伍拾

伍石捌斗貳升叁勺貳抄内每畝屯田科銀七分三釐二毫零科米一升四合四勺零麥二升八合八勺零豆一升四合四勺零樣田科銀四分四釐二毫零科米二升三合零麥四升六合一勺零豆二升三合零贍運田園科銀七分五釐五毫零贍運荒田科銀五釐五毫零贍運熟田科銀三釐丈出中等所屯田積淸出田俱科銀三分板沙湖田科銀三釐

揚州衛

原額屯田地捌百柒拾玖項柒拾伍畝捌分捌釐貳毫陸絲叁忽叁微肆纖捌沙伍塵計壹千伍百壹拾伍分半又淸出幷丈增田貳拾玖項貳畝伍分叁釐陸毫伍絲壹忽叁微伍纖計伍拾

分

康熙貳拾貳年實在田地玖百捌頃柒拾捌畝肆分壹釐玖毫壹絲肆忽陸微玖纖捌沙伍塵

共該徵銀叁千陸百捌兩貳錢貳分肆釐玖毫玖絲捌忽柒微貳纖柒沙叁塵陸埃陸渺肆漠內每畝科米麥折銀三分六釐一毫每分科軍餉牛角銀二錢一分六釐八毫零

儀真衛

原額屯田壹千陸百柒拾肆頃貳拾肆畝捌分貳釐玖毫每分多寡不等計貳千捌百陸拾捌分

又清出操田肆拾柒頃柒拾玖畝

康熙貳拾貳年實在屯田壹千柒百貳拾貳頃叅拾畝捌分貳釐玖毫

共該徵銀陸千陸百玖拾貳兩柒錢貳分玖釐玖毫貳絲伍忽伍纖

内屯丁每名領田五十畝內二十畝每畝科折色米一斗三十畝每畝科折色麥一斗五升新增屯丁每名領田五十畝內三十畝每畝科折色米八升三合二十畝每畝科折色麥三升三合起科屯丁每名領田三十五畝四分九釐三毫零每名科折色米二石一斗四升二合四勺零折色麥一石三斗六升四合九勺零以上米麥俱每石折銀三錢五分又每石帶徵軍餉牛角銀三分三釐一毫零操丁每名領一分操田四十畝每分科徵籽粒銀一兩一錢六分七釐九毫零丈出荒蕪餘田每畝科米麥折銀四分二釐報墾操田每畝科銀二分三釐

安慶衛

原額屯田玖百肆拾玖頃柒拾陸畝陸分陸釐陸毫陸絲陸忽陸微陸纖陸沙陸塵陸埃柒渺

康熙貳拾貳年實在屯田玖百肆拾玖頃柒拾陸畝陸分陸釐陸毫陸絲陸忽陸微陸纖陸沙陸塵陸埃柒渺

共該徵銀貳千陸百柒拾貳兩玖錢壹釐肆毫叁絲叁忽貳微陸沙陸漠（內每畝科銀二分八釐一毫零）

新安衛

原額屯田玖百壹拾陸頃肆拾陸畝叁分叁釐捌

毫叁絲又清出墾田伍拾捌畝
康熙貳拾貳年實在屯田玖百壹拾柒頃肆畝叁分叁釐捌毫叁絲
共該徵銀伍千壹百壹拾陸兩貳錢肆分貳毫陸絲叁忽伍微玖纖捌沙柒塵陸埃玖渺內每畝重則田科銀一錢二分二釐二毫零樣則田科銀九分二釐二毫零墾則田科銀四分三釐四毫零輕則田科銀三分三釐五毫零

宣州衛

原額屯田地柒百壹拾壹頃肆拾陸畝叁分捌釐
康熙貳拾貳年實在屯田地柒百壹拾壹頃肆拾

陸畝叄分捌釐

共該徵銀伍千貳百兩叄錢捌分捌釐捌毫肆絲玖忽捌微壹纖玖沙貳塵內每畝重則田科銀九分輕則田地科銀六分九釐六毫零

建陽衞

原額屯田壹千貳拾伍頃陸拾畝伍釐玖毫又於各年開墾清出田壹百捌拾陸頃壹拾陸畝玖分捌釐貳毫

康熙貳拾貳年實在屯田壹千貳百壹拾壹頃柒拾柒畝肆釐零壹毫

共該徵銀肆千貳百柒兩柒錢玖分伍釐伍毫柒
絲壹忽柒微陸纖叁沙貳塵玖埃柒渺柒漠內每
畝原額并開墾清出田科銀叁分二釐二毫零又於原額田科行月不敷銀二釐九毫零
外不在丁田徵解驃騎羣塲牧馬基地銀貳拾貳
兩陸分捌釐壹毫貳絲叁忽

廬州衛

原額屯田地貳千捌拾玖頃壹拾陸畝伍分內查
有拋荒屯田經節年開墾清出起科外實除荒
屯田捌頃陸拾肆畝捌分伍釐貳毫叁絲
康熙貳拾貳年實在屯田地貳千捌拾頃伍拾壹

畝陸分肆釐柒毫柒絲

共該徵銀叁千柒百貳拾陸兩柒錢陸分貳毫陸忽柒微肆纖玖沙伍塵捌埃柒渺伍漠內每畝科銀一分七釐九毫零

鳳陽衛

原額屯田地柒百壹拾伍頃貳拾柒畝捌分內查有無主絕荒田地經節年開墾清出起科外實除荒田地貳百伍拾捌頃貳畝捌分伍釐

康熙貳拾貳年實在屯田地肆百伍拾柒頃貳拾肆畝玖分伍釐

共該徵銀貳千壹百玖拾柒兩玖分柒釐伍毫捌絲貳纖叁塵捌埃柒渺柒漠本色米陸百捌拾伍石陸斗陸升柒抄伍撮陸圭壹粟肆粒肆顆玖黍捌稷陸糠麥陸百捌拾伍石陸斗陸升柒抄伍撮陸圭壹粟肆粒肆顆玖黍捌稷陸糠內每畝科銀四分八釐零科本色米麥二升九合九勺零

外不在丁田徵解淮厰船政軍三小料實徵銀貳拾肆兩肆錢捌分

鳳陽右衛

原額屯田地肆百伍拾伍頃貳拾貳畝柒分內查

有無主絶荒田地經節年開墾清出起科外實除荒田地壹百叁拾頃壹拾伍畝柒分

康熙貳拾貳年實在屯田地叁百貳拾伍頃柒畝

共該徵銀壹千玖百柒拾玖兩玖錢伍分伍釐叁毫壹絲肆忽柒微壹纖柒沙柒塵捌埃壹渺肆漠本色米伍百捌拾玖石叁斗叁升壹合壹勺麥伍百捌拾石玖斗貳升玖勺內每畝科銀六分九毫零科本色米麥三升六合

外不在丁田徵解淮廠船政軍三小料遇閏實徵銀叁拾捌兩捌分

鳳陽中衛

原額屯田地肆百伍拾頃陸畝捌分內查有無主絶荒田地經節年招墾開墾清出起科外實除荒田地壹百壹拾叁頃玖畝貳分

康熙貳拾貳年實在屯田叁百叁拾陸頃玖拾柒畝陸分

共該徵銀壹千伍百柒拾捌兩陸錢肆分肆釐玖毫捌絲肆忽捌微玖纖陸沙玖塵玖埃伍渺伍漠本色米肆百肆拾柒石柒斗貳升肆合伍勺壹抄肆撮伍圭貳粟捌粒肆顆麥肆百叁拾柒

石玖斗伍升貳勺玖抄肆圭貳粟叄粒內每畝原額熟田科銀五分二釐零科米麥二升九合二勺零招墾田科銀二分五釐零科米麥一升四合零開墾清出田科銀五分二釐七毫零科米麥二升九合五勺零

外不在丁田徵解淮厰船政軍三小料遇閏實徵

銀壹拾柒兩陸錢

長淮衛

原額屯田地叄百陸拾捌頃伍拾捌畝玖分內查

有無主絕荒田地經節年開墾清出起科外實

除荒田捌　陸頃陸拾陸畝叄分壹釐貳毫捌

絲

康熙貳拾貳年實在成熟屯田地貳百捌拾壹頃
玖拾貳畝伍分捌釐柒毫貳絲
共該徵銀壹千肆百壹兩捌錢捌分陸釐伍絲陸
忽玖微玖纖肆塵伍埃柒渺肆漠叁湞玖逡陸
巡本色米叁百肆拾叁石柒升肆合肆勺肆抄
陸撮叁圭捌粟貳粒貳顆陸黍伍稷伍糠肆粃
伍粞本色麥叁百叁拾捌石貳斗壹合玖勺肆
抄捌撮伍圭肆粟叁粒玖顆陸黍貳稷伍糠肆
粃伍粞內每畝科銀四分九釐七毫零科本色米麥二升四合一勺零
外不在丁田徵解淮厰船政軍三小料銀伍拾兩

肆錢

宿州衛

原額屯田地壹千柒百陸拾壹頃陸畝玖釐玖毫

內查有無主絕荒田地已經節年開墾清出起

科外實除荒田地壹千壹拾頃貳拾陸畝貳分

貳釐貳毫壹絲伍忽伍微

康熙貳拾貳年實在屯田地柒百伍拾頃柒拾玖

畝捌分柒釐陸毫捌絲肆忽伍微

共該徵銀貳千肆百玖拾兩玖錢壹分壹釐伍毫

伍絲叁忽捌微肆沙貳塵肆埃叁渺柒漠本色

麥貳百叁拾石肆斗內每畝科銀三分三釐一毫零科麥三合六抄零

外不在丁田徵解淮廠船政軍叁小料銀壹百貳拾貳兩伍錢漕項永減給隨帮百總廩工銀伍拾肆兩

泗州衛

原額屯田地壹千肆百陸拾叁頃伍拾貳畝伍分

又於康熙拾叁年清出雜項田地貳千肆百玖拾玖頃玖拾畝壹分捌釐捌毫柒絲陸忽肆微壹纖玖沙捌塵叁埃伍渺伍漠內除山荒水渰田地叁百柒拾玖頃肆拾肆畝壹分陸釐伍毫

陸絲陸忽柒微叁纖壹沙壹塵柒埃壹渺捌漠
康熙貳拾貳年實在屯田地叁千伍百捌拾叁頃
玖拾捌畝伍分貳釐叁毫玖忽陸微捌纖捌沙
陸塵陸埃叁渺柒漠
共該徵銀捌千叁百叁拾捌兩捌錢肆分玖釐伍
毫柒絲肆忽柒微壹纖貳沙伍塵貳埃壹渺捌
漠內每畝科銀二分三釐二毫零
外不在丁田徵解淮厰船政軍叁料銀貳百叁拾
玖兩肆錢
徐州衛

原額屯田地貳千捌百伍拾壹頃柒拾畝壹分叁
釐又併衛原額地壹千叁拾叁頃叁拾伍畝內
查有無主絕荒田地經節年開墾荒地起科外
實除荒地叁百貳拾肆頃捌畝陸分貳釐又清
出草塲地貳頃陸拾陸畝
康熙貳拾貳年實在屯田地叁千伍百陸拾叁頃
陸拾貳畝伍分壹釐
共該徵銀陸百伍拾叁兩叁錢壹分捌釐本色麥
柒千壹百壹拾貳石壹斗玖升壹合捌勺伍抄
陸撮伍圭柒粒捌顆陸稷黑豆叁千捌百柒拾

捌石叁斗肆升捌合壹勺伍抄肆撮叁圭貳粟伍粒壹顆捌黍陸稷玖糠玖粃內每畝原額屯田地科銀一釐六毫零科正耗麥二升二合一勺零正耗豆一升二合零併衛屯田地科銀二釐二毫零科正耗麥一升三合九勺零正耗豆七合六勺零濤出草塲地科銀一分

滁州衛

原額屯田地貳百頃伍拾貳畝陸分共計伍百陸拾叁分

康熙貳拾貳年實在屯田地貳百頃伍拾貳畝陸分

共該徵銀壹千伍百叁拾叁兩壹分本色米壹百

肆拾叁石捌升内計五百六十三分每分科銀二兩七錢二分二釐九毫零科米二斗五升四合一勺錢

外不在丁田徵解六門月城並伍所隙地房租銀叁兩貳錢貳分

江南通志

卷之第十八

蘆課

江南 江蘇布政司 安徽布政司

康熙貳拾貳年實在上中下蘆田地密稀蘆洲山塲蕩灘埂划蘆草白沙泥水灘水蕩等項共伍萬貳千叁百柒拾壹頃陸拾柒畝柒分肆釐肆毫柒絲捌忽貳微玖纖捌沙玖塵肆埃肆渺捌漠上下基地壹千肆百陸拾肆丈壹尺陸寸壹分河泓壹道樓房披貳百玖拾捌間碾捌部共該蘆課銀壹拾伍萬壹千肆百貳拾捌兩叁錢玖分玖釐捌毫柒絲貳忽伍微叁纖壹沙捌塵

貳埃玖渺玖漠玖巡陸須叁臾

江蘇布政使司（江寧蘇州松江常州鎮江淮安揚州柒府并本司經歷司）

康熙貳拾貳年實在上中下田地密稀蘆洲山塲蕩灘埂划蘆草泥水灘共貳萬捌千叁百柒拾叁頃陸拾畝貳分叁釐壹絲玖忽陸微肆纖貳沙叁塵伍渺肆漠捌埃河泓壹道樓房披貳百玖拾捌間碾捌部共該蘆課銀壹拾萬玖千捌百貳兩叁錢叁分伍釐柒毫陸絲肆忽陸微肆沙伍塵伍渺肆漠玖埃玖巡陸須叁臾

江寧府

康熙貳拾貳年實在上中下田地密稀蘆草泥水等灘共捌千伍百叁拾玖頃貳畝捌分壹釐叁毫玖忽柒微肆纖肆沙叁塵叁渺共該蘆課銀貳萬玖千貳百柒拾叁兩伍錢陸分陸釐捌毫叁絲柒忽貳微伍纖壹沙貳塵捌渺伍埃

上元縣上密稀蘆上中下田草地泥灘水滸水影共五千三百八十五頃九十七畝釐三毫五絲八忽三微內每畝上密蘆地科銀六分密蘆地一則科銀四分一則科銀三分五釐稀蘆地科銀三分上田科銀一錢一分五釐上中田科銀一錢五釐上中次田科銀一錢上田科銀八分五釐中田科銀七分下田科銀六分上地一則科銀四分一則科銀三分五釐中地科銀三分下地科銀一分麥地科銀四分基地科銀一錢三分三釐熟地科銀八分埂划

一則科銀三分五釐一則科銀一分草地科銀
一分水瀦科銀四分埂溝科銀一分蘆地外泥
灘科銀九釐六毫六絲二忽九微一水蕩一則科
銀一分一則科銀一釐河灘科銀一分草灘科
銀八釐二毫上泥灘科銀五釐亥泥灘科銀二
釐下泥灘科銀一釐光灘無科水影無科復沙
上田中田下田俱與前科則同上地科銀三分
五釐埂地科銀四分埂划稀蘆地草地上泥灘
亥泥灘下泥灘俱與前
科則同水影灘無科

江寧縣

中下田上密密
稀蘆上中麥上
亥草地泥灘并上新河江灘共二千一百三十
七頃七十四畝九分五釐八絲九忽二微二纖
內每畝中田科銀六分下田科銀四分上密蘆
科銀六分密蘆科銀四分稀蘆科銀三分上麥
地科銀五分中麥地科銀四分上草地科銀一
分亥草地科銀五釐泥灘科銀二釐上新河江
灘無每
畝科則

句容縣

上上田中下田密稀蘆地草地
埂划泥灘共二百五十五頃二
十畝六分二釐六毫內每畝上上田科銀八分
五釐中田科銀七分下田科銀六分上密蘆地

科銀六分三毫六絲零密蘆地科銀四分稀蘆地科銀三分草地科銀一分上埂划科銀一分五釐中埂划科銀一分下埂划科銀一釐坎泥灘科銀三釐下泥灘科銀一釐光泥灘無科

溧陽縣蘆田蕩共四十八頃一十二畝九分五毫五絲六忽二微五纖內每畝蘆田科銀六分蘆蕩科銀二分

溧水縣蘆墩草灘共一十七頃四十一畝一分一釐七毫四絲三忽內每畝蘆墩科銀四分草灘科銀二分

高淳縣蘆墩七頃七十三畝二分九釐八毫二絲九忽每畝科銀二分

江浦縣上中下田麥地密稀蘆草地泥灘水影共三百七十一頃三十三畝八分一釐七毫三絲五微六纖內每畝上田科銀八分五釐中田科銀七分下田科銀六分麥地科銀四分密蘆科銀四分稀蘆科銀三分草地科銀一分泥灘水影科銀一釐

六合縣上中下田地密稀蘆草地灘影共三百一十五頃四十九畝二釐四毫三忽四微一纖四沙三塵三渺內每畝上田科銀八分五釐中田科銀七分下田科銀六分

下地科銀一分密蘆地科銀四分稀蘆地科銀三分草地科銀二分基地科銀一分划塲科銀一分泥灘科銀一分光灘科銀五釐水影科銀一釐

蘇州府

康熙貳拾貳年實在蘆洲田地灘蕩塗籽粒宮田水影柴草蕩共柒百陸拾柒頃叁拾柒畝肆分伍釐貳毫陸絲共該蘆課銀陸千壹百壹拾貳兩壹分壹釐捌毫玖絲玖忽柒纖肆沙壹塵肆渺

吳縣蘆蕩墳地一十頃三十一畝一分四釐三毫六絲內每畝蘆蕩科銀三分豁糧墳地科銀五分長洲縣水影草蕩四頃七畝四分二釐六毫每畝科銀六釐六毫零吳

江縣蘆蕩一百六頃九十一畝七分三釐七毫每畝科銀三分常熟縣蘆洲灘蕩二十一頃七十八畝三分五釐五毫內每畝蘆灘科銀一錢二分蘆蕩科銀三分崑山縣蘆洲田地蕩共三十七頃二十畝二分三釐六毫內每畝上則田地蕩科銀二錢四分中則田地蕩科銀一錢五分下則田地蕩科銀六分下下則田地蕩科銀四分嘉定縣上下田地窰蘆下則灘水蕩泥灘共二百九頃四十六畝七分四釐七毫內每畝上田科銀一錢五分下田科銀五分窰蘆科銀一錢二分下灘蘆科銀五分上地科銀七分下地科銀三分水蕩科銀四分二釐三毫泥灘科銀一分五釐九毫零太倉州蘆洲田蕩草塗籽粒宮田共九十頃九十四畝一分八釐一毫內每畝上則蘆田科銀二錢四分中則蘆蕩科銀一錢五分下則草塗科銀六分上則籽粒宮田科銀三錢六釐二毫零崇明縣柴蕩二百八十六頃六十七畝六分二釐七毫每畝科銀三分五釐

松江府

康熙貳拾貳年實在蘆熟田窩稀蘆地蘆田蕩灘草灘水漊共柒百肆拾柒頃叁畝伍分叁釐柒毫貳絲叁忽共該蘆課銀貳千叁百伍拾捌兩壹錢玖分伍釐壹毫捌絲柒忽叁微伍纖

華亭縣 蘆田三十六頃一十畝七分六毫四絲三忽每畝科銀一錢二分

婁縣 蘆田二十五頃一十二畝一分三釐一毫八絲五忽每畝科銀一錢二分

上海縣 熟田密稀蘆地塗灘共六百七十五頃四十五畝二分七釐三毫六絲五忽內每畝熟田科銀一錢五分一釐次熟田科銀一錢上密蘆地科銀五分次密蘆地科銀三分上稀蘆地科銀一分六釐上次稀蘆地科銀一分五釐六毫五絲下稀蘆地科銀一分五釐荒白塗科銀一分三釐莎

草灘科銀一分荒水窪科銀五釐

青浦縣柴田蕩灘草漲水漊共一十頃三十五畝四分二釐五毫三絲內每畝柴蕩灘科銀一錢二分山灘草漲水漊科銀八分

常州府

康熙貳拾貳年實在田蘆埂埒草地水灘共貳千捌百貳拾柒頃肆拾叁畝貳分叁釐叁毫壹絲伍微肆纖共該蘆課銀壹萬貳千捌百捌兩肆錢伍分壹毫貳絲貳忽叁微壹纖叁沙叁塵貳渺

武進縣田蘆草埂泥水影灘共二百六十九頃一十四畝一釐七毫九絲四忽內每畝灘田科銀七分稀蘆灘科銀三分埂埒草灘俱科銀二分白水泥灘科銀五釐水影灘科銀三

蘆

無錫縣平高低田灘蕩埄共二百八十二頃六十八畝一分五釐一絲二忽內每畝庄平田科銀一錢九分三釐庄高田科銀一錢五分三釐庄低田每畝一錢四分四釐庄蕩科銀七分五釐庄埄灘蕩科銀二分

江陰縣沙田基岸草水灘共一千七頃一十畝八分六釐三絲六忽三微內每畝沙田科銀七分中田科銀六分新田岸中田岸俱科銀三分八釐沙田岸科銀五分六釐草灘科銀一分二釐四毫四絲水灘科銀六釐二毫二絲

宜興縣高低低田山地蕩塘灘濠上中下灘共三百五十七頃五十六畝二分九釐四毫九絲二忽二微四纖內每畝高田科銀六分八釐八毫低田科銀六分極低田科銀四分山地科銀三分五釐二毫上灘科銀三分中灘科銀二分五釐下灘蕩塘灘濠俱科銀二分

靖江縣熟田密蘆稀蘆灘田草地水灘共九百一十項九十三畝九分九毫七絲六忽內每畝熟田科銀八分密蘆地科銀六分稀蘆地科銀四分灘田科銀三分草地科銀一分五釐水灘科

銀一分

鎮江府

康熙貳拾貳年實在蘆課粒山潮田草泥灘蕩塘埂划岸滔并公庄備用萬頃洋勳田蕩塘共叁千肆拾玖頃肆拾捌畝捌分壹釐玖毫肆絲柒忽貳微伍纖共該蘆課銀壹萬貳千壹百陸拾肆兩肆錢柒分陸釐肆毫陸絲玖忽捌微肆纖陸沙陸塵貳渺伍漠

丹徒縣蘆勳課田地泥灘水影共二千三百二十三頃四十三畝六分五釐四毫三絲七忽二微五纖內每畝課田一則科銀八分一則科銀七分二釐七毫七絲籽粒田科銀九分

二釐五毫五絲零潮田科銀一錢五分山田科銀一錢一分潮地科銀一錢二分課地科銀六分一釐四毫零山地科銀五分五釐市地科銀三分白地科銀四分埂划科銀二分課埂塘科銀一分二釐零籽粒埂塘科銀一分四釐八毫八絲庄埂溝塘科銀一分課蘆地科銀四分二釐七毫八絲零籽粒蘆地科銀四分五釐五毫蘆地科銀四分草灘科銀二分三釐三毫七絲課泥灘科銀一分二釐二毫零籽粒泥灘科銀一分四釐八毫六絲泥灘科銀一分二釐課水影科銀三釐八毫籽粒水影科銀四釐五毫一絲水影科銀四釐下水影例不起科

丹陽縣

蘆勲田地埂洋灘蕩塘并公庄備用田地共五百六十八頃九十畝八分六釐一毫八絲內每畝蘆課籽粒上田科銀九分八釐六毫六絲零又上田一則科銀一錢六釐八毫八絲零一則科銀一錢四釐八毫八絲零一則科銀一錢二釐一毫零蘆課籽粒中田科銀九分稀蘆地稀蘆蕩擋潮蘆埂俱科銀二分九釐四毫三絲泥灘一則科銀一分五釐一則科銀一分九

毫草灘科銀二分一釐八毫白水光灘定例待出水陞科籽粒田一則科銀一錢四分四釐四毫零一則科銀一錢四分三釐七毫零一則科銀一錢三分七毫九絲零籽粒草灘科銀五分一釐九毫九絲公庄備用上田科銀一錢五分公庄備用中田科銀一錢一分公庄備用中下田科銀一錢公庄備用下田公庄備用河埂俱科銀六分公庄備用灘蕩科銀五分公庄備用泥灘科銀一分九毫萬頃洋上灘田科銀一錢中灘田科銀七分下灘田科銀五分萬頃洋草灘科銀二分五釐萬頃洋水蕩科銀一分五釐勳庄籽粒田地科銀八分勳庄塘蕩灘科銀二分

金壇縣蘆勳田地塘蕩草灘等項共一百五十七頃一十四畝三分三毫三絲內每畝勳田科銀八分勳地科銀六分勳白田科銀五分勳蕩塘科銀三分勳草灘科銀一分建昌圩蕩田科銀二分五釐王宗賢蕩田民蘆蕩牧馬草塲俱科銀六分

淮安府

康熙貳拾貳年實在蘆洲田地蕩共壹千伍百貳拾伍頃捌拾貳畝捌分柒釐壹毫肆忽捌微捌纖柒沙共該蘆課銀壹千貳百玖拾壹兩壹錢叁分捌釐肆毫柒絲陸忽叁微捌纖伍沙

海防廳蘆洲田地一千二百三十三頃四十六畝七釐七絲二忽一微八纖七沙內每畝蘆洲科銀一分二釐總除辦鹽蕩外其餘墾田科銀五釐七毫五絲租田科銀一分五釐三毫零市地園科銀三分雙洋當尖港水面科銀一分南北榜廊副司衙却金亭三賢祠地科銀一兩堆鹽倉基地科銀一錢

山陽縣蘆洲地八頃六十三畝一分七釐九毫七絲六忽每畝科銀一分

安東縣稀蘆地一百二十五頃六畝五分九釐三毫五絲每畝科銀七釐

莞瀆場蘆地一百五十八頃六十七畝二釐七毫六忽七微每畝科銀五釐

揚州府

康熙貳拾貳年實在上中下籽粒田划密稀蘆草埂港塌麥地塲泥水等灘共捌千捌百柒拾貳頃捌畝叁釐伍毫捌絲柒忽陸微肆纖肆塵貳渺肆漠捌埃共該蘆課銀叁萬陸千壹百伍拾兩肆錢陸釐貳絲壹忽玖微捌纖捌沙伍塵肆渺玖漠肆埃玖巡陸須叁臾

江都縣上中下田划埂密稀蘆泥水草籽粒田灘共三千一百六十頃四十八畝七分五釐六毫三忽二微八纖六沙四塵二渺四漠八埃內每畝上田科銀九分一釐中田科銀八分五釐七毫下田科銀七分九釐一毫划埂科銀二分密蘆灘科銀四分四釐稀蘆灘科銀三

分五釐二毫草灘科銀二分三釐一毫泥灘科銀一分一釐水影灘科銀三釐三毫次水影灘科銀三釐籽粒田科銀五分五釐六毫籽粒密蘆灘科銀三分籽粒稀蘆灘科銀二分籽粒草灘科銀一分籽粒泥灘科銀五釐籽粒水影灘科銀一釐

儀眞縣上高田麥密稀蘆基草上地水池埂划塲泥光灘共五百一十五頃六十七畝六分八釐六毫三絲五忽九微四沙内每畝上田科銀八分五釐高田科銀五分五釐麥地科銀六分一釐五毫密蘆地科銀四分稀蘆地水池埂划塲俱科銀三分草基上地科銀二分泥灘科銀一分光灘科銀一釐

泰興縣上中下籽粒課田地塌地港地划河埂蘆草泥水灘共二千三頃四十三畝三分六釐四毫三絲二忽七微三纖内每畝上田科銀八分五釐中田科銀七分下田塌地俱科銀六分籽粒上田上課田俱科銀五分上課地課塌地俱科銀四分港地河埂俱科銀三分划埂科銀三分五毫下河埂科銀一分蘆灘科銀三分草灘科銀二分四釐下草灘泥灘俱科銀一分

下泥灘科銀五釐水灘科銀三釐

如皋縣上中下田地草灘共一千八百五十頃三十六畝五分二釐三毫四絲六忽七微二纖內每畝上地科銀八分三釐九毫上田科銀七分五釐上中田科銀六分五釐四毫中地科銀六分中田科銀四分八釐中下田科銀四分七釐五毫七絲四忽下田科銀四分積水草地拋荒草地報陞草灘俱科銀五釐九毫九絲五忽

通州籽粒上中下田草地共一千三百四十二頃一十一畝七分五毫六絲九忽內每畝籽粒上田科銀六分二毫中上田科銀五分六釐七毫零下田科銀三分六釐四絲零草地科銀五釐三毫八絲

布政司經歷司

康熙貳拾貳年實在蘆田水蕩圩地共貳千肆拾伍頃叁拾叁畝肆分陸釐柒毫柒絲陸忽伍微

捌纖陸塵河泓壹道樓房披貳百玖拾捌間磩
捌部共該蘆課銀玖千陸百肆拾肆兩玖分柒
毫伍絲叁微玖纖伍沙陸塵肆渺內每畝上上田科銀一錢一分五釐上中田科銀一錢五釐上上田科銀八分五釐中田科銀七分下田基地漩地俱科銀六分上地一則科銀五分一則科銀四分密蘆科銀五分中地一則科銀四分一則科銀三分密蘆地稀蘆破圩田塘溝麥地俱科銀四分下地稀蘆地俱科銀三分蕩田埂外麥灘俱科銀二分上草地科銀一分五釐上水蕩草地一科銀一分上泥灘科銀五釐泥灘水蕩俱科銀一釐河泓一道該課銀四錢九分二毫樓房披二百九十八間磩八部該租銀四十八兩五錢五分光沙泥灘義塚荒墳地例不起科

安徽布政使司安慶池州太平廬州四府并和州

康熙貳拾貳年實在上中下蘆田密稀蘆地上中下草地荻草荒地白沙泥灘水蕩等項共貳萬叁千玖百玖拾捌項柒畝伍分壹釐肆毫伍絲捌忽陸微伍纖陸沙伍塵玖埃上下基地壹千肆百陸拾肆丈壹尺陸寸壹分共該蘆課籽粒水脚箱損等銀肆萬壹千陸百貳拾陸兩陸分肆釐壹毫柒忽玖微貳纖柒沙貳塵柒埃伍渺

安慶府

康熙貳拾貳年實在上中下地密稀蘆地上中下草地白泥沙灘水蕩等項共畝玖千叁百伍拾

叁項肆拾陸畝玖分捌釐伍絲壹忽貳微肆纖玖沙共該蘆課籽粒水脚箱損等銀壹萬伍千叁百肆兩肆錢陸分叁釐貳毫壹絲肆忽陸微捌纖肆埃伍渺

懷寧縣 蘆地一千二百六十九頃一十畝六分三釐七毫三絲一忽二微內上地科銀三分五釐中地科銀二分五釐下地科銀一分五釐密蘆科銀三分五釐稀蘆科銀二分五釐上草科銀二分中草科銀一分五釐下草科銀一分白沙泥灘水蕩側不起科

桐城縣 蘆地三千八百七十二頃五十一畝一分六釐八毫七絲二微七纖內上中下地密蘆稀蘆上中下草等地俱照懷寧縣科則徵銀白沙泥灘水蕩側不起科

宿松縣 蘆地一千五百四十九頃五十畝五分五釐三毫三絲六忽五纖三沙內上中下地密蘆稀蘆上中下草等地

俱照懷寧縣科則徵銀又基地每畝科銀五分二釐水滄科銀一分水港科銀三分四釐九毫泥灘水蕩白沙側不起科

望江縣蘆地一千五百二十五頃六十二畝六分七釐八毫七絲一忽八微二纖六沙內上中下地密蘆稀蘆上中下草等地俱照懷寧縣科則徵銀又蘆田科銀三分五釐泥灘白沙側不起科

安慶衛蘆地一千一百三十六頃七十一畝九分四釐二毫四絲一忽九微內上中下地密蘆稀蘆上中下草等地俱照懷寧縣科則徵銀泥灘水蕩白沙側不起科

池州府

康熙貳拾貳年實在上中下蘆田密稀蘆地上中下地荻草荒地泥灘塘白沙水蕩水濠水影光灘等地共壹萬貳百陸拾陸頃伍拾捌畝玖分

叁毫肆絲叁忽肆微貳纖陸沙上下基地壹千肆百陸拾肆丈壹尺陸寸壹分共該蘆課籽粒水脚箱損等銀壹萬貳千叁百陸兩玖錢柒分肆毫伍絲肆忽叁微叁沙叁塵捌埃捌渺壹漠

貴池縣　蘆田地五千八百三十七頃五十二畝一分九釐三毫七絲三忽八微上下基地一千四百六十四丈一尺六寸一分內上蘆田科銀三分中蘆田科銀二分下蘆田科銀一分上地科銀三分中地科銀二分下地科銀一分密蘆課銀三分五釐稀蘆課銀二分五釐草地荻草荒地三頃每畝科銀一分泥灘并塘每畝科銀三釐白沙科銀四釐水蕩科銀三釐水濛水影光灘例不起科上基每丈科銀六分下基每丈科銀四分

青陽縣　蘆地二百八十一頃四十六畝四分九釐一毫八絲三忽三微內中地科銀二分下地科銀一分草地科

銀一分水蕩科銀六釐泥灘科銀五釐

銅陵縣蘆田地一千七百四十六項二十三畝四分四釐九毫一絲七忽九纖六沙內上基科銀四分五釐上田一科銀四分中田科銀三分上地科銀二分五釐中地科銀二分下地科銀一分密蘆課銀三分五釐稀蘆課銀二分五釐草塲科銀一分二釐水蕩科銀五釐泥灘科銀二釐白沙水影倒不起科

東流縣蘆田地二千四百一頃三十六畝七分六釐八毫六絲九忽二微三纖內密蘆科銀三分五釐稀蘆科銀二分五釐上田科銀四分中田科銀一分下田科銀一分上地科銀三分五釐中地科銀二分下地一科銀一分草地草湖水滄水溝四項每畝科銀一分泥灘并水蕩科銀二釐水影沙灘倒不起科

太平府

康熙貳拾貳年實在上中下蘆田地密蘆稀蘆草

地水蕩泥灘水影等地共壹千叁百陸拾伍頃伍拾肆畝伍分柒釐肆毫肆絲伍忽肆微壹纖玖沙共該蘆課籽粒水脚箱損等銀肆千肆百叁兩肆錢柒分叁毫陸絲捌微肆纖壹沙肆塵伍埃伍漠

當塗縣　蘆地六十三頃二十七畝九分六釐八毫內密蘆每畝科銀六分六釐稀蘆科銀三分上地科銀六分六釐蘆墩地科銀五分七釐五絲草地科銀一分五釐泥灘例不起科

蕪湖縣　蘆地七頃六十七畝五釐三絲七忽二微三纖九沙內上田每畝科銀七分中田科銀六分上地科銀四分五釐密蘆科銀四分五釐草地科銀一分五釐水蕩科銀一分泥灘例不起科

繁昌縣　蘆田一千二百九十四頃五十九畝五分五釐六毫八忽一微

八纖內密蘆科銀四分稀蘆科銀二分七釐市
地科銀一錢上田科銀一錢中田科銀六分下
田科銀四分上地科銀四分中地科銀三分下
地科銀二分草地科銀一分五釐水蕩科銀一
分泥灘光沙水
影例不起科

廬州府

康熙貳拾貳年實在密稀蘆田水蕩泥灘等地共
貳千貳百肆拾捌頃叁拾畝捌分陸釐玖毫壹
絲肆忽共該蘆課籽粒水脚等銀共陸千捌百
肆拾伍兩叁分貳釐貳毫叁絲壹忽肆微肆纖
伍沙柒塵肆埃捌渺

無爲州蘆田二千二百四十八頃三十畝八分六釐九毫一絲四忽內密蘆每畝科銀

四分稀蘆科銀二分五釐熟田并熟地科銀四分草地并水塘科銀一分泥灘水蕩沙灘例不起科

和州

康熙貳拾貳年實在并江寧縣附徵密稀下蘆上中下低下蕩田上下草麥基地蕩灘溝影水面共柒百陸拾肆頃壹拾陸畝壹分捌釐柒毫肆忽伍微陸纖貳沙伍塵玖埃共該蘆課籽粒水脚箱損等銀貳千柒百陸拾陸兩壹錢貳分柒釐捌毫肆絲陸忽陸微伍纖陸沙陸塵肆埃叁渺肆漠內本州密蘆每畝科銀六分三釐稀蘆科銀五分二釐下蘆科銀三分八釐一

毫中蘆田科銀六分三釐下蘆田科銀四分三釐麥地科銀五分二釐上草地科銀二分四釐下草地科銀二分二釐泥灘科銀二釐二毫草蕩科銀一分低蕩田科銀二分九釐上基地科銀三錢三釐七毫一絲下地并低下田科銀二分二釐水溝該課銀八錢八分二釐二毫水面該課銀一十兩一分九釐六毫五絲四忽二微水影側不起科又江寧縣附徵上田科銀八分中田科銀六分下田并麥地科銀四分密蘆科銀四分稀蘆科銀三分上草地科銀一分下草地科銀五釐泥灘科銀二釐水影側不起科

按蘆洲乃江中沙土久積漲起爲洲當洲形漸長即納水影長植茭蘆即輸蘆課旣巳成熟則供租賦原在田地之外明洪武間給賜徐中山常開平爲勳產

皇清御宇勳產沒入編徵蘆課特設蘆政分司管理蓋在江爲洲在海爲沙故自泰興而上以洲名如皋而下以沙名蘆洲者竟長江所極而言也曾特遣滿洲部員淸查丈量巡歷所至遠及蘇松常淮揚諸屬彼時州縣奉行恐蹈隱漏之咎

遂將濱河沿海完賦之田搜求捏報此內地蘆
課所由起也於是一田兩課者有之更因委沙
所聚附土不堅江流衝囓坍漲靡常定爲五年
一丈乃沿及內地一體丈量有增無減費累奚
窮康熙十年歸併地方官管理仍委道員五年
一丈今康熙二十一年
皇上允臺臣張集布政龔佳育條奏奉有腹地蘆畝
槩行丈量恐致擾民之
旨部議以後五年一丈止丈濱江處所其腹內蘆田
既無坍漲應免其丈量奉
旨依議

江南通志卷之第十九

漕運

漢賈誼疏曰天子都長安而以淮南東道爲奉地

江淮之漕挽自漢已見端矣唐初歲漕不過二十

萬石迨其繼世數幾什倍趙宋就汴爲京漕運視

漢唐較便其江船不入汴汴船不入江蓋法之稱

良者也至明轉餉出江淮直達京倉改民爲軍改

轉遞爲長運於是致粟頗勞而丘濬議請海運兼

行是或一道也我

國家澤沛東南於秋糧頻從改折行見開源節流

天庾日裕而舳艫之輸可以漸省應亦大農之所早計歟志漕運

江南
江安十府四州督糧道
蘇松常鎮四府督糧道

康熙貳拾貳年

原額漕糧正改兌正耗粳粟米貳百貳拾叁萬貳千玖百伍拾叁石叁斗肆升柒合陸勺肆撮捌圭捌粟陸顆叁黍壹稷叁糠壹粃壹粞除荒蠲停灰石改折外實徵正改兌耗粳粟米貳百貳萬陸百捌拾柒石柒斗捌升捌合陸勺玖抄陸撮伍圭捌粟貳顆捌粒貳黍肆稷捌糠壹粞

原額白糧正耗舂辦等米貳拾柒萬壹千陸百壹拾貳石陸合捌抄捌撮肆圭伍粟伍顆貳粒捌黍叁稷壹糠玖粃除蠲荒外實徵米貳拾陸萬捌千陸百壹拾伍石叁斗貳升陸抄陸撮捌圭壹粟肆顆捌粒叁黍陸稷壹糠叁粃捌粞

原額贈米壹拾萬陸千肆百肆拾貳石陸斗貳升貳合柒勺捌抄玖撮貳圭玖粟壹顆肆粒伍黍伍稷捌糠叁粞除荒蠲停外實徵贈米玖萬玖千伍百叁拾貳石伍斗壹升壹勺陸抄叁撮貳圭陸粟貳顆壹粒柒黍玖稷叁糠貳粃陸粞

原額贈銀壹拾捌萬伍百柒拾捌兩壹錢陸分伍釐肆毫伍絲捌忽陸微壹纖壹沙肆塵玖埃柒渺壹逡肆巡除荒蠲停外實徵贈銀壹拾柒萬叁千陸百陸拾捌兩伍分貳釐捌毫叁絲貳忽伍微捌纖貳沙貳塵貳埃伍漠叁逡柒巡

原額輕賫易蓆木板銀壹拾陸萬柒千肆百叁拾兩柒錢陸分伍釐壹毫壹絲壹忽陸微伍纖貳沙壹塵伍埃肆渺貳漠貳逡捌巡除荒蠲停緩徵外實徵銀壹拾陸萬貳千玖百叁拾貳兩捌錢捌分捌釐陸毫叁絲伍忽貳微玖纖肆沙壹

塵柒埃柒渺玖漠陸逡叁巡
原額本色三分蘆蓆柒萬柒千壹百貳拾陸領捌
分叁絲貳忽陸微肆纖玖沙柒塵貳埃貳渺柒
漠伍逡捌巡除荒蠲停外實徵三分本色蓆陸
萬壹百伍拾貳領貳分陸釐伍毫捌絲柒忽叁
微陸纖肆沙肆塵伍埃玖渺肆漠肆逡柒巡
原額白糧經費銀貳拾叁萬陸千肆百捌拾陸兩
肆錢肆毫壹絲貳忽柒微伍纖柒沙柒塵貳埃
肆渺陸漠內除蠲荒外實徵銀貳拾叁萬叁千
柒百陸拾柒兩叁錢貳分叁釐肆毫陸絲伍忽

柒微貳纖捌沙肆塵壹埃肆漠貳巡

原額六升過江米折銀叄萬壹千玖百捌拾壹兩捌分伍釐貳毫陸絲肆忽叄微肆纖貳沙捌塵壹埃陸渺肆漠肆逡玖巡除荒外實徵銀叄萬壹千伍百捌拾兩貳錢柒分肆釐肆毫捌絲肆忽壹微玖纖叄沙陸塵貳埃捌渺陸漠柒逡叄巡

原額運隨俸廩工銀陸千柒百壹拾貳兩壹錢貳釐玖毫壹絲壹忽壹纖肆沙伍塵除蠲免外實徵銀陸千伍百陸拾貳兩柒錢叄分柒釐肆毫

貳忽捌微捌纖伍沙叁塵捌埃陸渺玖漠伍逡

原額加漕裁扣銀柒萬玖千玖拾捌兩肆錢玖釐捌毫捌忽壹微肆纖捌沙叁塵貳埃伍渺叁漠伍逡伍巡除荒蠲停外實徵銀柒萬肆千伍百柒兩捌錢柒分肆釐叁毫陸絲柒微捌纖壹沙貳塵柒埃貳渺陸漠伍逡捌巡

原額新增協濟等銀肆萬壹千玖拾捌兩玖分壹釐叁毫伍絲壹忽陸微伍纖玖塵陸渺貳漠捌逡壹巡除荒外實徵銀叁萬柒千壹百壹拾伍兩陸錢貳分柒釐玖毫柒絲玖微柒纖伍沙柒

埃伍渺貳漠捌逡肆巡

原額省衞南屯二米壹拾壹萬肆千柒百肆拾貳石伍斗除荒外實徵米壹拾壹萬肆千肆百柒拾壹石柒斗貳升柒合伍勺陸抄叁撮伍圭壹粟壹顆捌粒貳黍

原額各衞幫見運減存行月折色等銀壹拾貳萬玖千伍百伍拾貳兩壹錢柒分捌絲柒忽貳微柒纖伍沙貳塵伍埃肆渺伍逡叁巡除荒蠲停外實徵銀壹拾貳萬壹千玖百叁拾貳兩伍錢伍分玖釐玖毫柒絲陸忽陸微肆纖陸沙貳塵

陸埃伍渺壹漠貳逡
原額各衛幫見運減存行月本色等米壹拾貳萬
壹千捌拾陸石捌斗叁升柒合玖勺陸抄叁撮
肆圭叁粟玖顆肆粒貳黍柒稷叁糠柒秕柒粞
除荒蠲停外實徵米壹拾壹萬捌千玖百壹拾
貳石柒斗玖合壹勺肆圭伍粟柒顆叁粒捌黍
柒稷玖穅捌秕捌粞
原額各衛幫見運減存月糧本色麥叁萬柒千捌
百壹拾柒石捌斗伍升貳合柒勺伍抄叁撮貳
圭肆粟柒顆壹粒叁黍玖稷陸穅貳秕玖粞除

荒蠲免外實徵麥叁萬肆千陸百肆拾柒石肆
斗壹升陸合伍勺叁抄肆撮叁粟陸顆壹粒肆
黍陸稷伍穅壹秕柒粞
原額各衛幇見運減存月糧本色豆伍百陸拾石
捌斗柒升捌合叁勺柒抄柒撮伍圭陸粟陸顆
陸粒
原額民七軍三料價銀貳萬肆百陸拾柒兩貳錢
伍分壹釐玖毫捌絲貳忽叁微叁纖陸沙伍埃
肆渺玖漠柒逡柒巡除蠲荒外實徵民七軍三
銀貳萬貳百柒拾捌兩玖錢陸分肆釐玖毫捌

忽柒微貳纖伍沙壹埃玖渺叁漠肆逡叁巡遇
閏加徵銀肆拾叁兩叁錢肆分壹毫陸絲
原額戶口鹽鈔銀貳千叁百陸拾玖兩捌錢陸分
陸釐捌毫柒絲貳微叁纖除荒外實徵銀壹千
柒百貳拾叁兩陸分伍毫貳絲陸忽貳微陸沙
壹塵壹渺捌漠
原額廣濟倉折色銀壹千捌百陸拾伍兩壹錢柒
分壹釐壹毫叁絲壹忽玖微陸纖捌沙貳塵伍
埃除荒外實徵銀壹千貳百捌拾捌兩肆錢伍
分肆釐陸毫叁絲柒微貳纖伍沙伍塵叁埃肆

漠

原額無閏改折灰石銀叁萬伍千叁百伍拾兩柒錢壹分玖釐柒毫捌絲肆纖貳沙貳塵捌埃伍渺貳漠伍逡陸巡除荒外實徵銀叁萬肆千捌百捌拾壹兩柒錢柒釐伍毫伍絲肆忽柒微叁纖肆沙捌塵玖埃捌渺捌漠伍逡陸巡

江安等處督糧道轄江寧安慶徽州寧國池州太平廬州鳳陽淮安揚州十府廣德和滁徐四州漕糧及一應隨漕錢糧并蘇州松江常州鎮江四府加漕裁扣南米等項

一江安寧池太廬鳳淮揚廣徐十一府州原額漕糧正改兌正耗粳粟米陸拾捌萬壹千玖百捌

拾壹石捌斗叁升陸抄貳撮貳圭肆粟柒顆陸粒陸黍陸稷玖糠壹粞除荒蠲停緩徵外實徵漕糧正改兌正耗粳粟米伍拾叁萬柒千玖百柒拾陸石玖斗叁升伍合叁勺壹抄壹圭捌粟貳顆陸糠壹粞

一江安寧池太廬鳳淮揚廣徐十一府州原額贈米叁萬貳千叁百柒石捌升壹勺壹抄玖撮玖圭柒粟壹顆肆粒壹黍肆稷伍糠玖粃肆粞除荒蠲停緩徵外實徵贈米貳萬伍千叁百玖拾陸石玖斗陸升柒合肆勺玖抄叁撮玖圭肆粟

貳顆壹粒叁黍捌稷壹糠壹粃柒粞

一江安寧池太廬鳳淮揚廣徐十一府州原額贈銀叁萬貳千叁百柒兩捌分壹毫壹絲玖忽玖微柒纖壹沙肆塵壹埃肆渺伍漠玖逡肆巡除荒蠲停緩徵外實徵贈銀貳萬伍千叁百玖拾陸兩玖錢陸分柒釐肆毫玖絲叁忽玖微肆纖貳沙壹塵叁埃捌渺壹漠壹逡柒巡

一江安寧池太廬鳳淮揚廣徐十一府州原額輕賫易蓆船料旱脚銀貳萬肆千伍百陸拾兩柒錢貳分捌釐玖毫肆絲肆忽捌微壹纖壹塵捌

埃壹渺伍漠玖逡巡除荒蠲停緩徵外實徵
輕賫易蓆船料旱脚銀貳萬貳千叁百陸拾壹
兩玖分壹釐柒絲貳忽壹微肆纖陸沙貳塵貳
埃捌渺玖漠柒逡
一江安寧池太廣六府州原額蘆蓆柒分折色銀
玖百壹拾叁兩玖錢柒釐貳毫貳絲捌忽貳微
柒纖陸沙叁塵貳埃陸渺柒漠柒巡除荒外實
徵柒分蓆折銀玖百壹兩柒錢伍分捌釐貳毫
捌絲陸忽玖微柒纖貳沙伍塵陸埃柒渺肆漠
捌逡貳巡

一江安寧池太廣六府州原額楞木柒分折色銀肆拾壹兩肆錢貳分陸釐肆絲壹忽壹微玖纖玖沙貳塵玖埃壹渺貳漠貳逡捌巡除荒外實徵柒分木折銀肆拾兩柒錢伍分柒釐捌毫肆絲玖忽肆微貳纖柒沙伍塵捌埃肆渺肆漠柒逡壹巡
一江安寧池太廣六府州原額松板柒分折色銀叁百肆兩玖錢肆分陸釐貳絲捌忽叁微柒纖陸沙伍塵玖埃捌渺玖漠柒逡柒巡除荒外實徵柒分板折銀叁百兩貳分伍釐柒毫柒忽壹

微肆纖捌沙伍塵柒埃陸渺肆漠玖逡壹巡
一江安寧池太廬鳳淮揚廣徐十一府州原額蘆
蓆叁分本色柒萬柒千壹百貳拾陸領捌分叁
絲貳忽陸微肆纖玖沙柒塵貳埃貳渺柒漠伍
逡捌巡除荒并蠲停緩徵外實徵叁分本色蓆
陸萬壹百伍拾貳領貳分陸釐伍毫捌絲柒忽
叁微陸纖肆沙肆塵伍埃玖渺肆漠肆逡柒巡
一江安寧池太廣六府州原額楞木叁分本色折
銀壹拾陸兩貳錢玖分玖釐肆毫貳絲肆忽柒
微玖纖玖沙陸塵玖埃陸渺貳漠肆逡除荒外

實徵楞木叄分本色折銀壹拾陸兩壹分叄釐
伍絲陸忽捌微玖纖柒沙伍塵叄埃陸渺貳漠
壹巡

一江安寧池太廣六府州原額松板叄分本色折
銀壹百壹拾玖兩玖錢捌分陸絲貳忽壹微陸
纖壹沙叄塵玖埃玖渺伍漠陸逡壹巡除荒外
實徵松板叄分本色折銀壹百壹拾柒兩捌錢
柒分壹釐叄毫伍絲叄忽叄纖叄沙陸塵柒埃
伍渺陸漠肆逡

一鳳陽府原額戶口鹽鈔銀貳千叄百陸拾玖兩

捌錢陸分陸釐捌毫柒絲貳微叁纖除荒外實
徵銀壹千柒百貳拾叁兩陸分伍毫貳絲陸忽
貳微陸沙壹塵壹渺捌漠
一鳳陽府原額廣濟倉折色銀壹千捌百陸拾伍
兩壹錢柒分壹釐壹毫叁絲壹忽玖微陸纖捌
沙貳塵伍埃除荒外實徵銀壹千貳百捌拾捌
兩肆錢伍分肆釐陸毫叁絲柒微貳纖伍沙伍
塵叁埃肆漠
一江安徽寧池太廬鳳淮揚蘇松常鎮廣和滁徐
十八府州原額裁扣工食銀叁萬叁千壹百玖

拾捌兩伍錢伍分叁釐陸毫玖絲伍忽貳微陸
纖伍埃伍渺伍漠
一江鳳淮揚蘇五府原額加漕銀肆萬伍千捌百
玖拾玖兩捌錢伍分陸釐壹毫壹絲貳忽捌微
捌纖捌沙貳塵陸埃玖渺捌漠伍逡伍巡除荒
蠲停外實徵加漕銀肆萬壹千叁百玖兩叁錢
貳分陸毫陸絲伍忽伍微貳纖壹沙貳塵壹埃
柒渺壹漠伍逡捌巡
一江太廬鳳揚鎮和滁八府州原額省衛歸併新
增等銀叁萬壹千叁百玖拾柒兩肆錢玖分肆

釐貳毫肆絲柒忽肆微玖沙貳塵柒埃陸漠陸
逡肆巡除荒外實徵新增等銀貳萬捌千陸百
柒拾柒兩陸分叄毫叄絲叄忽捌微伍纖陸塵
壹埃捌渺伍漠柒逡叄巡

一江太盧鳳淮揚蘇鎮和滁十府州原額省衛歸
併協濟銀玖千柒百兩伍錢玖分柒釐壹毫肆
忽貳微肆纖壹沙陸塵叄埃伍渺陸漠壹逡柒
巡除荒外實徵協濟銀捌千肆百叄拾捌兩伍
錢陸分柒釐陸毫叄絲柒忽壹微貳纖肆沙肆
塵伍埃陸渺柒漠壹逡壹巡

一江徽寧池蘇常鎮和滁廣十府州原額省衛漕
項南米捌萬伍千伍百柒拾陸石肆斗伍升貳
合玖勺伍抄玖撮陸圭柒粟貳顆捌粒壹黍肆
稷肆穈除荒外實徵省衛南米捌萬伍千叄百
伍石陸斗捌升伍勺貳抄叄撮壹圭捌粟肆顆
陸粒叄黍肆稷肆穈

一江鎮和滁四府州原額屯米貳萬玖千壹百陸
拾陸石肆升柒合肆抄叄圭貳粟柒顆壹粒捌
黍伍稷陸穈

一江廬二府原額六升過江米折銀肆千貳百肆

拾肆兩柒錢捌分肆釐陸毫叁絲叁忽陸微玖
纖玖沙叁塵陸埃肆漠壹逡玖巡除荒外實徵
六升米折銀肆千貳百肆拾肆兩陸錢玖釐捌
毫柒絲伍忽壹微貳纖叁沙柒塵貳埃貳渺玖
漠貳逡玖巡

一安徽寧太盧鳳淮揚滁九府州原額運隨俸廪
工銀陸千柒百壹拾貳兩壹錢貳釐玖毫壹絲
壹忽壹纖肆沙伍塵除蠲免外實徵俸廪工銀
陸千伍百陸拾貳兩柒錢叁分柒釐肆毫貳忽
捌微捌纖伍沙叁塵捌埃陸渺玖漠伍逡

一江安徽寧太廬鳳淮揚和十府州原額各衞幇見運減存行月折色銀伍萬叁千柒百壹拾貳兩玖錢壹分陸釐捌毫貳絲玖忽壹微壹纖壹沙壹塵玖埃玖渺柒漠玖逡肆巡除荒外實徵銀伍萬叁百捌拾兩壹錢壹釐陸毫貳絲陸微叁纖肆塵捌埃陸渺壹漠玖逡玖巡

一安寧池太廬鳳淮揚和九府州原額各衞幇見運減存行月本色米伍萬肆千叁百拾石柒升玖合貳抄貳撮陸圭柒粟壹顆壹粒貳黍肆稷伍粃柒糠除荒外實徵行月本色米伍萬貳千

玖百陸拾貳石玖玖斗叁升叁合壹抄肆撮柒圭
陸顆玖粒捌稷柒糠[illegible]粃

一安鳳淮揚肆府原額各衞幫見運減存月糧本
色麥貳萬壹千陸拾貳石伍斗柒升伍合玖勺
玖抄柒撮貳圭伍粟玖顆肆黍捌稷壹糠貳粃
玖粞除蠲免外實徵月糧本色麥壹萬捌千壹
百石叁斗柒升貳合陸勺陸抄肆撮陸圭壹粟
肆粒伍黍伍稷壹粃柒粞

一淮安府原額各衞幫見運減存月糧本色豆伍
百陸拾石捌斗柒升捌合叁勺柒抄柒撮伍圭

陸粟陸顆陸粒

一安徽寧太肆府原額民七軍三料價銀玖千壹百叁拾兩陸錢叁分柒釐壹毫柒絲陸微柒纖伍沙貳塵伍埃壹渺叁漠又安慶衞遇閏加徵閏月銀肆拾叁兩叁錢肆分壹毫陸絲

江寧府

康熙貳拾貳年

額徵漕糧正改兌正耗粳米壹拾叁萬貳千貳百捌拾玖石壹斗叁升肆合柒勺陸抄貳撮柒顆陸粒玖黍陸稷內正兌粳米七萬五千六十八石七斗八升五合四勺五抄八

圭六粟三顆四粒七黍五稷五糠二粃二粞
耗米三萬二十七石五斗一升四合一勺八抄
三圭四粟五顆三粒九黍二糠九粞　改兌粳
米二萬九百一十七石五斗六升五合肆勺八
抄五撮二圭二粟九顆八粒六黍九稷四糠三
粃八粞　耗米六千二百七十五石二斗六升
九合六勺四抄五撮五圭六粟
八顆九粒六黍八糠三粃　粞

贈米陸千陸百壹拾肆石肆斗伍升陸合柒勺叁
抄捌撮壹圭叁粒捌黍肆稷捌糠

贈銀陸千陸百壹拾肆兩肆錢伍分陸釐柒毫叁
絲捌忽壹微叁塵捌埃肆渺捌漠

輕賫易米銀壹千捌百玖拾玖兩伍錢柒分伍釐
肆毫玖絲伍微叁纖柒沙捌塵玖埃柒渺柒逡

貳巡又溧水縣輕賫易米銀叁百壹拾貳兩貳

錢伍分陸釐伍毫

蘆蓆柒分折色銀叁百叁拾伍兩玖錢伍分貳釐

貳毫貳絲捌忽貳微柒纖陸沙叁塵貳埃陸渺

柒漠柒巡又溧水縣拾分蓆折銀柒拾玖兩貳

錢伍釐

楞木柒分折色銀壹拾肆兩肆錢伍分柒毫肆絲

壹忽壹微玖纖玖沙貳塵玖埃壹渺貳漠貳逡

捌巡又溧水縣拾分木折銀叁兩叁錢玖分肆

釐伍絲

松板柒分折色銀壹百陸兩肆錢壹分叁忽叁微
柒纖陸沙伍塵玖埃捌渺玖漠柒逡柒巡又溧
水縣拾分板折銀貳拾肆兩玖錢玖分貳釐伍
毫伍絲
蘆蓆叁分本色壹萬肆千叁百玖拾柒領玖分伍
釐貳毫陸絲肆忽肆纖壹沙肆塵壹漠柒逡肆
巡
楞木叁分本色折銀陸兩壹錢玖分叁釐壹毫柒
絲肆忽柒微玖纖玖沙陸塵玖埃陸渺貳漠肆
逡

松板叄分本色折銀肆拾伍兩陸錢肆釐貳毫捌絲柒忽壹微陸纖壹沙叄塵玖埃玖渺伍漠陸逡壹巡

加漕銀捌千貳百壹拾柒兩陸錢叄分貳釐玖毫捌忽捌微肆纖壹沙柒塵伍埃肆渺叄漠

裁扣書辦工食銀壹千肆百貳兩捌錢

省衛漕項南米壹萬玖千貳拾玖石玖斗叄升叄合壹勺伍抄捌撮叄圭貳粟肆顆玖粒

歸併省衛屯米壹萬玖千壹百捌拾石玖斗柒升柒合玖勺叄抄叄撮捌圭柒粟陸顆玖粒叄稷

壹糠伍粃
協濟安慶衞米折銀叁百伍兩貳錢捌分捌毫捌
絲
陸升過江米折銀肆千貳拾伍兩柒錢捌分肆釐
陸毫叁絲叁忽陸微玖纖玖沙叁塵陸埃肆漠
壹逡玖巡
歸併省衞新增等銀壹萬伍千叁拾壹兩貳錢玖
分陸釐捌毫壹絲貳忽壹微壹纖陸沙柒塵貳
埃叁漠肆逡壹巡除荒外實徵新增等銀壹萬
肆千貳百壹拾叁兩叁錢柒分伍釐貳毫柒絲

壹忽肆微捌纖伍沙柒塵叁埃肆渺叁漠貳逡

歸併省衛協濟銀伍千肆百叁拾柒兩陸錢柒分

壹釐壹絲柒忽柒纖肆沙陸塵肆埃伍渺貳漠

玖逡捌巡除荒外實徵協濟銀肆千叁百肆拾

捌兩叁錢捌分玖釐捌毫柒絲叁忽貳纖肆沙

陸埃肆渺柒漠柒逡貳巡

安慶府

康熙貳拾貳年

額徵漕糧正耗粳米捌萬肆千石除荒外實徵正

耗粳米柒萬玖千壹百肆拾石肆斗貳升叁合

肆勺柒抄捌撮肆圭玖粟陸顆叁粒壹黍内正兌粳米五萬六千五百二十八石八斗七升三合九勺一抄三撮二圭一粟一顆六粒五黍耗米二萬二千六百一十一石五斗四升九合五勺六抄五撮二圭八粟四顆六粒六黍

贈米叁千石除荒外實徵贈米貳千捌百貳拾陸石肆斗肆升叁合陸勺玖抄伍撮陸圭陸粟伍粒捌黍貳稷伍糠

贈銀叁千兩除荒外實徵贈銀貳千捌百貳拾陸兩肆錢肆分叁釐陸毫玖絲伍忽陸微陸纖伍塵捌埃貳渺伍漠

輕賫銀柒千捌百兩除荒外實徵輕賫銀柒千叁

百肆拾捌兩柒錢伍分叁釐陸毫捌忽柒微壹
纖柒沙伍塵壹埃肆渺伍漠
蘆蓆柒分折色銀貳百壹拾兩除荒外實徵蘆蓆
柒分折色銀壹百玖拾柒兩捌錢伍分壹釐伍
絲捌忽陸微玖纖陸沙貳塵肆埃柒漠柒逡伍
巡
楞木柒分折色銀壹拾壹兩伍錢伍分除荒外實
徵楞木柒分折色銀壹拾兩捌錢捌分壹釐捌
毫捌忽貳微貳纖捌沙貳塵玖埃叁渺貳漠肆
逡叁巡

松板柒分折色銀捌拾伍兩伍分除荒外實徵叄
板柒分折色銀捌拾兩壹錢貳分玖釐陸毫柒
絲捌忽柒微柒纖壹沙玖塵柒埃柒渺伍漠壹
逡肆巡
蘆蓆叄分本色玖千領除荒外實徵叄分本色蓆
捌千肆百柒拾玖領叄分叄釐壹毫捌忽陸微
玖纖捌沙壹塵柒埃肆渺柒漠伍逡
楞木叄分本色折銀肆兩玖錢伍分除荒外實徵
楞木叄分本色折銀肆兩陸錢陸分叄釐陸毫
叄絲貳忽玖纖柒沙捌塵叄埃玖渺玖漠陸逡

壹巡

松板叁分本色折銀叁拾陸兩肆錢伍分除荒外

實徵松板叁分本色折銀叁拾肆兩叁錢肆分

壹釐貳毫玖絲玖微貳沙貳塵柒埃陸渺柒逡

玖巡

裁扣書辦工食銀壹千玖拾肆兩肆錢人役工食

銀柒百兩

安慶衛官丁行月折色銀柒千玖百玖拾肆兩伍

錢柒分柒釐柒毫陸忽柒微玖纖叁沙玖塵玖

埃玖渺肆漠又屯折幷屯畝加徵銀貳千陸百

柒拾貳兩玖錢壹釐肆毫叁絲叁忽貳微陸沙
陸漠本色米壹萬壹千肆百壹拾捌石肆斗
安慶幇民柒淺船魚課軍叁料價銀叁千叁百陸
拾陸兩柒錢伍分肆釐叁毫玖絲叁忽捌微捌
纖肆塵肆埃貳渺陸漠遇閏加徵閏月銀肆拾
叁兩叁錢肆分壹毫陸絲
安慶幇運隨俸廪工銀壹百肆拾柒兩柒錢陸釐
協濟廬州衛月糧銀玖百伍拾伍兩柒錢玖分
壹釐玖毫捌絲柒忽肆微壹纖柒沙肆塵陸埃
貳渺壹漠月糧麥貳千叁百叁拾肆石捌斗伍

升肆合玖勺陸抄捌撮伍圭肆粟叁顆陸粒伍

黍

徽州府

康熙貳拾貳年

額徵省衛漕項南米貳萬貳千玖百肆拾捌石玖

斗

裁扣書辦工食銀壹千捌拾貳兩肆錢人役工食

銀柒百兩

新安衛運軍民柒軍三料價銀貳千柒拾肆兩貳

錢玖毫捌絲伍忽

新安衛運軍見運減存行月折色銀陸千玖百伍拾柒兩叁錢貳分叁釐玖毫玖絲伍忽

新安衛運隨倳廩工銀壹百肆拾柒兩柒錢陸釐

寧國府

康熙貳拾貳年

額徵漕糧正耗粳米肆萬貳千石内正兌粳米三萬石耗米一萬二千石

贈米貳千壹百石

贈銀貳千壹百兩

輕賫銀叁千玖百兩

蘆蓆柒分折色銀壹百伍兩

楞木柒分折色銀伍兩柒錢柒分伍釐

松板柒分折色銀肆拾貳兩伍錢貳分伍釐

蘆蓆叁分本色肆千伍百領

楞木叁分本色折銀貳兩肆錢柒分伍釐

松板叁分本色折銀壹拾捌兩貳錢貳分伍釐

裁扣書辦工食銀壹千伍拾捌兩肆錢人役工食

銀柒百兩

省衛漕項南米玖千貳百陸拾叁石貳斗貳升貳

合玖抄玖撮陸圭柒粟柒顆伍粒壹黍

宣州衛運軍行月本色米叁千肆百陸拾捌石折色銀叁千柒百肆拾柒兩叁錢肆分陸釐壹毫叁絲壹忽柒微貳纖壹沙貳塵肆埃捌渺

宣州衛運軍民七軍三料價銀壹千陸拾柒兩叁錢陸釐

宣州衛運隨俸廩工銀壹百肆拾柒兩柒錢陸釐

池州府

康熙貳拾貳年

額徵漕糧正耗粳米叁萬伍千石內正兌粳米二萬五千石耗米一萬石

贈米壹千柒百伍拾石
贈銀壹千柒百伍拾兩
輕賫銀叄千貳百伍拾兩
蘆蓆柒分折色銀玖拾陸兩貳錢伍分
楞木柒分折色銀壹兩肆錢肆分叄釐柒毫伍絲
松板柒分折色銀壹拾兩陸錢叄分肆釐柒毫伍
絲
蘆蓆叄分本色叄千柒百伍拾領
楞木叄分本色折銀陸錢壹分捌釐柒毫伍絲
松板叄分本色折銀肆兩伍錢伍分柒釐柒毫伍

絲

裁扣書辦工食銀玖百柒拾肆兩肆錢人役工食

銀柒百兩

省衞漕項南米伍千壹百柒拾柒石玖斗肆升捌

合叁勺叁撮柒圭叁粟肆顆叁粒壹黍

新安衞池州幇運軍行月本色米叁千陸百伍拾

捌石伍斗

太平府

康熙貳拾貳年

額徵漕糧正耗粳米貳萬叁千捌百石内正兌粳米一萬七

千石耗米六千八百石

贈米壹千壹百玖拾石

贈銀壹千壹百玖拾兩

輕賫銀貳千貳百壹拾兩

蘆蓆柒分折色銀伍拾玖兩伍錢

楞木柒分折色銀叄兩貳錢柒分貳釐伍毫

松板柒分折色銀貳拾肆兩玖分柒釐伍毫

蘆蓆叄分本色貳千伍百伍拾領

楞木叄分本色折銀壹兩肆錢貳釐伍毫

松板叄分本色折銀壹拾兩叄錢貳分柒釐伍毫

裁扣書辦工食銀柒百伍拾肆兩捌錢人役工食

銀伍百兩

建陽衛寧太兩幇民七軍三料價銀貳千陸百貳

拾貳兩叁錢柒分伍釐柒毫玖絲壹忽柒微玖

纖肆沙捌塵捌渺柒漠

歸併省衛新增等銀肆百捌拾玖兩捌錢陸分叁

釐陸毫肆絲陸忽肆微肆塵

歸併省衛協濟銀壹拾貳兩捌分貳釐肆毫貳絲

伍忽捌微壹纖壹沙貳塵捌埃

建陽衛寧太兩幇行月折色銀捌千肆百肆拾捌

兩本色米捌千柒拾石

建陽衛寧太兩幇運隨俸廪工銀貳百玖拾伍兩

肆錢壹分貳釐

廬州府

康熙貳拾貳年

額徵漕糧正改兌正耗粳米壹萬玖千柒百陸拾

玖石捌斗除荒外實徵正改兌正耗粳米壹萬

玖千肆百陸拾石捌斗叁升捌合捌勺陸抄貳

撮柒圭貳粟肆粒貳黍陸稷陸糠貳粃內正兌粳米壹萬二千八十四石三斗一升三合四勺七抄三撮三圭七粟一顆七粒三黍三稷三糠耗米

四千八百三十三石七斗二升五合三勺八抄
九撮三圭四粟八顆陸粒九黍三稷三糠二粃
　改兌稉米一千九百五十六
石　耗米五百八十六石八斗
贈米玖百捌拾捌石肆斗玖升除荒外實徵贈米
玖百柒拾叁石肆升壹合玖勺肆抄叁撮壹圭
叁粟陸顆貳黍壹稷叁糠叁粃壹粞
贈銀玖百捌拾捌兩肆錢玖分除荒外實徵贈銀
玖百柒拾叁兩肆分壹釐玖毫肆絲叁忽壹微
叁纖陸沙貳埃壹渺叁漠叁逡壹巡
輕賫旱脚銀貳百玖拾肆兩貳錢除荒外實徵輕
賫旱脚銀貳百捌拾貳兩伍錢伍分伍釐伍毫

玖絲肆微貳纖柒沙肆塵玖埃肆渺
蘆蓆叁分本色貳千壹百叁拾玖領壹分伍釐除
荒外實徵叁分本色蓆貳千壹百陸領肆釐柒
毫貳忽壹微伍塵柒埃伍渺玖漠玖逡玖巡
陸升過江米折銀貳百壹拾玖兩除荒外實徵銀
貳百壹拾捌兩捌錢貳分伍釐貳毫肆絲壹忽
肆微貳纖肆沙叁塵陸埃貳渺伍漠壹逡
攤帶清河縣輕賫銀肆拾陸兩陸錢肆分柒釐貳
毫玖絲叁忽
又蓆折銀壹兩捌錢玖分貳釐捌毫肆絲捌微

裁扣書辦工食銀壹千叁百捌兩柒錢伍釐叁毫玖絲玖忽肆微玖纖叁沙柒塵柒埃柒渺貳漠
人役工食銀伍百玖拾捌兩伍錢叁分伍釐陸毫伍微陸沙玖塵柒埃陸渺
歸併省衛新增等銀壹千壹百貳拾柒兩肆錢伍分壹釐陸毫柒絲捌忽叁微壹纖陸沙貳塵叁埃捌渺叁漠除荒外實徵新增等銀壹千壹拾壹兩貳錢柒分玖釐貳毫柒絲伍忽叁微陸纖貳沙貳塵叁埃捌渺叁漠
歸併省衛協濟銀陸百陸拾捌兩玖錢捌分肆釐

叁毫壹絲貳忽壹微柒纖貳塵壹埃貳漠捌逡

肆巡

廬州衛各幇運隨俸廩工銀捌百叁拾貳兩貳錢

叁分陸釐

廬州衛各幇運軍月糧折色銀肆千柒百肆兩陸

錢貳分玖釐肆毫貳絲肆忽玖微玖纖捌沙貳

塵玖埃玖漠本色米壹萬伍千陸拾陸石陸斗

貳升陸合叁勺貳抄貳撮伍圭玖粟陸顆伍粒

壹黍柒稷貳糠

鳳陽府

康熙貳拾貳年

額徵漕糧正改兌正耗粳粟米陸萬柒百壹拾石玖斗柒升伍勺貳撮捌圭肆粟陸顆陸粒叄黍伍稷除荒外實徵漕糧正改兌正耗粳粟米肆萬叄百柒石伍斗壹升玖合伍勺伍抄叄撮肆粟玖粒伍黍捌稷捌糠捌粃壹粞內正兌粳米一萬一千二百一十四石五斗四升六合四抄四撮一圭三粟一顆八黍六稷五糠九粃　耗米三千三百六十四石三斗六升三合八勺一抄三撮二圭三粟九顆三粒二黍五稷九糠七粃七粞　改兌粳米九千三百八石二升九合二勺一抄二撮一圭一顆八粒九黍九稷六糠八粃　耗米二千三百二十七石七合三勺三撮二粟五顆四粒七黍四稷九糠二粃　正兌粟米五千二

百三十七石八斗九升三合九勺六抄五撮六圭三粟九顆四黍四稷五糠三粃　耗米一千五百七十一石三斗六升八合一勺八抄九撮六圭九粟一顆七粒一黍三稷三糠五粃九粞

改兌粟米五千八百二十七石四斗四升八合八勺二抄一圭六粟九顆九粒三黍一稷六粃　耗米一千四百五十六石八斗六升二合二勺五撮四粟二顆四粒八黍二稷七糠六粃五粞

贈米貳千肆百肆拾肆石伍斗叁升柒合壹勺肆抄貳撮壹顆叁粒陸黍叁稷除荒外實徵贈米壹千陸百肆拾肆石柒升肆合壹勺捌抄肆撮叁圭肆粟玖顆叁粒壹黍玖稷叁粃壹粞

贈銀貳千肆百肆拾肆兩伍錢叁分柒釐壹毫肆

絲貳忽壹沙叁塵陸埃叁渺除荒外實徵贈銀
壹千陸百肆拾肆兩柒分肆釐壹毫捌絲肆忽
叁微肆纖玖沙叁塵壹埃玖渺叁逡壹巡
輕賫船料旱脚銀捌百肆拾壹兩柒錢柒分陸釐
伍毫貳絲陸忽壹微貳纖貳沙捌塵捌埃肆沙
貳漠除荒外實徵銀陸百肆拾肆兩伍錢叁分
伍毫叁忽玖微叁纖叁沙叁塵貳埃肆渺玖漠
攤帶清河縣薦折銀壹拾兩肆錢肆分捌釐捌毫
伍絲玖忽貳微除荒外實徵銀玖兩壹錢伍分
柒釐壹毫肆絲陸忽捌微叁纖貳沙貳塵肆埃

貳渺伍漠
蘆蓆叁分本色柒千壹百叁拾玖領叁分貳釐柒毫叁絲壹微肆塵捌渺玖漠除荒外實徵叁分本色蓆肆千柒百叁拾捌領壹分捌釐柒毫柒絲陸微叁纖陸塵貳埃玖渺肆漠貳逡捌巡
裁扣書辦工食銀壹千捌百伍拾肆兩捌錢叁分肆釐伍毫貳絲叁忽壹微柒纖叁沙肆塵壹埃伍渺壹漠人役工食銀陸百壹拾柒兩貳錢壹分捌釐伍毫叁絲叁忽柒微貳纖貳沙玖塵肆埃柒渺伍漠又新增陞科銀肆兩柒錢叁分玖

釐陸毫捌絲貳忽貳微玖纖壹沙伍塵陸埃肆
渺玖漠
加漕銀貳千壹百伍拾肆兩叁錢肆分肆釐貳忽
叁微伍纖貳沙柒塵肆埃肆渺陸漠除荒外實
徵銀壹千肆百玖拾壹兩捌錢伍分貳釐叁毫
伍絲捌忽壹微叁纖肆沙玖塵壹埃陸渺
歸併省衛新增等銀貳千玖百壹拾壹兩捌錢陸
分壹釐捌毫肆忽壹微玖纖叁沙玖塵玖埃捌
渺陸漠除蠲免外實徵銀壹千玖百陸拾柒兩
貳錢陸分伍釐伍絲伍忽玖纖壹沙陸埃玖渺

柒漠

歸併省衛協濟銀捌百捌拾叁兩伍錢陸分肆釐

貳毫叁絲肆忽伍微伍纖肆沙捌塵伍埃肆渺

貳漠叁逡捌巡除蠲免外實徵銀柒百叁拾捌

兩肆錢壹釐柒毫叁絲叁忽玖微壹纖叁沙柒

塵叁埃肆渺玖漠伍逡捌巡

戶口鹽鈔銀貳千叁百陸拾玖兩捌錢陸分陸釐

捌毫柒絲貳微叁纖除荒外實徵銀壹千柒百

貳拾叁兩陸分伍毫貳絲陸忽貳微陸沙壹塵

壹渺捌漠

廣濟倉折色銀壹千捌百陸拾伍兩壹錢柒分壹
釐壹毫叄絲壹忽玖微陸纖捌沙貳塵伍埃除
荒外實徵銀壹千貳百捌拾捌兩肆錢伍分肆
釐陸毫叄絲柒微貳纖伍沙伍塵叄埃肆漠
鳳泗等衛見運減存月糧折色銀貳千肆百柒拾
兩捌錢叄分玖釐叄毫玖絲玖忽陸微除荒外
實徵銀貳千肆百捌兩伍錢陸分伍釐捌毫貳
絲玖忽柒微柒纖伍沙貳塵壹埃貳渺陸漠
鳳泗等衛見運減存月糧本色米壹千玖百叄拾
玖石陸斗除荒外實徵米壹千柒百玖拾壹石

捌斗伍升玖合壹勺捌抄叁撮柒圭肆粟壹顆
壹粒陸黍
鳳泗等衛見運減存月糧本色麥壹千捌百伍拾
柒石柒斗玖升捌合肆勺玖抄玖撮除蠲外實
徵麥壹千肆百叁拾伍石叁斗玖升捌合肆勺
玖抄玖撮
鳳泗宿長六衛各幇運隨俸廪工銀貳千壹百柒
兩伍錢玖分

淮安府

康熙貳拾貳年

額徵漕糧正改兌正耗粳粟米壹拾壹萬伍千貳百柒拾石柒斗伍升柒合玖勺伍抄玖撮叁圭捌粟玖顆玖粒玖黍貳稷叁糠叁粃除荒豁蠲停緩徵外實徵漕糧正改兌正耗粳粟米肆萬玖千壹百玖拾柒石壹斗陸升貳合伍勺肆抄貳撮陸圭伍顆叁粒伍黍陸稷貳糠肆粃　內正兌粳米六千八百九十五石五斗捌升肆合四勺八抄三撮三粟四顆一粒九黍一糠六粞　耗米二千六十八石六斗七升五合三勺四抄四撮九圭一粟二粒五黍七稷三粃二粞　改兌粳米一萬九千七百二十七石五斗二升三合一勺七抄一撮一圭七粟一顆四粒五黍四稷八糠五粃八粞　耗米四千九百三十一石八斗八升七勺九抄二撮七圭九粟二顆八粒六黍

三稷七糠一粃四粞　正兌粟米四千四百二十五石四斗二升八合七抄五撮三圭一粟八顆八粒三黍七稷八糠五粃七粞　耗米一千三百二十七石六斗二升八合四勺二抄二撮五圭九粟五顆六粒五黍一稷三糠五粃七粞

改兌粟米七千八百五十六石三斗五升三合八勺二撮二圭二粟五顆六粒八黍一稷五粃三粞　耗米一千九百六十四石八升八合四勺五抄五圭五粟六顆四粒二黍二糠六粃三粞

贈米伍千柒百陸拾叁石伍斗叁升柒合捌勺玖抄柒撮玖圭陸粟玖顆肆粒玖黍玖稷陸糠壹粃陸粞除荒竝蠲停緩征外實徵贈米貳千肆百伍拾玖石捌斗伍升捌合壹勺貳抄柒撮壹圭叁粟貳粒陸黍柒稷捌糠壹粃貳粞

贍銀伍千柒百陸拾叁兩伍錢叁分柒釐捌毫玖
絲柒忽玖微陸纖玖沙肆塵玖埃玖渺陸漠壹
逡陸巡除荒弁蠲停緩徵外實徵贍銀貳千肆
百伍拾玖兩捌錢伍分捌釐壹毫貳絲柒忽壹
微叁纖貳塵陸埃柒渺捌漠壹逡貳巡
輕賫船料旱脚易蓆銀壹千貳百肆拾壹兩柒錢
陸分玖釐肆毫玖絲陸忽肆微伍纖貳沙伍塵
捌埃柒渺肆逡玖巡除蠲停緩徵外實徵銀伍
百柒拾伍兩貳錢貳分貳釐貳毫貳忽陸微捌
纖陸塵壹埃陸渺柒漠肆逡壹巡

蘆蓆叄分本色壹萬叄千陸百玖拾陸領叄分伍
釐捌毫叄絲叄忽叄微叄纖壹沙柒塵貳渺柒
漠玖逡玖巡除荒蠲停緩徵外實徵叄分本色
蓆伍千捌百叄拾伍領柒分叄釐叄毫肆絲貳
忽玖微柒纖陸沙貳塵伍埃貳渺肆漠伍逡捌
巡
裁扣書辦工食銀壹千陸百叄拾壹兩叄錢壹分
貳釐捌毫伍絲叄微壹纖玖沙叄塵捌埃肆渺
肆漠人役工食銀柒百兩
歸併省衞協濟銀壹兩貳錢貳分伍釐

加漕銀叁千柒百叁拾壹兩叁分捌釐貳毫玖絲
捌忽壹微玖纖捌沙肆塵玖渺捌漠伍逡伍巡
淮大等衞各幇運隨俸廩工銀壹千壹百捌拾壹
兩陸錢肆分捌釐
淮大等衞各幇見運減存月糧折色銀玖千玖百
柒拾壹兩柒錢壹分陸毫伍忽貳微陸纖肆沙
壹塵玖埃捌渺柒漠玖逡肆巡內除荒蠲停外
實徵銀柒千陸百陸拾兩壹錢捌分壹釐叁毫
貳絲肆忽肆微貳纖玖沙壹塵伍埃陸渺玖漠
肆逡玖巡

淮大等衛各幫見運減存月糧本色米叁千壹百貳拾壹石貳斗肆升伍合陸抄壹圭柒粟叁顆貳黍陸稷柒糠捌粃陸粞內除荒蠲停外實徵米貳千肆百捌拾柒石叁斗陸升伍合叁勺叁抄肆撮伍圭壹顆捌粒貳黍壹稷肆糠陸粃玖

粞

淮大等衛各幫見運減存月糧本色麥壹萬陸百壹拾陸石貳斗捌合肆勺壹抄叁撮陸圭叁粟叁顆玖粒貳黍捌稷壹糠壹粃伍粞內除荒蠲停外實徵麥捌千柒百貳拾石伍斗玖升叁合

壹勺肆抄肆撮捌圭叁粟叁顆捌粒伍黍伍稷
叁粞
淮大等衛各幫見運減存月糧本色豆伍百陸拾
石捌斗柒升捌合叁勺柒抄柒撮伍圭陸粟陸
顆陸粒
揚州府
康熙貳拾貳年
額徵漕糧正改兌正耗粳米玖萬玖千貳百捌拾
壹石壹斗陸升陸合捌勺叁抄捌撮叁顆叁粒
肆黍叁稷伍糠柒粃壹粞除蠲免外實徵正改

兌正耗粳米伍萬陸千叁百貳石柒斗捌升陸合貳勺壹抄陸圭玖顆玖黍陸稷陸糠伍粃陸粞　內正兌粳米三萬七千五百六十四石二斗二升一合八勺五抄三撮一圭八粟六顆一粒八稷四糠三粃六粞　耗米一萬一千二百六十九石二斗六升六合五勺五抄五撮九圭五粟五顆八粒三黍二稷五糠三粃一粞　改兌粳米五千九百七十五石四斗三升八合二勺四抄一撮一圭七粟三顆七粒二黍四稷五糠五粃一粞　耗米一千四百九十三石八斗五升九合五勺六抄二圭九粟三顆四粒三黍一稷一糠三粃八粞

贈米肆千玖百陸拾肆石伍升捌合叁勺肆抄壹撮玖圭壹粒陸黍柒稷壹糠柒粃捌粞除蠲免外實徵贈米貳千捌百壹拾伍石壹斗叁升玖

合叁勺壹抄伍圭叁粟肆粒伍黍肆稷捌糠叁
粃叁粞
贈銀肆千九百陸拾肆兩伍分捌釐叁毫肆絲壹
忽玖微壹塵陸埃柒渺壹漠柒逡捌巡除蠲免
外實徵贈銀貳千捌百壹拾伍兩壹錢叁分玖
釐叁毫壹絲伍微叁纖肆塵伍埃肆渺捌漠叁
逡叁巡
輕賫船料旱脚銀壹千柒百捌拾玖兩陸錢陸分
壹釐玖毫叁絲捌忽陸微玖纖陸沙捌塵壹埃
叁渺貳漠柒逡貳巡除蠲免外實徵輕賫船料

旱脚銀壹千陸拾肆兩捌錢肆釐玖毫捌絲叁
忽壹微陸纖伍塵肆埃伍渺叁漠伍逡肆巡
蘆蓆叁分本色壹萬壹千伍百伍拾肆領壹釐貳
毫伍忽壹微柒纖陸沙貳塵壹埃捌漠捌逡伍
巡除蠲免外實徵叁分本色蓆陸千伍百叁拾
領玖分肆釐玖毫壹忽肆微壹纖伍沙叁塵玖
埃柒渺肆漠玖逡伍巡
裁扣書辦工食銀壹千柒百貳拾壹兩肆錢人役
工食銀捌百兩
加漕銀伍千貳拾柒兩肆錢伍分捌釐柒毫伍絲

伍忽伍微貳纖肆沙除蠲停外實徵加漕銀壹
千叁百壹拾陸兩陸錢壹分貳釐貳毫柒絲壹
忽肆微捌纖貳沙貳塵玖埃玖渺貳漠肆逡捌
巡
歸併省衛新增竈丁銀貳兩伍錢伍分
歸併省衛協濟銀貳拾兩捌錢伍分
揚儀貳衛各幫運隨俸廩工銀壹千陸百壹拾兩
陸錢捌分陸釐玖毫壹絲壹忽壹纖肆沙伍塵
除蠲免外實徵俸廩工銀壹千肆百陸拾壹兩
叁錢貳分壹釐肆毫貳忽捌微捌纖伍沙叁塵

捌埃陸渺玖漠伍逡

揚儀貳衛各幇運軍月糧折色銀叁千貳百肆拾柒兩叁錢陸分柒釐伍毫貳絲伍忽壹微壹纖除蠲免外實徵月糧折色銀貳千肆百壹拾伍兩玖錢叁分柒釐玖毫捌絲壹微柒纖柒沙伍塵貳埃伍渺陸漠伍逡

揚州衛各幇運軍月糧本色米叁千叁百叁拾玖石伍斗玖升玖合伍勺叁抄玖撮玖圭壹顆伍粒捌黍柒粃壹糯除蠲免外實徵月糧本色米貳千柒百捌拾叁石捌升貳合壹勺柒抄叁撮

捌圭陸粟柒顆肆粒壹黍柒粃壹粞
揚州衛各幇運軍月糧本色麥陸千貳百伍拾叁
石柒斗壹升肆合壹勺壹抄陸撮捌粟壹顆肆
粒柒黍壹粃肆粞除蠲免外實徵月糧本色麥
伍千陸百玖石伍斗貳升陸合伍抄貳撮貳圭
叁粟貳顆玖粒伍黍壹粃肆粞
月糧裁扣等銀貳百壹拾捌兩伍錢捌分玖釐柒
毫肆絲除蠲免外實徵月糧裁扣等銀玖拾壹
兩陸釐玖毫貳絲柒忽壹微壹纖壹沙伍塵玖
埃

廣德州幷屬

康熙貳拾貳年

額徵漕糧改兌正耗粳米壹萬肆百石內改兌正米八千石耗米二千四百石

贈米伍百貳拾石

贈銀伍百貳拾兩

易米銀捌拾兩

蘆蓆柴分折色銀貳拾捌兩

楞木柴分折色銀壹兩伍錢肆分

松板柴分折色銀壹拾壹兩貳錢叁分陸釐貳毫

貳絲伍忽

蘆蓆叁分本色壹千貳百領

楞木叁分本色折銀陸錢陸分

松板叁分本色折銀肆兩捌錢壹分伍釐伍毫貳

絲伍忽

省衛漕項南米柒百貳拾石玖斗捌勺伍撮柒圭

捌粟捌顆壹粒

裁扣書辦工食銀貳百貳拾肆兩肆錢人役工食

銀貳百兩

和州幷屬

康熙貳拾貳年

額徵裁扣書辦工食銀貳百壹拾貳兩肆錢人役

工食銀貳百兩

歸併省衛新增等銀肆千肆百陸拾貳兩伍錢陸

分壹釐肆毫伍絲陸忽叁微壹沙陸塵陸埃柒

漠叁巡除荒外實徵新增等銀肆千壹百柒拾

肆兩貳錢壹分叁釐肆毫陸絲捌忽柒微捌纖

壹沙柒塵肆埃捌渺陸逡叁巡

歸併省衛協濟銀玖百玖拾捌兩叁錢肆分陸釐

貳毫陸絲捌忽肆微貳纖壹沙捌塵陸埃陸渺

玖漠捌逡捌巡
省衛漕項南米玖百玖拾玖石壹斗貳升伍合叁
勺肆抄壹撮叁圭玖粟叁顆玖黍
歸併省衛屯米叁千肆百陸拾柒石貳斗伍升叁
合肆抄
滁州衛運軍行月折色銀貳千壹拾捌兩伍錢伍
分捌釐本色米肆千貳百壹拾玖石壹斗

滁州併屬

康熙貳拾貳年
額徵裁扣書辦工食銀叁百陸拾叁兩陸錢人役

工食銀貳百伍拾兩

歸併省衛新增等銀柒千叁百伍拾陸兩叁錢貳分陸釐叁毫壹絲叁忽陸微肆纖貳沙陸塵壹埃貳渺柒漠貳逡除荒外實徵新增等銀陸千捌百肆兩叁錢陸分捌釐陸毫肆絲叁忽玖微貳纖玖沙肆塵貳埃捌渺壹漠玖逡

歸併省衛協濟銀壹千陸百陸拾捌兩壹錢柒毫伍絲伍忽叁微捌纖陸沙壹塵壹埃玖巡除荒外實徵協濟銀壹千陸百肆拾兩伍錢壹分肆釐玖毫叁絲貳忽玖微陸纖陸塵叁埃玖漠玖

巡

省衛漕項南米陸百壹拾陸石

歸併省衛屯米陸千肆百捌拾伍石壹斗捌升叁

合肆勺陸抄陸撮肆圭伍粟貳粒捌黍貳稷肆

粸伍粃

滁州衛各幇運隨俸廪工銀貳百肆拾壹兩肆錢

壹分貳釐

徐州併屬

康熙貳拾貳年

額徵漕糧正改兑正耗粟米伍萬玖千肆百陸拾

石除荒外實徵正改兌正耗粟米伍萬柒拾玖
石陸升玖合玖勺柒圭貳顆壹粒伍黍陸稷貳
糠肆粞內正兌粟米二萬五千二百六十六石
九斗三升六合七勺九抄五撮六圭八
粟一顆七粒五黍一稷三糠三粃四粞　耗米
六千三百一十六石七斗三升四合一勺九抄
八撮九圭二粟四粒三黍七稷八糠三粃四粞
改兌粟米一萬五千一百六十石一斗六升
三合三抄七撮七圭八粟六顆八粒五黍八稷
二糠二粃七粞　耗米三千三百三十五石二
斗三升五合八勺六抄八撮三圭
一粟三顆一粒八稷八糠九粞
贈米貳千玖百柒拾貳石除荒外實徵贈米貳千
伍百叁石玖斗伍升叁合肆勺玖抄伍撮叁粟
伍顆壹粒柒稷捌糠壹粃

贈銀貳千玖百柒拾貳兩除荒外實徵贈銀貳千
伍百叁兩玖錢伍分叁釐肆毫玖絲伍忽叁纖
伍沙壹塵柒渺捌漠壹逡
輕賫船料銀捌百捌拾貳兩伍錢除荒外實徵輕
賫船料銀柒百叁拾伍兩陸錢玖分肆釐玖毫
壹絲貳忽伍纖陸沙伍塵玖埃叁渺玖漠叁巡
蘆蓆三分本色柒千貳百領除荒外實徵三分本
色蓆陸千陸拾肆領陸釐肆毫玖絲柒忽伍微
貳沙貳埃玖渺壹漠肆逡叁巡
裁扣書辦工食銀柒百肆拾柒兩陸錢肆分玖釐

壹毫伍忽柒微伍纖壹沙玖塵玖埃肆漠人役

工食銀貳百肆拾玖兩壹錢肆分貳釐

蘇州府

康熙貳拾貳年

額徵裁扣工食丁地銀陸千玖百伍拾玖兩伍分

貳釐捌毫陸絲捌忽肆微

加漕銀貳萬陸千柒百陸拾玖兩叁錢捌分貳釐

壹毫肆絲柒忽玖微柒纖壹沙叁塵陸埃壹渺

壹漠除荒外實徵加漕銀貳萬陸千伍百伍拾

貳兩壹錢捌分肆釐捌毫貳絲捌忽捌微陸纖

叁沙捌塵叁埃柒渺柒漠伍巡

省衞漕項南米壹萬玖千柒百肆拾叁石玖斗壹

升叁合捌抄玖撮叁圭伍粟壹顆貳粒伍糠除

荒外實徵南米壹萬玖千肆百柒拾陸石叁斗

柒升柒合伍勺叁抄叁撮肆圭柒粟陸顆伍粒

壹黍伍糠

歸併省衞協濟銀壹錢

松江府

康熙貳拾貳年

額徵裁扣工食地丁銀叁千伍兩伍錢陸分叁釐

壹毫叁絲壹忽陸微

常州府

康熙貳拾貳年

額徵裁扣書辦工食銀壹千柒拾伍兩貳錢

省衞漕項南米肆千玖百石伍斗柒升叁合陸勺

捌圭玖粟玖顆貳粒貳稷肆糠除荒外實徵南

米肆千捌百玖拾柒石叁斗叁升陸合柒勺貳

抄貳圭捌粟伍顆柒粒壹黍貳稷肆糠

鎮江府

康熙貳拾貳年

額徵裁扣書辦工食銀捌百柒兩陸錢
省衛漕項南米貳千壹百柒拾伍石玖斗叁升陸
合伍勺陸抄伍圭肆顆伍粒壹稷伍糠
歸併省衛屯米叁拾貳石陸斗叁升貳合陸勺
歸併省衛新增等銀壹拾伍兩伍錢捌分貳釐伍
毫叁絲陸忽肆微叁纖柒沙陸塵肆埃除荒外
實徵新增等銀壹拾肆兩壹錢肆分肆釐玖毫
柒絲貳忽捌微
歸併省衛協濟銀玖兩陸錢柒分叁釐玖絲捌微
貳纖貳沙陸塵陸埃捌渺捌漠

蘇松等處督糧道　轄蘇州松江常州鎮江肆府漕白二糧併一應隨漕錢糧

一蘇松常鎮四府額徵漕糧正兌正耗粳米壹百伍拾伍萬玖百柒拾壹石伍斗壹升柒合伍勺肆抄貳撮陸圭叁粟捌顆叁粒陸黍肆稷肆糠壹粃除蠲荒并灰石改折外實徵正耗粳米壹百肆拾捌萬貳千柒百壹拾石捌斗伍升叁合叁勺捌抄陸撮肆圭捌粒貳黍肆稷貳糠

一蘇松常鎮四府贈米柒萬肆千壹百叁拾伍石伍斗肆升貳合陸勺陸抄玖撮叁圭貳粟肆黍壹稷貳糠玖粃

一蘇松常鎮四府贈銀壹拾肆萬捌千貳百柒拾壹兩捌分伍釐叁毫叁絲捌忽陸微肆纖捌埃貳渺肆漠貳逡

一蘇松常鎮四府原額輕賫銀壹拾叁萬肆百壹拾伍兩捌錢肆分伍釐伍毫肆絲柒微肆纖壹沙壹塵捌埃玖漠捌逡陸巡除蠲荒外實徵銀壹拾貳萬捌千叁百貳拾肆兩壹錢柒分伍釐玖毫柒絲柒忽玖微壹纖伍沙伍塵肆埃肆渺肆漠壹逡壹巡

一蘇松鎮三府原額二升耗米銀捌百捌拾伍兩

捌錢柒分肆釐叁毫玖絲壹忽玖微陸纖叁沙
伍塵捌埃貳渺捌漠壹逡貳巡除蠲荒外實徵
銀捌百陸拾肆兩捌錢伍分玖釐伍毫貳絲玖
忽玖微叁纖叁沙玖塵伍埃肆渺捌漠玖逡肆
巡

一松江府原額河工銀貳千叁拾伍兩叁分玖釐
伍毫伍絲伍忽壹微叁纖伍沙伍塵玖埃伍渺
貳漠伍逡叁巡除蠲荒外實徵銀貳千叁兩貳
錢玖釐貳毫玖絲捌忽肆微叁纖壹沙肆塵捌
埃柒渺捌漠伍逡叁巡

一蘇松常鎮四府原額七分折色蓆木板銀伍千肆百捌拾伍兩肆錢伍分貳釐陸絲貳忽柒纖陸沙壹塵捌埃叁渺柒漠玖逡玖巡除豁荒外實徵銀伍千叁百玖拾肆兩柒錢伍分壹釐壹毫肆絲伍忽玖微肆沙陸塵叁埃叁渺捌漠肆逡柒巡

一蘇松常鎮四府原額叁分本色蓆木板銀貳千陸百伍拾壹兩貳錢陸分伍釐捌毫叁絲貳忽壹微壹纖貳沙壹塵壹埃柒渺柒逡貳巡除豁荒外實徵銀貳千陸百捌兩叁錢柒分伍釐叁

毫伍絲柒忽肆微伍纖貳沙叁塵捌埃柒渺柒
漠叁巡
一蘇松常鎮四府原額過江陸升米折銀貳萬柒
千柒百叁拾陸兩叁錢陸毫叁絲陸微肆纖叁
沙肆塵伍埃陸渺叁巡除蠲荒外實徵銀貳萬
柒千叁百叁拾伍兩陸錢陸分肆釐陸毫玖忽
陸纖玖沙玖塵伍渺柒漠肆逡肆巡
一蘇州府原額蘇太鎮衛軍儲米貳萬貳千玖百
叁拾玖石叁斗叁升貳合壹勺肆抄陸撮玖圭
伍粟柒顆肆粒除蠲荒外實徵米貳萬貳千陸

百壹拾叁石壹斗陸升陸合陸勺叁抄貳撮柒
圭陸粟壹顆陸粒肆黍肆稷捌糠貳粃捌粞
一蘇州府原額蘇太鎮衛折色軍儲銀叁萬叁千
肆百肆拾捌兩伍錢壹釐伍毫伍絲陸忽貳微
捌纖除蠲荒并扣造船軍三外實徵銀貳萬玖
千陸百捌拾壹兩伍分玖釐陸毫伍絲叁忽捌
微伍纖肆沙叁塵肆埃叁渺柒漠柒逡陸巡
一蘇州府原額鎮海衛貼運銀貳千肆百伍拾叁
兩伍錢貳分貳釐柒毫壹絲伍忽除蠲荒外實
徵銀貳千肆百壹拾捌兩伍錢捌分柒釐捌毫

肆絲叁忽肆微玖纖捌沙柒塵柒埃陸渺壹漠

柒逡貳巡

一蘇松常鎮四府原額協濟揚州倉本色米貳萬

陸千柒百伍拾伍石柒斗伍升玖合肆勺肆撮

貳圭玖粒玖黍玖稷叁糠貳粃除蠲荒外實徵

米貳萬陸千叁百柒拾叁石柒斗捌升貳合叁

勺伍抄肆撮柒圭伍粟陸顆肆粒貳黍伍稷叁

糠貳粃

一蘇松常鎮四府原額協濟揚州倉米折銀壹萬

陸千柒百陸拾捌兩陸錢玖分柒釐貳毫伍絲

玖忽柒微捌纖肆沙伍塵叁埃柒渺玖漠陸巡
除蠲荒外實徵銀壹萬陸千伍百捌兩陸錢陸
分玖釐玖毫叁絲陸纖玖沙柒塵肆埃肆渺玖
漠貳逡壹巡
一常州府原額協濟揚州倉麥折銀壹千伍百玖
拾玖兩捌錢柒分陸釐貳毫叁絲伍忽貳微除
蠲荒外實徵銀壹千伍百玖拾叁兩捌錢捌分
玖釐伍毫捌絲貳微叁纖玖沙肆塵壹埃肆渺
肆漠
一常鎮二府原額協濟淮安倉本色麥伍千玖拾

石陸升肆合貳勺叁抄壹撮貳圭玖粟捌顆貳
粒壹黍除鐲荒外實徵麥伍千肆拾伍石玖斗
伍合伍勺玖抄陸撮捌圭伍粟玖顆陸粒壹黍
一常鎮二府原額協濟淮安倉麥折銀貳千叁百
陸拾叁兩壹錢捌分捌釐玖毫叁絲玖忽壹纖
肆沙貳埃玖渺柒漠捌逡玖巡除鐲荒外實徵
銀貳千叁百肆拾兩叁錢叁分柒釐叁毫玖絲
陸忽柒微肆纖肆沙壹塵陸渺肆漠捌逡玖巡
一常州府原額協濟壽州倉本色麥玖百肆拾貳
石伍斗壹合陸勺陸撮貳圭玖粟肆顆貳粒叁

黍伍稷除蠲荒外實徵麥玖百叁拾捌石玖斗玖升玖合肆勺陸抄陸撮捌圭玖粟柒顆叁粒陸黍伍稷

一常州府原額協濟壽州倉麥折銀叁千陸百貳拾伍兩叁錢貳分壹釐柒毫伍絲壹忽肆微除蠲荒外實徵銀叁千陸百壹拾壹兩柒錢伍分伍釐玖毫陸絲玖忽柒微肆纖伍沙柒埃肆渺貳漠

一蘇常鎮三府原額鎮江倉本色麥壹萬柒百貳拾貳石柒斗壹升玖勺壹抄捌撮叁圭玖粟伍

顆陸粒肆黍陸稷伍穅除蠲荒外實徵麥壹萬伍百陸拾貳石壹斗叁升捌合捌勺伍撮陸圭陸粟捌顆柒粒壹黍陸稷伍穅

一鎮江府原額鎮江倉本色米叁千柒百叁拾柒石壹斗貳升柒合玖勺捌抄捌撮玖圭貳粟柒顆叁粒柒黍除蠲荒外實徵米叁千陸百貳拾陸石伍斗捌升玖合玖勺捌抄貳撮壹圭玖粟陸顆肆粒柒黍

一蘇常鎮三府原額鎮江倉麥折銀伍千叁百捌拾陸兩叁錢叁分肆絲壹忽柒微玖纖叁沙伍

塵捌埃叁渺叁漠陸逡伍巡除蠲荒外實徵銀
伍千叁百肆兩陸錢伍分叁釐柒毫壹絲柒忽
玖微伍纖伍塵叁埃陸渺貳漠肆逡叁巡
一鎮江府原額鎮江倉米折銀貳千柒百捌拾伍
兩捌錢伍分肆釐貳毫貳絲玖忽陸微玖纖壹
沙玖塵叁渺壹漠玖逡玖巡除蠲荒外實徵銀
貳千柒百捌兩叁錢伍分伍釐陸毫玖絲玖忽
柒纖柒沙捌渺叁漠玖逡玖巡
一松江府原額金松衛所本色行月米貳千捌百
肆拾叁石伍斗肆升伍合壹勺肆抄叁撮玖粟

壹顆陸粒除豁荒外實徵米貳千捌百貳拾陸石貳斗叁升肆合柒勺伍抄捌撮肆圭肆粟伍顆伍稷壹糠

一松江府原額金松衛所折色行月銀貳千玖百玖拾捌兩陸錢除豁荒外實徵銀貳千玖百柒拾伍兩柒錢捌分捌釐叁絲肆忽捌微叁纖陸沙柒塵柒埃肆渺叁漠貳逡壹巡

一蘇松常鎮四府原額民七淺船銀柒千肆拾陸兩肆錢柒分玖釐柒毫叁絲壹忽壹微捌塵叁渺陸漠柒逡柒巡除豁荒外實徵銀陸千玖百

伍兩柒錢叁分壹釐伍毫伍絲柒忽陸微壹沙
叁塵肆埃捌漠肆逡叁巡
一蘇州府并金山鎮江二衛原額造船軍三銀肆
千貳百玖拾兩壹錢叁分伍釐捌絲伍微陸纖
除蠲荒外實徵銀肆千貳百肆拾貳兩伍錢玖
分陸釐壹毫捌絲肆微肆纖捌沙肆塵貳埃柒
渺貳漠
一蘇松常三府原額無閏改折灰石銀叁萬伍千
叁百伍拾兩柒錢壹分玖釐柒毫捌絲肆纖貳
沙貳塵捌埃伍渺貳漠伍逡陸巡除蠲荒外實

徵銀叁萬肆千捌百捌拾壹兩柒錢柒釐伍毫伍絲肆忽柒微叁纖肆沙捌塵玖埃捌渺捌漠伍逡陸巡

一蘇太鎮衛額徵本衛屯糧行月米壹萬玖拾陸石肆斗貳合叁勺伍抄柒撮伍圭玖粟玖粒叁黍肆稷

一蘇州衛額徵本衛屯糧行月銀貳千捌百捌拾伍兩叁錢捌分伍釐伍毫叁絲

一金山衛額徵本衛月糧米肆百壹拾叁石陸斗

一金山衛額徵本衛月糧銀肆百壹拾叁兩陸錢

一金山衛額徵本衛贍運銀壹千壹百壹拾兩叁
錢柒分伍釐
一蘇松常三府原額白糧正耗舂辦等米貳拾柒
萬壹千陸百壹拾貳石陸合捌抄捌撮肆圭伍
粟伍顆貳粒捌黍叁稷壹糠玖粃除蠲荒外實
徵米貳拾陸萬捌千陸百壹拾伍石叁斗貳升
陸抄陸撮捌圭壹粟肆顆捌粒叁黍陸稷壹糠
叁粃捌粞
一蘇松常三府原額白糧經費銀貳拾叁萬陸千
肆百捌拾陸兩肆錢肆毫壹絲貳忽柒微伍纖

柒沙柒塵貳埃肆渺陸漠除豁荒外實徵銀貳
拾叁萬叁千柒百陸拾柒兩叁錢貳分叁釐肆
毫陸絲伍忽柒微貳纖捌沙肆塵壹埃肆漠貳
巡

蘇州府

康熙貳拾貳年
額徵漕糧正改兌正耗粳米捌拾貳萬肆千伍百
壹拾肆石貳斗貳合壹勺柒抄貳圭肆粟陸顆
玖粒伍黍貳稷玖糠玖粃內除豁荒并改折灰
石外實徵正耗米柒拾玖萬貳千伍百柒拾陸

石玖升伍合陸勺捌抄玖撮伍圭陸粟玖顆叁粒玖稷柒穅玖粃內正兑粳米五十叁萬四千二百三十九石八斗四升二合玖勺六抄六撮八圭八粟五顆二粒柒黍一穅五粃　耗米二十一萬三千六百九十五石九斗三升柒合一勺八抄六撮七圭五粟四顆一粒捌稷六粃　改兑粳米三萬四千三百三十八石七斗四合二勺五抄八撮四圭七顆六粒三黍九稷六穅八粃　耗米一萬三百一石六斗一升一合二勺七抄七撮五圭貳粟二顆二粒九黍一稷九穅

贈米叁萬玖千陸百貳拾捌石捌斗肆合柒勺捌抄肆撮肆圭柒粟捌顆肆粒陸黍伍稷肆穅捌粃玖粞

贈銀柒萬玖千貳百伍拾柒兩陸錢玖釐伍毫陸

絲捌忽玖微伍纖陸沙玖塵叁埃玖漠柒逡玖
巡
輕賫銀柒萬貳千貳百伍拾玖兩伍錢伍分伍釐
伍毫玖絲捌忽陸纖貳沙玖塵柒埃玖渺壹漠
陸逡玖巡内除蠲荒外實徵銀柒萬壹千壹百
伍拾貳兩陸錢玖分壹釐壹絲貳忽伍微肆纖
伍沙捌塵肆渺叁漠貳逡
二升耗米銀叁百伍拾陸兩肆錢壹分捌釐貳毫
伍絲叁忽貳微肆纖伍沙壹塵陸埃壹漠玖逡
陸巡内除蠲荒外實徵銀叁百伍拾兩玖錢伍

分捌釐陸毫柒絲肆忽叁微捌纖陸沙捌塵伍
渺陸漠壹逡壹巡
七分折色蓆銀貳千柒拾兩壹錢玖分伍釐玖毫
陸絲壹忽肆微捌纖捌沙叁塵陸埃陸渺玖漠
叁逡陸巡內除獨荒外實徵銀貳千叁拾捌兩
肆錢捌分肆釐玖毫捌忽伍微貳纖貳沙陸塵
伍埃柒渺玖逡陸巡
七分折色木板銀捌百玖拾肆兩玖錢陸釐捌毫
叁忽玖微肆纖伍沙陸塵伍埃叁渺柒漠陸逡
壹巡內除獨荒外實徵銀捌百捌拾壹兩壹錢

玖分捌釐柒毫壹絲忽柒微柒纖壹沙壹塵
捌埃伍渺叁漠陸逡伍巡
三分本色蓆木板銀壹千肆百肆拾捌兩貳錢叁
釐陸毫玖絲陸忽壹微柒纖柒塵貳埃陸渺捌
漠伍逡陸巡內除豁荒外實徵銀壹千肆百貳
拾陸兩貳分貳毫伍絲捌忽伍纖陸沙捌塵壹
埃陸渺玖漠壹巡
過江陸升米折銀壹萬貳千叁百貳拾貳兩柒錢
肆分捌釐肆毫肆絲肆忽伍微捌沙陸塵壹埃
柒渺伍漠玖逡伍巡內除豁荒外實徵銀壹萬

貳千壹百叁拾捌兩貳錢壹分柒釐肆絲伍忽
伍微玖纖伍塵貳渺叁漠玖逡伍巡
永豐倉本色軍儲米玖千肆拾叁石玖斗肆升壹
合柒抄肆圭伍粟伍顆伍粒內除蠲荒外實徵
米捌千玖百肆拾捌石伍斗一升叁合一勺肆
撮叁圭肆粟壹顆肆粒捌黍肆稷伍糠捌粃捌

粞

永豐倉折色軍儲銀壹萬肆千捌百捌拾捌兩肆
錢叁分柒釐伍毫內除荒並扣造船軍三外實
徵銀壹萬叁千貳百捌拾叁兩柒錢肆分捌釐

柒毫玖絲貳微陸纖貳沙肆埃壹漠捌逡
太倉軍儲倉本色軍儲米柒千陸百伍石叁斗柒
升貳勺貳抄陸撮貳粟肆顆柒粒內除蠲荒外
實徵米柒千伍百叁拾叁石叁斗壹合柒勺玖
抄肆撮伍圭伍粟肆顆柒粒伍黍陸糠
太倉軍儲倉折色軍儲銀玖千捌百肆拾捌兩陸
分陸釐叁絲柒忽內除荒並扣造船軍三外實
徵銀捌千捌百壹拾肆兩玖錢捌分貳釐壹毫
貳絲陸忽肆微叁纖肆沙壹塵捌渺捌漠捌逡
叁巡

鎮海軍儲倉本色軍儲米陸千貳百玖拾石貳升捌勺伍抄肆圭柒粟柒顆貳粒內除蠲免外實徵米陸千壹百叁拾壹石叁斗伍升壹合柒勺叁抄叁撮捌圭陸粟伍顆肆粒玖稷陸糠肆粃

鎮海軍儲倉折色軍儲銀捌千柒百壹拾壹兩玖錢玖分捌釐壹絲玖忽貳微捌纖內除荒並扣造船軍三外實徵銀柒千伍百捌拾貳兩叁錢貳分捌釐柒毫叁絲柒忽壹微伍纖捌沙壹塵玖埃肆渺柒漠壹逡叁巡

鎮海衛貼運銀貳千肆百伍拾叁兩伍錢貳分貳

釐柒毫壹絲伍忽內除蠲荒外實徵銀貳千肆
百壹拾捌兩伍錢捌分柒釐捌毫肆絲叁忽肆
微玖纖捌沙柒塵柒埃陸渺壹漠柒逡貳巡
協濟揚州倉本色米捌千肆百玖拾石柒升貳勺
肆抄壹撮壹圭貳粟捌顆壹粒陸黍伍稷壹糠
貳粃內除蠲荒外實徵米捌千叁百陸拾玖石
叁斗伍升叁合貳勺叁抄捌圭叁粟壹顆捌粒
伍黍叁稷捌糠貳粃
協濟揚州倉米折銀肆千柒百陸拾柒兩伍錢陸
分伍釐壹絲陸忽內除蠲荒外實徵銀肆千陸

百玖拾玖兩陸錢捌分壹釐貳毫柒絲伍微陸
纖貳沙叁塵叁埃陸渺捌漠叁逡
協濟鎮江倉本色麥貳千肆百貳石伍斗肆升捌
撮柒圭陸粟貳顆肆粒玖黍陸稷伍糠內除蠲
荒外實徵麥貳千叁百陸拾捌石叁斗柒升玖
合壹勺伍抄貳撮伍圭陸粟貳顆伍粒捌黍陸
稷伍糠
協濟鎮江倉麥折銀壹千肆拾兩叁錢叁分伍釐
內除蠲荒外實徵銀壹千貳拾伍兩伍錢貳分
貳釐叁絲壹忽伍微玖纖肆沙貳埃伍渺叁漠

柒逡捌巡

民七淺船銀伍千貳百貳拾叁兩陸錢捌分內除
蠲荒外實徵銀伍千壹百伍拾捌兩叁錢貳分
肆釐伍毫玖絲壹忽捌微柒纖柒塵肆埃柒渺
貳漠玖逡

蘇太鎮軍儲內額撥造船軍三銀叁千叁百叁拾
捌兩柒錢壹分玖釐內除蠲荒外實徵銀叁千
貳百玖拾壹兩壹錢捌分玖絲玖忽捌微捌纖
捌沙肆塵貳埃柒渺貳漠

改折灰石銀貳萬捌百捌拾玖兩捌錢柒分內除

蠲荒外實徵銀貳萬伍百陸拾玖兩叁錢伍分伍釐玖毫貳忽伍微捌纖肆沙叁塵陸埃肆渺伍漠

蘇州衛額徵本衛屯糧米肆千捌百玖拾貳石貳斗壹升又屯糧以折抵本銀壹千柒拾貳兩肆錢又額編屯餘銀壹千捌百壹拾貳兩玖錢捌分伍釐伍毫叁絲

太倉衛額徵本衛屯糧米貳千叁百貳拾石陸斗叁升玖合叁勺

鎮海衛額徵本衛屯糧米貳千捌百捌拾叁石伍

斗伍升叁合伍抄柒撮伍圭玖粟玖粒叁黍肆

稷

額徵白糧正耗舂辦等米壹拾萬柒千叁百柒拾壹石玖斗伍升肆合伍勺玖抄叁圭玖粟壹顆貳粒陸黍肆稷貳糠玖粃內除蠲荒外實徵米壹拾萬伍千捌百肆拾陸石捌斗捌升肆合伍勺捌抄玖撮叁圭陸粟玖顆壹粒肆稷壹糠伍粃捌粞
內上白正米四萬四千六百五十石九斗二升八勺七撮一圭五粟五顆一粒二黍三稷八糠六粃
耗米二萬二千三百二十五石四斗六升四勺三撮五圭七粟七顆五粒六黍一稷九糠三粃
舂辦米一萬三千三百九十五石二斗七升六合二勺四抄二撮一

圭四粟六顆五粒三黍七稷一糠五粒八粞糙白正米一萬五千一百二十二石五斗二升七合七勺四抄三撮四圭六粟一顆八黍一稷七糠二粃　耗米六千四百十九石一升一合九抄七撮三圭八粟四顆四粒三黍二稷六糠八粃八粞　運船水手飯米四千三百三石六斗八升八合二勺九抄五撮六圭四粟四顆三粒六黍六稷八糠二粞

白糧經費銀玖萬陸千壹百捌拾玖兩貳錢捌分陸釐柒絲柒忽捌微叁纖伍沙玖塵柒埃壹渺貳漠叁逡陸巡內除蠲荒外實徵銀玖萬肆千捌百壹拾陸兩柒錢柒分陸釐叁毫伍絲壹忽叁微貳塵捌渺叁逡陸巡內募船水腳添䞴提溜由閘車腳等銀七萬七千四百五十七兩一錢七分六釐三毫五絲一忽三微貳塵八渺三漠三逡六巡　協部

公費工食等銀一萬七千三百五十九兩陸錢

松江府

康熙貳拾貳年

額徵漕糧正改兌正耗粳米叁拾貳萬叁千玖百叁拾柒石壹斗玖升貳合陸抄叁撮玖圭捌粟玖粒柒黍壹稷肆糠貳粃內除蠲荒並改折灰石外實徵正耗米叁拾壹萬貳千叁拾玖石叁斗玖升柒合貳勺叁抄玖撮伍圭伍粟柒顆伍粒捌黍肆糠壹粃內正兌粳米一十九萬五千九百六十九石一斗六合九勺四抄一撮八圭四粟三顆九粒五黍六稷一糠耗米七萬八千三百八十七石六斗四升

二合七勺七抄六撮七圭三粟七顆五粒八黍二稷四穮四粃　改兌粳米二萬八千九百八十六石六斗五升一合九勺三抄九撮二圭一粟二顆三粒三黍九稷九穮　耗米八千六百九十五石九斗九升五合五勺八抄一撮七圭六粟三顆七粒一稷九穮七粃

贈米壹萬伍千陸百壹石玖斗陸升玖合捌勺陸抄壹撮玖圭柒粟柒顆捌粒柒黍玖稷貳粃

贈銀叁萬壹千貳百叁兩玖錢叁分玖釐柒毫貳絲叁忽玖微伍纖伍沙柒塵伍埃捌渺肆逡壹巡

輕賫銀貳萬肆千肆百貳拾兩肆錢柒分肆釐陸毫陸絲壹忽陸微貳纖柒沙壹塵肆埃貳渺玖

漠伍逡捌巡内除蠲荒外實徵銀貳萬肆千叁
拾玖兩伍錢肆分叁釐伍毫捌絲壹忽壹微柒
纖陸沙貳埃叁渺伍漠捌逡
河工銀貳千叁拾伍兩叁分玖釐伍毫伍絲伍忽
壹微叁纖伍沙伍塵玖埃伍渺貳漠伍逡叁巡
内除蠲荒外實徵銀貳千叁兩貳錢玖分伍釐
貳毫玖絲捌忽肆微叁纖壹沙肆塵捌埃柒渺
捌漠伍逡叁巡
二升耗米銀叁百兩貳錢肆分叁釐肆毫玖絲肆
忽玖微陸纖壹沙伍塵貳埃叁漠壹逡陸巡内

除蠲荒外實徵銀貳百玖拾伍兩伍錢陸分壹
釐叁毫陸絲伍忽貳微壹纖伍沙叁塵捌埃肆
渺伍漠壹逡陸巡

七分折色蓆銀捌百壹拾柒兩叁錢肆分玖釐陸
絲柒忽伍微叁纖叁沙玖塵玖埃叁漠肆逡玖
巡內除蠲荒外實徵銀捌百肆兩伍錢玖分玖
釐捌毫叁絲貳忽貳微柒纖陸沙肆塵伍渺叁
漠肆逡玖巡

七分折色楞木銀叁拾玖兩壹錢柒分肆釐伍毫
壹絲壹忽肆微叁纖陸沙叁塵陸埃貳漠陸逡

貳巡內除蠲荒外實徵銀叁拾捌兩伍錢陸分
叁釐肆毫叁絲肆忽肆微玖纖肆沙捌塵陸渺
壹漠陸逡貳巡
七分折色松板銀貳百捌拾捌兩肆錢陸分陸釐
捌毫伍絲陸忽捌微捌纖肆塵柒埃陸漠捌逡
壹巡內除蠲荒外實徵銀貳百捌拾叁兩玖錢
陸分柒釐壹毫捌忽伍微伍纖貳沙陸塵陸埃
叁渺肆漠捌逡壹巡
三分本色蓆木板銀伍百陸拾兩柒錢陸分柒釐
柒毫玖絲捌忽壹微柒纖伍埃伍渺肆漠伍逡

柒巡內除豁荒外實徵銀伍百伍拾貳兩壹分
玖釐玖毫肆絲壹忽壹微柒沙叁塵玖埃肆渺
陸漠叁逡伍巡
過江陸升米折銀柒千伍兩捌錢捌分捌釐玖毫
捌絲陸忽柒微伍纖肆沙肆塵陸埃陸渺捌逡
肆巡內除豁荒外實徵銀陸千捌百玖拾陸兩
伍錢玖分陸釐柒毫伍忽捌微柒纖玖沙壹塵
貳埃陸漠貳逡伍巡
金松衛所本色行月米貳千捌百肆拾叁石伍斗
肆升伍合壹勺肆抄叁撮玖粟壹顆陸粒內除

蠲荒外實徵米貳千捌百貳拾陸石貳斗叁升
肆合柒勺伍抄捌撮肆圭肆粟伍顆伍稷壹糠
金松衛所折色行月銀貳千玖百玖拾捌兩陸錢
內除蠲荒外實徵銀貳千玖百柒拾伍兩柒錢
捌分捌釐叁絲肆忽捌微叁纖陸沙柒塵柒埃
肆渺叁漠貳逡壹巡
協濟揚州倉本色米柒千柒百捌拾壹石壹升叁
勺叁抄伍撮叁圭貳粟肆顆捌粒內除蠲荒外
實徵米柒千陸百柒拾玖石捌斗柒升玖合肆
勺肆抄壹撮柒圭柒粟肆顆貳粒肆黍柒稷叁

糠

㕔濟揚州倉米折銀叁千叁拾陸兩壹錢捌分捌

釐伍毫陸絲捌忽陸微內除錙荒外實徵銀貳

千玖百捌拾玖兩貳錢肆分捌毫叁絲肆忽肆

纖叁沙叁塵柒埃捌漠壹逡貳巡

民七淺船銀肆百玖拾壹兩貳分陸釐貳毫貳忽

內除錙荒外實徵銀肆百捌拾叁兩叁錢伍分

陸毫玖絲叁忽陸微柒纖貳沙貳塵陸埃貳沙

貳漠柒逡陸巡

改折灰石銀捌千貳百壹兩玖分肆釐內除錙荒

外實徵銀捌千柒拾柒兩壹錢壹分叁釐肆毫
肆絲伍忽貳微肆纖陸沙陸塵玖埃伍渺
金山衛額徵本衛贍運銀壹千壹百壹拾兩叁錢
柒分伍釐
金山衛本衛額撥造船軍叁銀叁百玖拾玖兩肆
錢壹分陸釐捌絲伍微陸纖
金山衛屯糧內找支月糧米肆百壹拾叁石陸斗
銀肆百壹拾叁兩陸錢
額徵白糧正耗舂瓣等米捌萬玖千肆百叁拾捌
石玖斗陸升貳合玖勺伍抄柒撮肆圭貳粟壹

顆玖粒叁黍肆稷玖糠內除鐍荒外實徵米捌
萬捌千貳百陸拾壹石叁斗肆升壹合柒勺壹
抄壹撮玖圭玖粟捌顆貳黍叁稷玖糠捌粃內上
白正米三萬六千九百五十三石八斗三升七
合六勺二圭二粟五顆八粒九黍七稷二糠
耗米一萬八千四百七十六石九斗一升八合
八勺一圭一粟二顆九粒四黍八稷六糠舂
辦米一萬一千八十六石一斗五升一合二勺
八抄六粟七顆七粒六黍九稷一糠六粃糙
白正米一萬二千九百八十七石八斗四升九
合四勺六抄八撮九圭六粟五粒四黍八稷三
糠　耗米五千一百九十五石一斗三升九合
七勺八抄七撮五圭八粟四顆二粒一黍九稷
三糠二粃　運船水手飯米三千五百六十一
石四斗四升四合七勺七抄五撮四粟六顆六
粒四黍一
稷四糠

白糧經費銀柒萬陸千叄百陸拾肆兩伍分玖釐捌毫玖絲伍忽玖微叄纖貳沙捌塵肆埃伍渺肆漠陸逡肆巡內除蠲荒外實徵銀柒萬伍千貳百伍拾玖兩肆錢捌分伍毫叄絲陸忽伍微伍纖伍塵叄埃叄渺伍漠陸逡陸巡內募船水脚添豐提溜由閘車脚等銀六萬四千六百七十一兩八分五毫三絲六忽五微五纖五塵三埃三渺五漠六逡六巡　協部公費工食等銀一萬五百八十八兩四錢

常州府

康熙二十二年

額徵漕糧正兑正耗粳米貳拾肆萬陸千陸百壹

拾柒石柒升柒合玖勺伍抄玖撮貳圭捌粟伍顆捌粒叁黍捌稷內除鐲荒幷改折灰石外實徵正耗米貳拾叁萬玖千捌百肆拾玖石壹斗伍升壹合壹勺玖撮玖圭叁粟伍顆伍粒貳黍捌稷內正兌粳米一十七萬一千三百二十石八斗二升二合二勺二抄一撮三圭八粟二顆五粒二黍　耗米六萬八千五百二十八石三斗二升八合八勺八抄八撮五圭五粟三顆八稷

贈米壹萬壹千玖百玖拾貳石肆斗伍升柒合伍勺伍抄伍撮肆圭玖粟陸顆柒粒柒黍陸稷肆

糠

贈銀貳萬叄千玖百捌拾肆兩玖錢壹分伍釐壹
毫壹絲玖微玖纖叄渺伍塵伍埃貳渺捌漠
輕賫銀貳萬貳千玖百兩貳錢叄分陸釐壹毫壹
絲叄忽捌微貳纖壹沙肆塵貳埃伍逡玖巡內
除蠲荒外實徵銀貳萬貳千捌百壹拾兩伍錢
叄分肆釐壹絲伍忽陸微柒纖玖塵壹埃肆渺
貳漠伍逡玖巡
七分折色蓆銀陸百壹拾陸兩伍錢肆分貳釐陸
毫玖絲伍忽捌微玖纖捌沙貳塵壹埃肆渺陸
漠內除蠲荒外實徵銀陸百壹拾肆兩壹錢貳

分柒釐陸毫叁絲玖忽肆微玖沙伍塵肆埃柒
渺壹漠
七分折色楞木銀叁拾兩捌錢貳分柒釐壹毫叁
絲肆忽柒微肆纖肆沙捌塵壹埃柒漠內除蠲
荒外實徵銀叁拾兩柒錢陸釐叁毫玖絲貳忽
壹微貳纖貳沙叁埃伍渺肆漠
七分折色松板銀貳百貳拾壹兩玖錢伍分玖釐
叁毫柒絲壹微陸纖叁沙叁塵伍埃柒渺貳漠
內除蠲荒外實徵銀貳百貳拾壹兩捌分玖釐
玖毫陸絲貳忽玖微肆纖伍沙柒塵柒埃貳渺

　貳漠
三分本色蓆木板銀肆百貳拾伍兩柒錢貳分肆
釐肆毫陸絲陸忽玖微肆纖陸沙伍塵陸埃柒
渺柒逡玖巡內除蠲荒外實徵銀肆百貳拾叄
兩柒錢伍分捌釐捌絲壹忽肆微玖纖玖沙叄
塵伍埃肆渺柒漠柒逡玖巡
過江六升米折銀伍千貳百捌拾肆兩陸錢陸分
玖釐捌毫貳絲叄忽柒微壹纖捌沙捌塵壹埃
叄渺玖漠陸逡內除蠲荒外實徵銀伍千貳百
陸拾叄兩玖錢陸分玖釐叄毫叄絲玖忽伍微

叄纖貳塵叄埃伍渺陸漠陸逡
協濟揚州倉本色米伍千肆百貳拾貳石捌升肆
合叄勺柒撮壹圭叄粟玖顆叄黍肆稷貳糠內
除蠲荒外實徵米伍千肆百壹石捌斗捌升肆
合柒勺柒抄壹撮叄圭壹粟柒顆壹粒陸黍肆
稷貳糠
協濟揚州倉米折銀肆千叄百捌拾肆兩貳錢陸
分壹釐肆毫伍絲捌忽玖纖玖沙玖塵捌埃內
除蠲荒外實徵銀肆千叄百陸拾柒兩捌錢柒
分壹釐叄毫陸絲貳忽柒微貳纖伍沙陸塵貳

埃柒渺貳漠

協濟揚州倉麥折銀壹千伍百玖拾玖兩捌錢柒分陸釐貳毫叁絲伍忽貳微內除蠲荒外實徵銀壹千伍百玖拾叁兩捌錢捌分玖釐伍毫捌絲貳微叁纖玖沙肆塵壹埃肆渺肆漠

協濟淮安倉本色麥叁千叁百捌拾伍石柒斗伍升叁合玖勺肆抄貳撮柒圭貳粟陸顆肆粒肆黍內除蠲荒外實徵麥叁千叁百柒拾叁石壹斗柒升叁合捌勺柒抄柒撮陸圭陸粟貳顆叁粒壹黍

協濟淮安倉麥折銀壹千肆百伍拾肆兩玖錢貳
分捌釐壹毫陸絲陸忽柒微陸纖內除蠲荒外
實徵銀壹千肆百肆拾玖兩肆錢捌分叁釐伍
毫肆絲陸忽伍微玖纖伍沙陸塵陸埃柒渺貳
漠
協濟壽州倉本色麥玖百肆拾貳石伍斗壹合陸
勺陸撮貳圭玖粟肆顆貳粒叁黍伍稷內除蠲
荒外實徵麥玖百叁拾捌石玖斗玖升玖合肆
勺陸抄陸撮捌圭玖粟柒顆叁粒陸黍伍稷
協濟壽州倉麥折銀叁千陸百貳拾伍兩叁錢貳

分壹釐柒毫伍絲壹忽肆微內除蠲荒外實徵
銀叁千陸百壹拾壹兩柒錢伍分伍釐玖毫陸
絲玖忽柒微肆纖伍沙柒埃肆渺貳漠
協濟鎮江倉本色麥叁千陸百壹石玖斗柒升肆
合柒勺肆撮伍圭伍粟肆顆陸粒伍黍內除蠲
荒外實徵麥叁千伍百捌拾捌石伍斗玖升叁
勺叁抄貳撮肆圭柒粟柒顆貳粒貳黍
協濟鎮江倉麥折銀壹千捌百玖拾叁兩陸錢陸
分柒釐貳毫捌忽玖微貳纖壹沙肆塵貳埃伍
渺內除蠲荒外實徵銀壹千捌百捌拾陸兩伍

錢捌分壹釐壹毫玖絲伍忽伍微捌沙伍塵玖
埃壹渺叁漠
改折灰石銀陸千貳百伍拾玖兩柒錢伍分伍釐
柒毫捌絲肆纖貳沙貳塵捌埃伍渺貳漠伍逡
陸巡內除蠲荒外實徵銀陸千貳百叁拾伍兩
貳錢叁分捌釐貳毫陸忽玖微叁沙捌塵叁埃
玖渺叁漠伍逡陸巡
協濟鎮江衛民七淺船銀伍百壹拾伍兩貳錢內
除蠲荒外實徵銀伍百壹拾叁兩貳錢叁分貳
釐肆毫肆絲伍忽叁微肆纖伍沙玖塵叁埃伍

渺參漠

額徵白糧正耗舂辦等米柒萬肆千捌百壹石捌升捌合伍勺肆抄陸圭肆粟貳顆捌黍肆稷內除蠲荒外實徵米柒萬肆千伍百柒石玖升叄合柒勺陸抄伍撮肆圭肆粟柒顆柒粒捌稷內上

白正米三萬五千五十一石二斗五升三合五勺八抄七撮六圭一粟二顆七粒四黍 耗米一萬七千五百二十五石六斗二升六合七勺九抄三撮八圭六顆三粒七黍 舂辦米一萬一千六百六石三斗六升一合九勺二抄五撮一圭六粟一顆八黍 糙白正米五千二百九十九石二升二合五勺五抄四撮七圭二粟七顆八粒二黍 耗米二千一百一十九石六斗九合二抄一撮八圭九粟一顆一粒一黍八稷

運船水手飯米二千九百五石二斗一升九

合八勺八抄二撮二圭
四粟八顆五粒七黍
白糧經費銀陸萬叁千玖百叁拾叁兩壹錢肆釐
肆毫叁絲捌忽玖微捌纖捌沙玖塵柒渺玖漠
內除蠲荒外實徵銀陸萬叁千陸百玖拾壹兩
陸分陸釐伍毫柒絲柒忽捌微柒纖柒沙陸塵
陸埃捌渺伍漠內募船水脚添篙提溜由閘車
脚等銀五萬二千四百三十五
兩六分六釐五毫七絲七忽八微七纖七沙六
塵六埃八渺五漠　協部公費工食等銀一萬
一千二百
五十六兩

鎮江府屬

康熙貳拾貳年

額徵漕糧正改兌正耗粳米壹拾伍萬伍千玖百
叁石肆升伍合叁勺肆抄玖撮壹圭貳粟肆顆
捌粒貳稷內除棄沙坍荒外實徵正耗米壹拾
叁萬捌千貳百肆拾陸石貳斗玖合叁勺肆抄
柒撮叁圭叁粟捌顆肆粒陸稷　內正兌粳米柒萬八千六百六
十石六斗四升三合二勺八抄七撮八圭八粟
二顆　耗米三萬一千四百六十四石二斗五
升七合三勺一抄五撮一圭五粟二顆八粒
改兌粳米二萬一千六百三十一石七斗七升
五合九勺五抄七撮一圭五粟六顆六粒二黍
耗米六千四百八十九石五斗三升二合七
勺八抄七撮一圭四粟
六顆九粒八黍六稷
贈米陸千玖百壹拾貳石叁斗壹升肆勺陸抄柒

撮叁圭陸粟陸顆玖粒貳黍叁糠
贈銀壹萬叁千捌百貳拾肆兩陸錢貳分玖毫叁
絲肆忽柒微叁纖叁沙捌塵肆埃陸漠
輕賫銀壹萬捌百叁拾伍兩伍錢柒分玖釐壹毫
陸絲柒忽貳微貳纖玖沙陸塵叁埃捌渺捌漠
內除棄沙坍荒外實徵銀壹萬叁百貳拾壹兩
肆錢柒釐叁毫陸絲捌忽伍微貳纖貳沙捌塵
貳渺貳漠伍逡貳巡
一升耗米銀貳百貳拾玖兩貳錢壹分貳釐陸毫
肆絲叁忽柒微伍纖陸沙玖塵貳渺叁漠內除

棄沙坍荒外實徵銀貳百壹拾捌兩叁錢叁分
玖釐肆毫玖絲叁微叁纖壹沙柒塵陸埃肆渺
柒漠陸逡柒巡
七分折色蓆銀叁百柒拾壹兩玖錢伍分壹釐肆
毫捌絲柒忽貳纖叁沙捌塵柒埃貳渺肆漠壹
逡內除棄沙坍荒外實徵銀叁百伍拾肆兩叁
錢貳釐捌毫陸絲陸忽叁微捌纖玖沙陸塵陸
埃伍渺陸漠叁逡捌巡
七分折色楞木松板銀壹百叁拾肆兩柒分捌釐
壹毫肆絲貳忽玖微陸纖壹沙捌埃陸渺玖漠

內除坍荒外實徵銀壹百貳拾柒兩柒錢壹分貳毫捌絲玖忽肆微壹纖玖沙捌塵玖埃陸渺伍逡柒巡

三分本色蓆木板銀貳百壹拾陸兩捌錢陸分玖釐捌毫柒絲捌微貳纖肆沙柒塵陸埃柒渺陸漠捌逡內除棄荒坍荒外實徵銀貳百陸兩伍錢柒分柒釐柒絲陸忽柒微捌纖捌沙捌塵貳埃壹渺叁漠捌逡捌巡

過江六升米折銀叁千壹百貳拾貳兩玖錢玖分叁釐叁毫柒絲伍忽陸微陸纖壹沙伍塵伍埃

捌渺叁漠陸逡肆巡內除坍荒外實徵銀叁千叁拾陸兩捌錢捌分壹釐伍毫壹絲捌忽柒纖肆埃柒渺陸逡肆巡

協濟揚州倉本色米伍千陸拾貳石伍斗玖升肆合伍勺貳抄陸圭玖顆內除坍荒外實徵米肆千玖百貳拾貳石陸斗陸升肆合玖勺壹抄捌圭叁粟叁顆壹粒陸黍

協濟揚州倉米折銀肆千伍百捌拾兩陸錢捌分貳釐貳毫壹絲柒忽捌纖肆沙伍塵伍埃柒渺玖漠陸巡內除坍荒外實徵銀肆千肆百伍拾

壹兩捌錢柒分陸釐肆毫陸絲貳忽柒微叁纖
捌沙肆塵壹埃壹漠陸巡
協濟淮安倉本色麥壹千柒百肆石叁斗壹升貳
勺捌抄捌撮伍圭柒粟壹顆柒粒柒黍內除坍
荒外實徵麥壹千陸百柒拾貳石柒斗叁升壹
合柒勺壹抄玖撮壹圭玖粟柒顆叁粒
協濟淮安倉麥折銀玖百捌兩貳錢陸分柒毫柒
絲貳忽貳微伍纖肆沙貳埃玖渺柒漠捌逡玖
巡內除坍荒外實徵銀捌百玖拾兩捌錢伍分
叁釐捌毫伍絲壹微肆纖捌沙肆塵叁埃玖渺

貳漢捌逡玖巡
鎮江倉本色麥肆千柒百壹拾捌石壹斗玖升陸合貳勺伍撮柒粟捌顆伍粒內除坍荒外實徵麥肆千陸百伍石壹斗陸升玖合叁勺貳抄陸圭貳粟捌顆玖粒壹黍
鎮江倉本色米叁千柒百叁拾柒石壹斗貳升柒合玖勺捌抄捌撮玖圭貳粟柒顆叁粒柒黍內除坍荒外實徵米叁千陸百貳拾陸石伍斗捌升玖合玖勺捌抄貳撮壹圭玖粟陸顆肆粒柒黍

鎮江倉麥折月糧銀貳千肆百伍拾貳兩叁錢貳分柒釐捌毫叁絲貳忽捌微柒纖貳沙壹塵伍埃捌渺叁漠陸逡伍巡內除坍荒外實徵銀貳千叁百玖拾貳兩伍錢伍分肆毫玖絲捌微肆纖柒沙玖塵壹埃玖渺伍漠陸逡伍巡

鎮江倉米折行糧銀貳千柒百捌拾伍兩捌錢伍分肆釐貳毫貳絲玖忽陸微玖纖壹沙玖塵叁渺壹漠玖逡玖巡內除坍荒外實徵銀貳千柒百捌兩叁錢伍分伍釐陸毫玖絲玖忽柒纖柒沙捌渺叁漠玖逡玖巡

民七淺船銀捌百壹拾陸兩伍錢柒分叁釐伍毫貳絲玖忽壹微捌塵叁渺陸漠柒逡柒巡內除棄沙坍荒外實徵銀柒百伍拾兩捌錢貳分叁釐捌毫貳絲陸忽柒微壹纖貳沙叁塵玖埃伍渺玖漠柒逡柒巡

鎮江衛額撥本衛造船軍三銀伍百伍拾貳兩

各衛幫官漕船運丁額數

江南 江安督糧道 蘇松督糧道

共守備貳拾肆員輪運千總壹百柒拾貳員隨幫百總陸拾柒員

共原額漕船肆千貳百陸隻屯丁肆萬陸千柒百
叁拾柒名內減存船陸百貳拾壹隻壹分減丁
陸千陸百壹拾柒名伍分見運船叁千伍百捌
拾肆隻玖分又增派船伍拾玖隻共實派運船
叁千陸百肆拾叁隻玖分屯丁肆萬柒千陸拾
名叁分

江安督糧道轄江淮興武安慶新安宣州建陽廬州
鳳陽鳳中鳳右宿州泗州長淮淮安大
河陽州儀真滁州
徐州一十九衛

守備壹拾玖員輪運千總壹百伍拾員隨幫百總
伍拾玖員

原額漕船叁千伍百伍拾捌隻屯丁叁萬玖千肆百玖名內減存船伍百陸拾柒隻玖分減丁陸千壹拾捌名叁分見運船貳千玖百玖拾隻壹分

康熙貳拾貳年淮大二衛又增派船伍拾玖隻共實派運船叁千肆拾玖隻壹分丁叁萬肆千叁拾壹名伍分

江淮衛共十六幫

守備壹員輪運千總叁拾貳員隨幫百總壹拾壹員

原額漕船陸百肆拾玖隻屯丁柒千柒百捌拾捌名內灰石灑帶坍荒減船肆拾貳隻減丁伍百肆名

康熙貳拾貳年實運船陸百柒隻屯丁柒千貳百捌拾肆名 內頭幫船三十六隻三分丁四百三十五名六分領兑蘇州府常熟縣漕糧 二幫船三十九隻丁四百六十八名領兑蘇州府常熟縣漕糧 三幫船四十五隻五分丁五百四十六名領兑蘇州府常熟縣漕糧 四幫船三十一隻五分丁三百七十八名領兑江寧府溧陽縣漕糧 五幫船五十六隻丁六百七十二名領兑蘇州府崑山縣漕糧 六幫船三十七隻五分丁四百五十名領兑蘇州府崑山縣漕糧 七幫船五十三隻八分丁六百四十五名六分領兑松江府華婁二縣漕糧 八幫船三十二隻丁三百八十四名領兑江寧

府溧陽縣漕糧　九幫船三十二隻四分丁三百八十八名八分領兌江寧府江寧溧陽二縣漕糧　十幫船三十二隻丁三百八十四名領兌松江府婁縣漕糧　十一幫船三十九隻丁四百六十八名領兌松江府青浦縣漕糧　十二幫船四十七隻七分丁五百七十二名四分領兌松江府華婁二縣漕糧　十三幫船二十八隻七分丁三百四十四名四分領兌松江府華婁二縣漕糧　十四幫船一十七隻六分丁二百一十一名二分領兌江寧府上元縣漕糧　十五幫船三十二隻丁三百八十四名領兌江寧府句容六合二縣漕糧　十六幫船四十六隻丁五百五十二名領兌蘇州府崑山常熟二縣漕糧

興武衛共十七幫

守備壹員輪運千總叁拾肆員隨幫百總壹拾壹員

原額漕船陸百貳拾伍隻屯丁柒千伍百名内除石灑帶坍荒減船叁拾捌隻陸分減丁肆百陸拾叁名貳分

康熙貳拾貳年實運船伍百捌拾陸隻肆分屯丁柒千叁拾陸名捌分内頭幫船二十九隻五分丁三百五十四名領兑鎮江府丹陽縣漕糧　二幫船三十一隻丁三百七十二名領兑江寧府句容縣漕糧　三幫船四十七隻五分丁五百七十名領兑松江府上海縣漕糧　四幫船三十八隻丁四百五十六名領兑松江府上海縣漕糧　五幫船三十七隻六分丁五百七十一名二分領兑松江府上青二縣漕糧　六幫船二十七隻丁三百二十四名領兑松江府青浦縣漕糧　七幫船三十五隻五分丁四百二十六名領兑蘇州府常熟縣漕糧　八幫船五十七隻丁六百八十四名

領兌蘇松二府常婁二縣漕糧　九幫船二十一隻五分丁二百五十八名領兌江寧府上元縣漕糧　十幫船三十二隻丁三百八十四名領兌松江府婁縣漕糧　十一幫船三十四隻二分丁四百一十名四分領兌蘇州府常熟縣漕糧　十二幫船四十五隻八分丁五百四十九名六分領兌松江府上海縣漕糧　十三幫船四十三隻丁五百一十六名領兌松江府上海縣漕糧　十四幫船二十二隻丁三百八十四名領兌蘇州府常熟縣漕糧　十五幫船二十四隻八分丁二百九十七名六分領兌松江府婁縣漕糧　十六幫船二十四隻丁二百八十八名領兌江寧府上元江寧江浦三縣漕糧　十七幫船一十六隻丁一百九十二名領兌江寧府江寧縣漕糧

安慶衛

一幫

守備壹員輪運千總貳員隨幫百總壹員

康熙貳拾貳年實運漕船壹百肆拾壹隻屯丁壹千伍百肆拾捌名領兌安慶府懷桐潛太宿望六縣漕糧

新安衛一幇

守備壹員輪運千總貳員隨幇百總壹員

原額漕船伍拾捌隻屯丁伍百捌拾名內減存船壹拾貳隻減丁壹百貳拾名

康熙貳拾貳年實運船肆拾陸隻屯丁肆百陸拾名領兌池州府貴青銅建四縣漕糧

宣州衛一幇

守備壹員輪運千總貳員隨幇百總壹員

原額漕船伍拾伍隻屯丁伍百伍拾名內減存船壹拾隻減丁壹百名

康熙貳拾貳年實運船肆拾伍隻屯丁肆百伍拾名領兌寧國府宣南涇寧旌太六縣并廣德州建平縣漕糧

建陽衞共二幫

守備壹員輪運千總肆員隨幫百總貳員

原額漕船壹百貳拾捌隻屯丁壹千貳百捌拾名內減存船貳拾隻減丁貳百名

康熙貳拾貳年實運船壹百捌隻屯丁壹千捌拾名內寧國幫船五十四隻丁五百四十名領兌寧池二府宣南貴東四縣漕糧 太平幫船

五十四隻丁五百四十名領兌太平府當蕪繁三縣并廣德州漕糧

廬州衛共六幫

守備壹員輪運千總拾貳員隨幫百總伍員

原額漕船貳百叁拾肆隻屯丁貳千陸百壹拾捌名內減存船貳拾柒隻減丁貳百捌拾叁名

康熙貳拾貳年實運船貳百柒隻屯丁貳千叁百叁拾伍名內頭幫船二十八隻七分丁三百四十四名四分領兌廬州府無合舒廬巢五州縣漕糧　二幫船五十七隻丁六百八十四名領兌蘇州府吳江縣漕糧　三幫船四十六隻八分丁五百六十一名六分領兌蘇州府吳江縣漕糧　四幫船六隻二分丁六十二名領兌廬州府六英霍三州縣漕糧　五幫船四十隻八分丁四百八名領兌蘇州府吳江縣

漕糧　六幫船二十七隻五分丁二百七十五名領兌蘇州府吳江縣漕糧

鳳陽衛共二幫

守備壹員輪運千總肆員隨幫百總貳員

原額漕船壹百貳拾柒隻屯丁壹千貳百柒拾名

內減存船貳拾捌隻玖分減丁貳百捌拾玖名

康熙貳拾貳年實運船玖拾捌隻壹分屯丁玖百捌拾壹名　內頭幫船四十六隻六分丁四百六十六名領兌常州府武進無錫二縣漕糧　二幫船五十一隻五分丁五百一十五名領兌常州府無錫江陰二縣漕糧

鳳陽中衛共二幫

守備壹員輪運千總肆員隨幫百總貳員

原額漕船捌拾貳隻屯丁捌百貳拾名內減存船壹拾貳隻減丁壹百貳拾名

康熙貳拾貳年實運船柒拾隻屯丁柒百名內頭幫船四十二隻五分丁四百二十五名領兌常州府武進縣漕糧　三幫船二十七隻五分丁二百七十五名兌運常州府無錫縣漕糧

鳳陽右衛共三幫

守備壹員輪運千總陸員隨幫百總貳員

原額漕船壹百貳拾柒隻屯丁壹千貳百陸拾捌名內減存船貳拾柒隻肆分減丁貳百柒拾叁名伍分

康熙貳拾貳年實運船玖拾玖隻陸分屯丁玖百玖拾肆名伍分內頭幇船四十三隻三分丁四百三十三名領兊常州府武進縣漕糧　二幇船四十四隻五分丁四百四十五名領兊常州府武進無錫二縣漕糧　三幇船一十一隻八分丁一百十六名五分領兊鳳陽府盱眙天長二縣漕糧

宿州衛共二幇

守備壹員輪運千總肆員隨幇百總貳員

原額漕船柒拾壹隻屯丁柒百壹拾名內減存船肆隻壹分減丁肆拾壹名

康熙貳拾貳年實運船陸拾陸隻玖分屯丁陸百陸拾玖名內頭幇船二十隻九分丁二百九名領兊鳳陽府宿五虹靈四州縣漕糧

二幫船四十六隻丁四百六十名兌運鳳陽府壽穎亳懷定蒙霍穎太九州縣漕糧

泗州衛共二幫

守備壹員輪運千總肆員隨幫百總貳員

原額漕船壹百叁拾叁隻屯丁壹千伍百玖拾陸名內減存船伍拾隻肆分減丁陸百肆名捌分

康熙貳拾貳年實運船捌拾貳隻陸分屯丁玖百玖拾壹名貳分內前幫船四十九隻三分丁五百九十一名六分領兌常州府江陰宜興二縣漕糧　後幫船三十三隻三分丁三百九十九名六分兌運淮安府海山鹽沭四州縣漕糧

長淮衛共三幫

守備壹員輪運千總陸員隨幫百總叄員
原額漕船壹百肆拾柒隻屯丁壹千肆百柒拾名
內減存船壹拾陸隻伍分減丁壹百陸拾伍名
康熙貳拾貳年實運船壹百叄拾隻伍分屯丁壹千叄百伍名內頭幫船五十七隻丁五百七十名領兌常州府江陰宜典二縣漕糧　二幫船三十三隻五分丁三百三十五名領兌鎮江府丹陽縣漕糧　三幫船四十隻丁四百名領兌徐蕭碭豐四州縣漕糧

淮安衛共四幫

守備壹員輪運千總捌員隨幫百總肆員
原額漕船貳百壹拾柒隻屯丁貳千貳百叄拾肆

名內減存船伍拾捌隻肆分減丁伍百捌拾柒
名見運船壹百伍拾捌隻陸分
康熙貳拾貳年又增派船肆拾壹隻共實派運船
壹百玖拾玖隻陸分屯丁貳千柒拾壹名捌分
內頭幫船七十隻三分屯丁七百三十名三分
領兌蘇州府長吳二縣漕糧　二幫船五十五
隻八分屯丁五百七十九名領兌蘇州府長洲
縣漕糧　又附載幫船一十三隻五分丁一百
六十二名領兌蘇州府長洲縣漕糧　三幫船
二十九隻五分丁二百九十五名領兌淮安府
邳清宿睢桃沭六州縣漕糧　四幫船三十隻
五分丁三百五名領兌蘇州府長洲縣漕糧

大河衛共三幫

守備壹員輪運千總陸員隨幫百總叁員

原額漕船壹百柒拾叁隻屯丁貳千柒拾陸名內永減灰石停運減存船貳拾陸隻肆分減丁叁百壹拾陸名捌分見運漕船壹百肆拾陸隻陸分

康熙貳拾貳年又增派船壹拾捌隻共實派運船壹百陸拾肆隻陸分屯丁壹千玖百柒拾伍名貳分內頭幇船三十四隻三分丁四百一十一名六分領兌淮安府山贛沭鹽四縣漕糧　二幇船五十九隻八分丁七百一十七名六分領兌常州府宜興縣漕糧　三幇船七十隻五分丁八百四十六名領兌蘇常二府長洲宜興二縣漕糧

揚州衛共六幇

守備壹員輪運千總壹拾貳員隨幇百總肆員

原額漕船叁百肆拾伍隻屯丁叁千陸百肆拾壹名內灰石並永減暫減船壹百四拾伍隻柒分減丁壹千肆百陸拾陸名

康熙貳拾貳年實運船壹百玖拾玖隻叁分屯丁貳千壹百柒拾伍名　內頭帮船九十一隻丁一千九十二名領兌蘇州府長洲吳江二縣漕糧　三帮船三十八隻丁三百八十名領兌揚州府高郵江都儀眞泰興寶應五州縣漕糧　五帮船一十一隻丁一百一十名領兌揚州府泰州漕糧　七帮船一十六隻四分丁一百六十四名領兌揚州府泰州并興縣漕糧　八帮船二十二隻丁二百二十名領兌揚州府通泰二州并如皐縣漕糧　十帮船二十隻九分丁二百九名領兌揚州府泰州

漕糧

儀眞衛 一帮

守備壹員輪運千總貳員隨帮百總壹員

原額漕船壹百壹拾隻屯丁壹千壹百名內永減

灰石灑帶坍荒減船貳拾柒隻減丁貳百柒拾

名

康熙貳拾貳年實運船捌拾叁隻屯丁捌百叁拾

名 領兌蘇州府吳江崑山二縣漕糧

滁州衛 共二帮

守備壹員輪運千總肆員隨帮百總壹員

原額漕船陸拾玖隻屯丁陸百玖拾名內減存船壹拾肆隻伍分減丁壹百肆拾伍名

康熙貳拾貳年實運船伍拾肆隻伍分屯丁伍百肆拾伍名 內前帮船三十九隻丁三百九十名領兌蘇州府吳江縣漕糧 後帮船一十五隻五分丁一百五十五名領兌蘇州府崑山縣漕糧

徐州衛 一帮

守備壹員輪運千總貳員隨帮百總壹員

原額漕船陸拾柒隻屯丁陸百柒拾名內減存船柒隻減丁柒拾名

康熙貳拾貳年實運船陸拾隻屯丁陸百名 領兌徐蕭

沛碭豐五州縣漕糧

蘇松督糧道轄蘇州太倉鎮海金山鎮江五衛

守備伍員輪運千總貳拾貳員隨帮百總捌員

原額漕船陸百肆拾捌隻屯丁柒千叁百貳拾捌名內減存船伍拾叁隻貳分減丁伍百玖拾玖名貳分

康熙貳拾貳年實運船伍百玖拾肆隻捌分屯丁陸千柒百貳拾捌名捌分

蘇州衛共二幫

守備壹員輪運千總肆員隨幫百總貳員

原額漕船壹百柒拾叁隻屯丁壹千玖百叁名內

灰石壶灑帶減存船肆隻伍分減丁肆拾玖名

伍分

康熙貳拾貳年實運船壹百陸拾捌隻伍分屯丁

壹千捌百伍拾叁名伍分內前幫船一百二隻丁一百二十二名領

兌蘇州府長吳二縣漕糧後幫船六十六隻

五分丁七百三十一名五分領兌蘇州府長洲

縣漕糧

太倉衛共二幫

守備壹員輪運千總肆員隨幫百總貳員

原額漕船壹百壹拾捌隻屯丁壹千貳百玖拾捌

名內灰石並坍荒減存船柒隻伍分減丁捌拾
貳名伍分
康熙貳拾貳年實運船壹百壹拾隻伍分屯丁壹
千貳百壹拾伍名伍分內前幫船七十五隻丁八百二十五名領兌蘇州府太倉州漕糧　後幫船三十五隻五分丁三百九十名五分領兌蘇州府太倉州漕糧
鎮海衛共三幫
守備壹員輪運千總陸員隨幫百總貳員
原額漕船壹百壹拾隻屯丁壹千貳百壹拾名內
灰石并坍荒灑帶減存船貳拾隻減丁貳百貳
拾名

康熙貳拾貳年實運船玖拾隻屯丁玖百玖拾名
內前幫船三十二隻五分丁三百五十七名五分領兌蘇州府太倉州漕糧　後幫船三十三隻丁三百六十三名領兌蘇州府太倉州漕糧　三幫船二十四隻五分丁二百六十九名五分領兌蘇州府崑山縣漕糧

金山衛 共二幫

守備壹員輪運千總肆員

原額漕船肆拾柒隻屯丁伍百拾柒名內灰石幷灑帶減存船柒隻貳分減丁柒拾玖名貳分

康熙貳拾貳年實運船叁拾玖隻捌分屯丁肆百叁拾柒名捌分 內頭幫船二十一隻丁二百三十一名領兌松江府華婁二縣

漕糧　二幇船一十八隻八分丁二百六名八分領兌松江府華婁二縣漕糧

鎮江衛共二幇

守備壹員輪運千總肆員隨幇百總貳員

原額漕船貳百隻屯丁貳千肆百名内減存船壹拾肆隻減丁壹百陸拾捌名

康熙貳拾貳年實運船壹百捌拾陸隻屯丁貳千貳百叄拾貳名内前幇船一百一隻丁一千二百一十二名領兌鎮江府丹徒縣漕糧　後幇船八十五隻丁一千二十名領兌鎮江府丹徒金壇二縣漕糧

【上古】按三代以上未嘗有漕運自秦始皇使天下飛芻輓粟起黃腄瑯琊負海之郡轉輸北河此漕輓之所由始也

漢初漕山東之粟以給中都官歲止數十萬石武帝以後至四百萬斛三國六朝南北分界東南之粟無轉漕於北者

唐高祖太宗時水陸漕運歲不過貳拾萬石高宗以後數益增多元宗開元間京兆尹裴耀卿請罷陝陸運置倉河口使江南漕舟至河口者輸粟于倉而去縣官僱舟分入河洛置倉于三門東西漕舟輸東倉陸運輸西倉歲漕七百萬石省陸運傭錢叁拾萬緡然計其費幾以斗錢運斗米矣代宗時以劉晏主漕事晏以江汴河渭水力不同宜緣水置倉轉相授受而以鹽利僱傭分吏督之隨江汴河渭所宜於是自潤州囊米而載以舟運至揚子石米費錢肆拾由揚州至河陰斗米費錢叁拾不拾年人人習河險江船不入汴汴船不入河河船不入渭江南之運積揚州汴河之運積河陰河船之運積渭口渭船之運入太倉歲轉粟百壹拾萬石無升斗溺者此唐漕事之最盛也

其後兵革相尋法亦屢變矣

宋　建都大梁其運四日汴河日黃河日惠民河日廣濟河凡漕粟歲伍百伍拾萬石仁宗慶曆後黃河淺漕益減而多費遂罷其運而其初汴船不涉江路無風波沉溺之患後發運使團綱發船江汴之舟混轉無辨而漕事大敝高宗南渡後以兩浙之粟供行在江東之粟餉淮東江西之粟餉淮西荆湖之粟餉鄂岳荆南責漕臣將輸而歸其餘于行在僱舟差夫不勝其弊

元　初運糧自浙西入淮由黃河逆水至中灤陸運入御河以達于京後開濟泗至利津入海又開膠來河勞費不貲朱清張瑄始進海運之策終元之世以海運爲恆雖歲有漂溺而所致至叁百餘萬石較河漕之費其得爲多其自安山開河北至臨清貳百伍拾餘里引汶絶濟直屬衞河建閘叁拾有一日會通河歲運不過數拾萬石而已

明　自成祖建都北平百司庶府衞士編氓皆仰漕于東南其初水陸兼運河海並濟海運則

運元之舊由直沽達京師河運由江入淮由淮入河至于陽武發山東河南衛輝丁夫陸運至衛輝下御河舟運至京所用丁夫車輛民困其役其後濟寧州同知潘叔正建言舊會通河肆百五十餘里其淤塞者叁之壹濬而通之非惟山東免遞運之勞實國家無窮之利詔用其言而又以南旺地高乃運河之脊水淺澀膠舟不任重載乃築壩于東平州之戴村横亘五里抑汶水毋東流使盡入南旺湖水至南旺而中分南流徐沛北達臨清增築水閘以時啓閉于是南北之運始通尋罷海運命平江伯陳瑄專理河漕瑄疏清江浦以避淮險鑿徐呂二洪之巨石以平水怒于昭陽南旺高郵甓社諸湖築長堤以蓄巨瀦開泰州白塔河以通大江鑿高郵渠肆拾里以便舟楫自淮抵臨清增閘肆拾有柒以便蓄洩濱河置廬舍伍百陸拾餘所居卒以治淺置倉于淮安徐州臨清通州令江浙官軍于淮安運抵徐州京衛軍于徐運抵德州山東河南軍于德州運抵通州一歲四運軍民各運其半謂之支運而裏河民運不習河事失陷

勞費倍蓰于正糧宣德間巡撫周忱與瑄議奏令民運至淮安瓜洲水次補給脚價對船兌與衛軍領運謂之兌運尋罷瓜淮兌運令府州縣各于附近水次交兌謂之改兌自是遂爲一定之法民始免于轉輸之苦矣然其初正米壹石僅加耗伍升迨後漸以增益于是浙江江西湖廣最遠者有三六輕賫每正米壹石加尖耗柒斗陸升肆斗隨船作耗叁斗陸升折銀故日叁陸山東河南最近者一六每石尖耗肆斗壹升內壹斗陸升折銀江南適中者二六每石尖耗陸斗陸升內貳斗陸升折銀就于交兌之時支領隨船然時運軍只令完納兌運叁百叁拾萬石而已餘耗本折皆歸運軍官無利之者故旗卒富饒饟運于斯爲盛正德後始有過淮呈驗諸名色因起扣除之例官旗揭借賠費至扣除日多正糧掛欠而旗軍受累日深漕政大壞於是言海運者紛紛而漂溺是虞莫敢任其咎者末年軍民交病日以益甚

皇清順治十四年巡按御史秦世禎始題定官收官兌令各府州縣印官照派定區畧貯收在倉驗

依淮單交兌每正糧百石除正耗外加米伍石銀伍兩交與旗弁而各州縣陽奉陰違猶僉民戶承值拾陸年巡按御史馬騰陞疏言悍軍刁弁積習相沿蠹役奸徒表裏滋弊以致縱軍巧立各色每米壹石除贈耗外雜費濫觴幾不可問請自今民戶各照應納糧米并耗贈及伍兩伍石儘數交納收糧官糧官隨收給串即發歸農不許停留時刻額外多需俟旗船到次齎官竟與印官糧官交兌軍民兩不相見則伍兩伍石之外無苛求而官收官兌之法為至便也後科臣朱紹鳳以蘇松常鎮四府糧多路遠領運旗丁不無常例雜費請於伍兩之外再加伍兩其江安寧池太廬鳳淮揚廣徐十一府州俱仍係伍米伍銀前後　部覆皆蒙

俞允遵行在案此我

皇清愛民恤軍至意江南百萬戶世世頂祝

洪恩於勿替矣